Anonymous

Jahrbuch der Gesellschaft für die Geschichte des Protestantismus in Österreich

Anonymous

Jahrbuch der Gesellschaft für die Geschichte des Protestantismus in Österreich

ISBN/EAN: 9783744682404

Hergestellt in Europa, USA, Kanada, Australien, Japan

Cover: Foto ©ninafisch / pixelio.de

Weitere Bücher finden Sie auf **www.hansebooks.com**

Denkmünze

zur 25jährigen Feier des Bestehens der Gesellschaft für die Geschichte des Protestantismus in Österreich.

Fec.: Hans Schaefer.

Geprägt mit Allerhöchster Genehmigung (Ministerialerlaß vom 3. November 1906).

JAHRBUCH

der

Gesellschaft für die Geschichte des Protestantismus

in Österreich.

In Verbindung mit

DR. THEODOR HAASE   und   DR. G. TRAUTENBERGER

Begründet von

DR. C. A. WITZ-OBERLIN

Herausgegeben von

DR. GEORG LOESCHE

Neunundzwanzigster Jahrgang.

WIEN
Manzsche k. u. k. Hof-Verlags- und Universitäts-Buchhandlung
(Julius Klinkhardt & Co.)
LEIPZIG
Julius Klinkhardt.
1908.

INHALT.

Seite

Niederösterreich:
Pfarrer emer. J. Dr. **G. Bossert** in Stuttgart, Christoph Eleutherobius oder Freisleben. Der frühere Täufer, später Syndikus der Wiener Universität und bischöflicher Offizial . . . . 1—12

Oberösterreich:
Pfarrer Dr. **Pr. Selle** in Steyr, Dank der Universität Wittenberg an Steyr, vom 8. Mai 1613, für eine Stiftung . . . . 13—15

Innerösterreich:
Pfarrer Dr. **Ottmar Hegemann** in Laibach, Zu Primus Trubers 400jährigem Geburtstage
   1. Zu Trubers Charakteristik, mit Benützung der ungedruckten Hinterlassenschaft, von Dr. Th. Elze . . . . 16—57
   2. Laibach zu Trubers Zeit. — Die dortige evangelische Matrik 57—69
Georg Loesche, Aus der Vorgeschichte der neuen Truber-Gemeinde 70—85
Senior Lic. **W. A. Schmidt** in Görz, Die Gegenreformation in Görz-Gradiska . . . . 86—133
Regierungsrat Direktor Dr. **K. Reißenberger** in Graz, Beiträge zur Geschichte des Protestantismus auf dem oberen Murboden 134—162

Böhmen und Mähren:
Oberlehrer Dr. **W. Klemens Pfau** in Rochlitz i. S., Beiträge zur Familienchronik von Johannes Mathesius . . . . 163—171

Loesche und Skalský, Literarische Rundschau über die den Protestantismus betreffenden Veröffentlichungen des Jahres 1907 172—213

Hof- und Gerichtsadvokat Dr. v. **Sääf**, Kassabericht 214

Personen-Register . . . . 215—216
Orts-Register . . . . 217—218

Mitteilung über die Festschrift der historischen Vereine Wiens anläßlich des 60jährigen Regierungsjubiläums des Kaisers . . . 219

Zur Beachtung.

Von der anläßlich des 25jährigen Jubiläums unserer historischen Gesellschaft geprägten Denkmünze, die auf der diesem Bande beigegebenen Lichtdrucktafel abgebildet ist, sind Exemplare in Silber zu 10 Kronen, in Bronze zu 4 Kronen vom Bureau (Wien I, Dorotheergasse 16) zu beziehen.

I.

Christoph Eleutherobios oder Freisleben.

Der frühere Täufer, später Syndikus der Wiener Universität und bischöflicher Offizial.

(Zugleich ein Beitrag zur Rechtsgeschichte.)

Von Gustav Bossert.

Im »Jahrbuch« 1900 (XXI. Jahrgang), S. 132—137, habe ich von den beiden Brüdern Christoph und Leonhard Freisleben aus Linz, die sich den Namen Eleutherobios gaben, gehandelt und sie als eifrige Führer der Täufer gekennzeichnet. Leider ließ sich über ihren Lebensgang nach 1528 nichts mehr nachweisen, außer zwei pädagogischen Lustspielen, von denen Christoph eines in Ingolstadt aufführen und 1539 bei Ph. Ulhart in Augsburg drucken ließ, während die Dichtung Leonhards erst 1550 bei Ulhart erschien. Ich nahm damals an, daß beide Brüder in und um Augsburg als Schulmeister lebten und jedenfalls Christoph seinen Frieden mit der alten Kirche gemacht hatte. Leider war mir 1900 unbekannt geblieben, was Horawitz in seinen Erasmiana IV, S. 783 (Sitzungsberichte der philos.-histor. Kl. der kaiserl. Akademie der Wissenschaften in Wien, Bd. 108), schon 1885 mitgeteilt hatte. Jetzt hat Enthoven in seiner wertvollen Publikation »Briefe an Desiderius Erasmus von Rotterdam« (Straßburg 1906), S. 117, Nr. 91, einen Brief von Christophorus Freisleben, Paedagogus, an Erasmus aus Augsburg vom 3. April 1531 mitgeteilt. Nunmehr ist meine Vermutung bestätigt, daß Christoph Freisleben Schulmeister in oder um Augsburg wurde, denn er selbst teilt Erasmus mit, daß er vor nicht allzu langer Zeit (nuper) Schulmeister des Kollegiums zu S. Moriz in Augsburg geworden sei (S. 118).

Gegen seine Identität mit dem Wiedertäuferführer kann kein Zweifel aufkommen, denn er gesteht Erasmus, daß er fast allen seit zehn Jahren aufgetauchten Sekten angehangen und für einige derselben angestrengt geworben habe.[1]) Wir erfahren also, daß Christoph Freisleben schon 1521 sich von der alten Kirche abgewandt hatte und der Sache der Reformation beigetreten war und erst ein Anhänger Luthers, dann wohl Zwinglis und endlich des Täufertums gewesen war.[2])

Wir erkennen auch, was ihn an der Sache des neuen Glaubens irregemacht und der alten Kirche wieder zugeführt hatte. Er stieß sich an der Zwietracht, der Unbeständigkeit und Unbilligkeit vieler Vertreter und Verfechter der neuen Lehre, die sich alle auf das Evangelium beriefen,[3]) das doch an jenen schlimmen Zügen des Sektentums ganz unschuldig war. Jetzt ging ihm der Blick für die Einheit der Kirche auf, für welche die meisten seiner bisherigen Genossen keinerlei Verständnis hatten, weshalb es lebhafte Verhandlungen zwischen Freisleben und seinen bisherigen Freunden unter den Täufern gab. Diese beschuldigten ihn des Abfalles und der Charakterlosigkeit, er aber suchte sie auch zur »allgemeinen« Kirche zurückzuführen. Es ist sehr interessant, zu hören, was für spitzige Fragen Freisleben von seiten der Täufer zu hören bekam. Sie fragten ihn, ob er denn die heutige katholische Kirche Christi Kirche nennen könne, was denn ihre Leiter und Bischöfe für Leute seien, welcherlei Gaben sie aufzuweisen haben, woher sie ihre Amtsgewalt haben, wie diese sich mit den Zeugnissen der Schrift vertrage, und wie er von dem Verhalten der Leiter und Bischöfe urteile, wie er von der Urkirche und der von ihr abstammenden Kirche denke, wie ja die Päpstler, wie die Täufer sie nennen, auch die eine Taufe Christi von der heutigen zu unterscheiden pflegen.

Dem Manne, der 1528 seiner Schrift »Vom warhaftigen Tauff Joannis, Christi und der Aposteln« eine »Anzeygung etlicher mißbreuch, so die Päbst bald nach der Apostel zeyt erdacht und aufgesetzet haben«, beigegeben hatte, mochte es einigermaßen schwül werden angesichts dieser Fragen. Er wußte auch nur die landläufige Einwendung der Vertreter der alten Kirche zu wiederholen, Christus könne nicht so untreu, noch ein so veränderlicher Proteus sein, daß er entgegen seiner Verheißung mehr als 1000 Jahre nicht bei uns gewesen wäre, sondern sich entzogen oder seinen Sinn

---

[1]) Hactenus omnibus pene sectis per decennium obortis mordicus innixus sum usque adeo, ut et nonnullis efflictim patrocinatus fuerim. S. 118.
[2]) So wird man »omnibus pene sectis« verstehen müssen.
[3]) Insontissimi evangelii specie praetextata.

geändert und erst in diesem Jahrzehnt sich wieder geoffenbart hätte. Allerdings geben die Sektierer zu, die Kirche sei wohl im Geiste vorhanden gewesen, aber ihre Diener seien nicht die rechten Geister gewesen, wogegen Freisleben geltend machte, dann wäre die Kirche verstümmelt, ja ein wahres Ungeheuer gewesen.

Freisleben bat Erasmus, ihm mitzuteilen, was er für die richtige Antwort auf die Einwürfe der Sektierer halte. Er gedachte nämlich, seinen früheren Anhängern schriftlich Rechenschaft über seinen jetzigen Glaubensstandpunkt zu geben. Für diese Arbeit könnte ihm das eine und andere Wort von Erasmus Rat und Trost gewähren.

Zugleich bat Freisleben Erasmus um sein Urteil über die richtige lateinische Orthographie, welche für den Schulmeister von S. Moriz eine wichtige Frage war. Als Beispiele führt er an, daß einige adprehendo schreiben und sprechen statt apprehendo, andere schreiben ocio, interpraes statt otio, interpres.

Endlich aber teilt er Erasmus mit, daß ihn dessen »Epistola ad Phrysios«, d. h. die »Epistola ad fratres inferioris Germaniae«, sowie die »Responsio ad epistolam apologeticam incerto autore. Friburgum Brisg.«, 1530 (76 Bl. 12⁰), stark beschäftigten. Er wollte, soweit der beschädigte und nicht ganz klare Text bei Enthoven, S. 118, 333, sich verstehen läßt, Erasmus wertvolle Beweisführung gegenüber den Neuerern einem weiteren Kreise zugänglich machen, ohne die Aufstellungen der Straßburger und anderer Gegner der katholischen Kirche zu berühren.

Zu dem Briefe an Erasmus hatte der mit Erasmus befreundete Niederländer Felix König, genannt Polyphemus, der spätere Bibliothekar des Herzogs Albrecht von Preußen, Freisleben ermuntert. Dieser hatte König zuerst bei dem Augsburger Domprediger Wolfgang Kreß kennen gelernt und mit ihm einem Gastmahle bei Wolfgang Rem, dem Vater des gleichnamigen Propstes von S. Moriz, angewohnt.

Wie lange Freisleben in der Stellung als Schulmeister zu S. Moriz blieb, ist bis jetzt nicht bekannt. Man wird aber annehmen dürfen, daß die Durchführung der Reformation in Augsburg und der Auszug der Chorherren zu S. Moriz nach Landsberg im Anfange des Jahres 1537 auch ihn von Augsburg vertrieb.[1]) Wohin er sich wandte, sagt uns die Übersetzung von Plautus Stichus,

---

[1]) Roth, Augsburgs Ref.-Gesch., 2, 316.

den er in Ingolstadt aufführen ließ, worauf ihn Ulhart 1539 druckte.[1]) Die Aufführung des zum Schuldrama umgestalteten Lustspieles wird darauf hinweisen, daß Freisleben jetzt in Ingolstadt Schulmeister war. Zugleich aber wird er die Gelegenheit wahrgenommen haben, um an der Universität weiter zu studieren, sich dem Rechtsstudium zuzuwenden und so weiter zu kommen. Denn es wird kein Zweifel sein, daß er jener jur. utr. Doktor Christophorus Phreislebius ist, auf welchen von Förstemann-Günther (Briefe an Desiderius Erasmus)[2]) aufmerksam gemacht wurde. Wir erfahren nämlich aus einem Briefe dieses Doktor jur. an den Bischof Fried. Nausea von Wien, daß der Bischof ihm 1547 das Amt eines bischöflichen Offizials und Syndicus angeboten hatte.[3]) An der Identität dieses Juristen mit dem gleichnamigen einstigen Täuferhaupte dürfte kaum zu zweifeln sein. Denn wir kennen einen Christophorus Phreislebius Lincensis, der ebenso, wohl ein unterrichteter Jurist, wie ein religiös interessierter und theologisch gebildeter Mann war, der aber auf dem Standpunkte des alten Glaubens stand und im Jahre 1544 bei Seb. Gryphius in Lyon drei Schriften erscheinen ließ.

Das eine in kleinstem Format gedruckte, 48 Seiten umfassende Büchlein hat den Titel: »Precationes aliquot, ac meditationes Eucharistiae sacramentum assumentibus saluberrimae, cum ex Euangelio, tum ex receptissimis ecclesiae Doctoribus concinnatae per Christophorum Phreislebium Lincensem. Marci XIIII. Lugd. Apud Sebast. Gryphium 1544.[4]) Der Verfasser gibt Gebete für Kommunikanten, kirchliche Hymnen und Betrachtungen, z. B. aus Cyprian (S. 11 ff). Es weht in dem Büchlein ein frommer, gut katholischer Geist, der aber von der Neuzeit nicht unberührt geblieben ist. Das Abendmahl nennt Freisleben »epulum supercoeleste superque substantiale, spiritus et vitae nutrimentum, charitatis alimentum, pietatis fulcimentum, ad vitam denique aeternam viaticum«. Bezeichnend ist, daß Freisleben beten lehrt: »Viduam et orphanum et proselytum et pauperem ne opprimamus«, aber von Andersgläubigen schweigt er. Leider ist die Vorrede nicht datiert und gibt auch den Aufenthaltsort des Verfassers nicht an.

---

[1]) Jahrbuch 1900, S. 137.
[2]) Beihefte zum Zentralblatt für das Bibliothekwesen, 9, 355.
[3]) Epistolae miscellaneae ad Nauseam (Basil. 1551), S. 417.
[4]) Universitätsbibliothek Tübingen.

Die andere sehr seltene Schrift hat den Titel: »Paratitla seu Annotationes ad juris utriusque titulos. Legitimae scientiae studiosis, praesertim tyronibus non minus necessaria quam utilia per Christophorum Phreislebium Lincenzem conscripta. Lugduni 1544, apud Seb. Gryphium« (8⁰, 266 S. u. 3 Bl. Register).[1]) Das Büchlein hat das Motto: »Discite iustitiam moniti et non temnere diuos.« Die Widmung an den Leser lehrt uns die große Wendung, welche Freislebens Lebensgang genommen hatte, genauer kennen. Sie schließt mit den Worten: »Datum apud Gallorum Bituriges pridie Calendarum Februarii (31 Jan.). Anno Domini 1544.« Im Eingang aber nennt sich Freisleben »Christophorus Phreislebius Lincensis, utriusque iuris prolyta seu, ut vocant, licentiatus«.[2]) Wir sehen also, Freisleben hatte sich nach Bourges begeben und dort Jura studiert. Er nennt sich »utriusque iuris prolyta« (Hörer) und hatte die Licentiatenwürde erworben. Die Rechtswissenschaft erschien ihm jetzt als die Königin aller Wissenschaften, denn jeder verständige, nachdenkliche, ruhige Mann werde ohne alle Frage anerkennen, »inter cunctas professiones artiumque facultates iurisprudentiam primas merito arcemque tenere, idque ex eo, quod quemadmodum princeps magistratusve populum eumque diversae et sortis et conditionis subditum habet, sic et legitimam sententiam omnes alias scientias, sibi subiectas habere facile colligat, imo principem ipsum ac magistratum esse, ut aiunt, legem vivam [3]) adeoque omnis administratorem iustitiae, qui et infimi et medii summique ordinis hominibus ... ius dicere soleant«.

Er hatte auch schon einige Zeit in der Rechtsfakultät Vorträge gehalten, denn er sagt in seiner Widmung: »operi (das Rechtsstudium) promovendo et me, licet infirmum, iam aliquando nomen dare collibitum est.« Die Frucht seiner Lehrtätigkeit bilden zunächst die Paratitla oder kurze Anmerkungen zu jedem Titel des weltlichen und geistlichen Rechtes. Er will nicht nur die Pandekten behandeln, sondern auch das kanonische Recht und fordert die Jugend zum Studium beider auf, obwohl Justinian das geistliche

---

[1]) **Wiedemann**, Geschichte der Reformation und Gegenreformation im Lande unter der Enns, 5, 566, wo aber Paratila Druckfehler ist.

[2]) **Ludwig Rosenthal**, Bibliotheca Catholico-Theologica Octava nr. 6587, mir vom Antiquariat Rosenthal in München in zuvorkommender Weise zur Durchsicht überlassen.

[3]) Von hier zu Ludwigs XIV. »L'état c'est moi« ist es nicht weit.

Recht nicht in die Pandekten aufgenommen habe, »quod nihil erat, nisi veterum idololatria et impius simulacrorum cultus, postea uero Christo authore, apostolis ministris, patribus sanctissimis cooperatoribus, ecclesia deinde propagatrice quasi in integrum restitutum, principum postea catholicorum autoritate in hodiernum usque diem saluum permansit, tametsi paulo ante a quibusdam combustum sit, aliter tamen volente Deo comburi, quam ab aurifice aurum, nequierit, unde iuris combusti nomen sortitum est«. Man sieht, wie gründlich die geistige Wandlung Freislebens war. Der 10. Dezember 1520, der die Bannbulle von Luthers Hand und das kanonische Recht durch die Wittenberger Studenten ins Feuer brachte, ist ihm nur ein Läuterungsfeuer für das alte kanonische Recht. Mit kräftigen Worten mahnt Freisleben seine Leser, »quicquid uspiam iuris, quod bonum, quod aequum, quod pium, quod denique sacrum, religiosum et sanctum est, da operam, ut studeas, ut administres, ut defendas teque sic eruditum ostendas, ut, quemadmodum Justiniamus noster adhortatur, pulcherrima te spes foveat, toto legitimo [1]) opere perfecto posse te rem publicam in partibus tibi credendis gubernare«. Freisleben warnt vor dem bloßen Gebrauche der alphabetischen Register, der für einen Gelehrten unanständig, ja lächerlich sei. Dagegen soll der Student sich die Titel der Bücher und Paragraphen der beiden Rechte genauer einprägen und sich das ganze Recht als einen Wald vorstellen, dessen Bäume die Titel seien, während die Gesetze und der Inhalt des Titels die Früchte bilden, »ex quibus ingentes uberesque cum huius uitae praesentis tum etiam futurae reditus ac obuentiones assequere«. Nun folgen kurze Inhaltsangaben über die einzelnen Abschnitte der vier Bücher der Institutionen, dann der 50 Bücher der Digesta, der 12 Bücher des Codex Iustinianus, der Nouellae constitutiones seu authenticae in ihren neun Collationes, hierauf der zwei Bücher Consuetudines feudorum. Dann geht Freisleben zu den je fünf Büchern Decretalen, Clementinen, Extravaganten und schließt mit den drei Teilen des Decretum (p. I in 101 distinctiones, p. II in 36 causae, p. III in fünf distinctiones). Über den Wert der ganzen Arbeit, deren Gerippe ich hier gezeichnet habe, steht mir kein Urteil zu, aber es dürfte Rechtshistorikern zu empfehlen sein, diese und die andere gleich nachher zu besprechende Schrift Freislebens genauer anzusehen. Vielleicht ist die »Imperialium institutionum

---

[1]) Legitimum opus = studium legum.

epitome«, welche 1561 in Wien (Viennae 8°, 1641 in Douay (Duaci) und 1648 in Venedig (Venetiis 12⁰) noch einmal gedruckt wurde, nur ein Abdruck unseres Buches unter Weglassung des kanonischen Rechtes.¹)

Ebenfalls im Jahre 1544 gab Freisleben bei Seb. Gryphius in Lyon ein Lehrbuch für die Studenten der Rechtswissenschaft heraus. Es hat den Titel »E divi Justiniani institutionibus erotemata seu interrogationes in legalis militiae tyronum ²) vsum per Christophorum Phreislebium Lincensem collecta«, und auf Bl. 3 den Untertitel »Interrogationes et responsiones ex imperialibus institutionibus collectae«. Wir haben hier ein kurzes Repetitorium (Examinatorium) über die Institutionen vor uns. Freisleben, der sich auch hier in der Widmung an den Leser »Christophorus Phreislebius Lincensis, utriusque iuris prolyta seu, ut vocant, licentiatus« nennt, sagt selbst, er wolle in seinen Fragen »non tam omnem paragraphorum materiam, quam praecipuas quasque definitiones, partitiones seu divisiones, epitomas et compendia adeoque non minimam totius Justinianae isagoges partem« zusammenfassen. Diese Absicht dürfte ihm auch wohl gelungen sein; denn das Büchlein wurde 1551 und noch einmal 1569 in Frankfurt a. d. Oder gedruckt. Wahrscheinlich wurde in dem Nachdruck von Frankfurt a. d. Oder 1551 am Schlusse eine »Analysis institutionum Justiniani ex libello D. Jodoci Vuillichii de formanda methodo desumpta« beigefügt. In dieser Gestalt wurde das Schriftchen auch in Köln bei den Erben Arnold Birkmanns 1558 neugedruckt.³)

Die Widmung an den Leser ist auch aus Bourges (Bituriges), aber ohne Angabe des Tages, Monates und Jahres datiert. Auch hier redet Freisleben von seiner Methode als Lehrer (s. u.), die er »semper, quandiu hoc munere functus sum« befolgt habe. Er war also in Bourges nicht nur Hörer, sondern auch Lehrer der Rechte, wie wir schon aus den Paratitla erkannten. Es muß dabei dahingestellt sein, ob die Erotemata nicht früher erschienen als die Paratitla,

---

¹) Das mir vorliegende Exemplar gehörte erst einem Guilielmus Brandenburg, einem Schwaben, dann einem Conradus Starck und endlich der Karthause Buxheim.

²) Legalis militiae tyronibus, Anfänger im Rechtsstudium.

³) Dieser Druck, einst im Besitze des Tübinger Philologen M. Mart. Crusius, der auf dem Vorsetzblatte ein geflügeltes Wort des Tübinger Bäckers Küpferlin notierte (1580, Febr. 27.), jetzt Eigentum der Universitätsbibliothek Tübingen, lag mir vor.

welche Annahme manches für sich hat, z. B. den größeren Umfang der letzteren Schrift und die bestimmte Datierung. Leider war es mir nicht möglich, näheres über die Verhältnisse der Universität Bourges, über die dortigen Matrikeln oder Verzeichnisse der deutschen Landsmannschaften zu erfahren, um so festzustellen, wann Freisleben nach Bourges kam, ob er etwa als Praeceptor eines Herrn von Adel hinging und welche Stellung er einnahm. Vielleicht gelingt es anderen Gelehrten, Freislebens Spuren in Bourges zu entdecken und diese Periode seines Lebens noch weiter aufzuhellen.[1])

Aus dem Briefe an Nausea, den wir oben kennen lernten, erfahren wir, daß Freisleben im Spätjahre 1545 zum Syndikus der Universität Wien erwählt worden war.[2]) Er muß also spätestens 1545 sich von Bourges nach der Heimat begeben haben. Auch war er als Procurator ordinarius bei der Regierung und dem Landmarschall zugelassen, um Klienten zu vertreten; das war ein angesehener und einträglicher Posten. Das Amt eines Syndikus der Universität wurde ihm bald verleidet, denn an der Universität herrschte große Uneinigkeit. Ein schädliches Parteiwesen lähmte die besten Kräfte. Es schien, als wollten alle Glieder der Körperschaft sich lösen. In dem Widerstreite der Ansichten und Interessen sollte Freisleben die Angelegenheiten der Universität vertreten und ihr Verteidiger sein.[3]) Deswegen war es Freisleben im höchsten Grade willkommen, als ihm Nausea unter ehrenvollen Bedingungen das Amt eines bischöflichen Offizials und Syndikus anbot. In einem sehr schlecht stilisierten lateinischen Schreiben vom 6. Mai 1547 dankte Freisleben dem Bischof und stellte die Annahme des Doppelamtes in Aussicht unter zweifachem Vorbehalt. Er wünschte auch ferner das weltliche Amt eines Prokurators der Regierung und bei dem Landmarschall beizubehalten, sofern es sich nicht um Rechtsfälle handle, die das Bistum oder den Bischof persönlich betreffen.

---

[1]) Herr Oberbibliothekar Dr. Geiger in Tübingen, dem ich die Werke Freislebens, so weit sie die Universitätsbibliothek besitzt, verdanke, hatte auch die Güte, die Literatur über Bourges nachzusehen, aber leider vergeblich. Ich bin ihm sehr zum Danke verpflichtet.

[2]) Sesquiannum vor dem 6. Mai 1547.

[3]) Apud Gymnasium Viennen(se) omnia dissipata iacere ac factione quadam perniciosa laborare turbarique undique videmus, ubi difficile est syndicum, id est universitatis illius solutae, in qua nulla est unitas et concordia, posse defensorem agere. Epistolae miscellan. ad Nauseam. 417.

Uns scheint das weltliche und das kirchliche Doppelamt fast unverträglich zu sein, aber Nausea wird wohl in der Verlegenheit um einen geeigneten Mann Freisleben das gewünschte Zugeständnis gemacht haben. Sodann forderte dieser einen festen Gehalt, um nicht auf den schwankenden Ertrag von Pfründen angewiesen zu sein.[1]) Am 20. August 1547 trat Freisleben das Amt an, das ihm der Nachfolger Nauseas, Christoph Wertwein, am 9. März 1551 aufs neue übertrug, indem er ihm den ansehnlichen Gehalt von 200 fl. aussetzte.[2])

Man muß die ungeheure Leidenschaftlichkeit kennen, mit welcher Freisleben 20 Jahre früher die alte Kirche und ebenso die Reformation bekämpft und für das Täufertum gestritten hatte, um den gewaltigen Wechsel der Gesinnung und den scharfen Zickzackweg dieses Mannes richtig beurteilen zu können, der jetzt (seit dem Antritt seines Amtes am 20. August 1547) die Seele der bischöflichen Regierung bildete.[3]) Denn nicht nur von der Zeit, da der Jesuit Peter Canisius Administrator des Bistumes Wien war (1553—1556) wird gelten, was Wiedemann von dieser Zeit sagte: »Die Verwaltung führte der Offizial Freisleben«, und zwar führte er sie, wie die von Wiedemann gegebenen Proben zeigen, fortiter in re, suaviter in modo.[4]) Dabei wußte er sein Einkommen auch durch Pfründen, die er sich übertragen ließ, zu verbessern, so durch das Benefizium S. Joannis in Mistelbach, das er sich bald nach seinem Dienstantritte von Hartmann von Liechtenstein schon am 1. Dezember 1549 übertragen ließ. Ob und wann Freisleben die Priesterweihe, die zum Besitze solcher Pfründen eigentlich erforderlich war, empfangen hatte, wissen wir nicht. Ob er am Ende auf eine Priesterweihe vor seiner Abwendung von der alten Kirche um 1520 und deren unvertilgbaren Charakter sich berief, steht dahin.

Das neue Amt machte Freisleben mit den Bedürfnissen der Geistlichkeit bekannt, mit der er täglich zu tun hatte. Deshalb wendete er sich aufs neue theologischen Arbeiten zu. Er übersetzte: »Heiliger zwayer Priester Gregorii Nazianzeni vnd Gregory Nysseni drey treflich vnd nüzlich Predig, daß yederman die Armen Leut lieb haben vnd wol halten solle, gemeiner Christlicher Kirchen zu gut

---

[1]) Epist. misc. ad Nauseam, S. 417.
[2]) Wiedemann, a. a. O., 5, 567.
[3]) Ebenda, a. a. O., 1, 82.
[4]) Ebenda, a. a. O., 1, 92, 287.

geteütscht durch Christophen Phreysleben, der Rechten Doctor und dieser Zeit Official zu Wien in Österreich. s. l. et a. 4.[1])

Bei Joh. Oporinus in Basel, der auch Nauseas Epistolae miscellaneae gedruckt hatte, ließ er das von Förstemann-Günther, a. a. O., S. 355, zitierte Werk »Harmonia quatuor Euangelistarum CLXXII sermonibus comprehensa«. Basel, Jo. Oporinus. s. a. erscheinen. Es ist dies wahrscheinlich dasselbe Werk, das Oporinus im Januar 1557 unter dem Titel »Jesu Christi filii Dei Euangelium e quatuor Evangelistis Matthaeo, Marco, Luca et Joanne in centum et septuaginta duos sermones ad omnium ex omni natione in Christo electorum hominum salutem conscriptum. Basileae« (8⁰, 316 S.) neu druckte.[2]) In der Widmung an die Leser, wie im Epilog, nennt sich Christophorus Phreislebius V. I. D. als Verfasser. Er gibt den lateinischen Text der vier Evangelien, in 172 kurze Abschnitte harmonistisch zusammengefaßt, ohne Erläuterung, dann sagt er: »Tanto pelago diversarum sectarum errore opinionumque varietate pleno unica ista omnium regularum optima et certissima, cuius non anachoreta aliquis, sed Christus autor est, ad bene beateque vivendum regula gratia et veritate plena.« Er will damit die Gläubigen in der Wachsamkeit stärken gegenüber den Pseudochristi und Pseudopropheten und hält es für dringend nötig, daß das ganze Evangelium, nicht nur einzelne Teile in der Kirche gepredigt werden. Alle gottesdienstlichen Darbietungen, welche dem Volke nicht verständlich sind, Gesang von Psalmen und Hymnen und überhaupt alle Musik in der Kirche hält er für vergeblich, wirkungslos, »stumm« (1. Cor. 14) und verlangt, »ut in cunctis ecclesiarum ceremoniis Domini sermones praeferrentur«. Man sieht, wie stark seine protestantische Vergangenheit bei ihm nachwirkte, wenn er auch am Schlusse sein Werk »der catholica ac universalis Christianorum orthodoxa ecclesia«, den obersten und den anderen Bischöfen, den Dienern des göttlichen Wortes (!!), dem Kaiser, den Fürsten und Herren, den »praefectis ecclesiae catholicae« widmet.

Ganz anderer Art ist das »Calendarium ecclesiasticum pro Christi membrorumque eius sanctorum memoria diebus singalis agenda, e veracioribus historicis adiunctis precationibus per Christophorum Phreislebium. J. V. D. collectum Viennae Austriae«.

---

[1]) Denis, Wiens Buchdruckergeschichte, S. 685.   Wiedemann, a. a. O., 5, 567.

[2]) Universitätsbibliothek Tübingen.

o. J. (188 gezählte und 12 ungezählte Blätter, letztes leer.) Voraus geht »Sanctorum memoriae apud pium et orthodoxum lectorem Christophori Phreislebii. J. V. D. comprobatio. Viennae Austriae. Excudebat Raphael Hoffhalter« (A—C 4).[1]) Freisleben gibt für jeden Tag eine kurze Geschichte des Tagesheiligen, wobei er immerhin einige Kritik übt, aber doch von der Nüchternheit seiner einstigen Täufertheologie nichts mehr erkennen läßt. Die Rechtfertigung der Heiligenverehrung ist sehr weitläufig ausgefallen und gespickt mit Bibelstellen und Zitaten aus den Kirchenvätern.

Ebenfalls in Wien gab er heraus: »Laurentii·Presbyteri Pisani paradoxorum theologicorum enchiridion. Viennae Austriae primus excudebat Joannes Carbo.« s. a. (1550) 48 Bl. 8°.[2])

Nach Wiedemann blieb Freisleben bis zum 16. November 1558 in seinem Amte als bischöflicher Offizial. Was ihn zum Rücktritte bewog, ist bis jetzt nicht ersichtlich. Es ist wohl denkbar, daß der ans Regieren gewöhnte Mann sich mit dem neuen Bischof Anton Brus nicht recht vertragen konnte, zumal die theologischen Schriften Freislebens bei aller gut katholischen Haltung doch den Durchgang des Verfassers durch stark protestantische Einflüsse nicht ganz verleugnen konnten.

Das Ende des eigenartigen Mannes ist, wie bei vielen Männern zweiter und dritter Ordnung in der Reformationszeit, noch dunkel[3]), verdient aber noch weitere Nachforschung, wie auch seine theologischen und juridischen Schriften noch einer eingehenden Untersuchung und Würdigung wert wären. Denn Freisleben ist ein begabter Mann und trotz der mancherlei Entwicklungsphasen, die er durchmachte, kein unedler Charakter. Als Schriftsteller verfügt er nicht gerade über einen eleganten, leicht verständlichen Stil, wie das auch sein Brief an Erasmus beweist, aber wenn er in seinen Erotemata A 2 die jetzigen als die richtigen Lehrer preist, »qui in cuiusvis artis facultate tradenda nec confusam nec prolixam, sed methodicam docendi rationem sequi satagunt iuxta illud Horatii:

Quicquid praecipiet, esto brevis, ut cito dicta

Percipiant animi dociles teneantque fideles«,

so darf er sich auch rühmen, solange er als Lehrer wirkte:

---

[1]) Universitätsbibliothek Tübingen.
[2]) Wiedemann, a. a. O. 5. 567.
[3]) Ein Nekrologium des Stephansdomes dürfte wohl seinen Todestag geben.

»operam dedi ac studui, ut quam brevissime ac facillime quaeque traderem«. Das beweisen seine Erotemata, sein Calendarium und seine 172 Sermones, wie seine Precationes.

Es dürfte sich aber empfehlen, nachdem der eine Bruder nunmehr in ein helleres Licht gebracht wurde, auch dem anderen Bruder Leonhard noch weiter nachzugehen. Stehen doch die beiden Brüder Freisleben an Begabung und Wissen Joh. Bünderlin keineswegs nach, dem sein Linzer Landsmann Nicoladoni eine eigene Monographie gewidmet hat.

II.

Dank der Universität Wittenberg an Steyr, vom 8. Mai 1613, für eine Stiftung.

Aus dem städtischen Archiv zu Steyr.[1])

Mitgeteilt von **Pr. Selle.**

Die Protestanten Österreichs pflegen dem Auslande gegenüber nur als die Empfangenden zu erscheinen, geistig und dinglich; von den Tagen der Reformation an, wo sie die neue Botschaft von Wittenberg und Genf übernahmen; in der Gegenreformation und den Zeiten des Kryptoprotestantismus, wo sie Unterschlupf und Wegzehrung oder tröstenden Zuspruch draußen fanden, Erbauungsbücher und Unterstützung hereinbekamen; in der Toleranzzeit, wo die Sammelreisen begannen, weil ohne Kirchenvermögen ein Kirchenwesen gestaltet werden sollte; bis zur Gegenwart, wo auswärtige Vereine eine regelrechte Pflege der Diaspora in die Wege geleitet haben durch geistliche Kräfte, Geld- und Büchersendungen. Sie sind doch auch Geber gewesen, durch einheimische Männer, die ihre geistige Bedeutung weithin ausgestrahlt haben, im Austausche von Geistlichen und Lehrern, durch die Exulanten, die Intelligenz und Vermögen in die Fremde brachten.

Ein seltenes Beispiel dinglicher Unterstützung weist das folgende Stück auf, zumal, wenn man den Geldbetrag nach heutiger Kaufkraft etwa verzehnfachen muß.

Freilich erinnern wir uns dabei daran, daß Frau Dorothea von Jörger auf Schloß Tolleth, die mit Luther korrespondierte, auch ein Stipendium für Theologen in Wittenberg stiftete.[2])

Steyr hatte im Jahre 1608 eine Wiedereinführung des Evangeliums erlebt;[3]) wenige Jahre darauf erfolgte die Spende auf Ansuchen der Universität.

---

[1]) Kasten II, Lade 29, Sign. 267.
[2]) Vgl. Jahrbuch 1904, S. 7. Vgl. auch ebenda, 1905, S. 214.
[3]) Ebenda, 1904, S. 179.

Vnsere freundliche Dinste zuvor, edle, ehrenveste, hochgelarte, achtbare, wolgeborene und wolweise, insonderst günstige Herren vnd liebe Freunde.

Euer ganz geneigte sonderbahre Affection, sowohl in Gemain gegen den löblichen Standt der Studenten alß auch in specie gegen diese fürnehme Vniversitet, haben wir mit erfreuten Gemütern, zu gueter genüge darauß zuvor vernehmen gehabt, In dem Ihr vnsere Gottselige wohlgemeinte Fürsorg für vnsere jezigen Studenten vnd für derselben ganze Posteritet zum besten gedeutet, auch auß löblicher Mildigkeit, auf vnser vnterdienstliches ansuchen, mit einer Reichen Beysteuer alß ein Hundert Reichsthaler welche wir neben neuem ganz freundlichem Schreiben anhero geliefert wohl empfangen, Euch Barmherzigk, mitleidentlich, vnd willfärigk zu besserer wartung vnd anderer vnwormeidlichen Notdurfft bewiesen, nemlich vnd insonderheit gegen alle vnd jede diejenigen, so jezo vnd künfftig alhier mitten vnter ihren nuzbaren Studiis, nach des Allerhöchsten Gottes allerweisesten willen vnd raht, von ihm selber dem Allerliebsten Gott durch leibes gefehrliche oder mildere Krankheiten angegriffen vnd niedergelegt auch wohl gar aus dem Mittel der Lebendigen möchten abgefordert vnd darauff Christlicher weise in dem dazu von Vnß jezo vorgewonnenem Spitahl vnd Kirchhoff bis zu der fröhlichen Auferstehung aller Todten, solten vnd mußten beigesezt werden. Hierauff thun Gegen die Herren, sambt vnd sonders vnd gegen ihre ganze löbliche Stadt wegen solcher starklichen vnd ansehenlichen Contribution zu diesem heiligen vnd heilsamen gemeinem Wergk im nahmen der jezigen vnd aller Kunfftigen Personen, denen es zu Ersprießlichkeit vnd zu vnvermeidender Nottdurfft jemalen gedeyen wird, Wir vnß ganz demütigk vnd freundlichst bedancken, Mit freundlicher anerbietung, das solche reiche Steuer bey vnß mit nahmen järlich gerumt werden solle, vnd das zu denen, auß Gottes weisen heiligen Raht, vorkommenden Fällen, die Ihrigen wir solches fruchtbarliche vnd gebürliche auch wollen genießen lassen.

Vnd wollen sich die Herren im geringsten keinen Zweiffel machen, sondern gewiß Hoffnung haben, der Hohe Gott werde solches ihr gethanes Opfer mit ganz väterlichen augen anschauen, vnd deßentwegen die Herren vnd Ihre ganze Gemain sonderbarlich an Leib vnd Seel mit gesundheit vnd langem Leben auch mit gewunschter vnd gluckseliger Regierung, hir reichlichen segnen vnd uber das ganz höchlich in jenem Leben belohnen.

Auch sollen sonsten der Herren vnd der Gemeinden, sowohl auch andere Landkinder vnd studierende Jugendt bey Vnß mit größern muglichen vleiß in Institutione diesen gueten willen, desto fruchtbarlicher vnd ersprießlicher zu empfinden haben, Inmaßen den Herren vber daßelbe angenehme Dienste nach vermögen zu fürfallender Gelegenheit zu bezeigen wir jederzeit willigst erfunden werden wollen, vnß allerseits in die hohe Gnade der großen Barmherzigkeit Jesu Christi treulichst empfelend.

Datum Wittenbergk den 8. Mayi āo Christi 1613.

                        Rector, Magistri vnd Doctores
                            der Universitet daselbst.

Denen Edlen, Ehrenvesten, Hochgelarten, Achtbaren Hoch: und Wohlweisen Herren Burgermeistern vnd Rahte der wohllöblichen Stadt Steyr vnseren insonders Gunstigen Herren vnd lieben Freunden.

III.

Zu Primus Trubers 400jährigem Geburtstage.[1]

Von O. Hegemann.

I. Zur Charakteristik Trubers.

Dr. Theodor Elze, der erste Fortsetzer des Truberschen Lebenswerkes in Krain nach der Gegenreformation, hat eine ausführliche Biographie zwar verheißen, aber leider nicht mehr bieten können[2]. Seine ausgezeichneten Einzelstudien, vor allem seine mustergültige Ausgabe der »Briefe«[3] und seine zahlreichen Aufsätze im »Jahrbuch« bieten eine notwendige Vorarbeit, eine Sichtung des vorhandenen Materiales, aber nicht das Gebäude, das noch des Künstlers harrt. Kenntnis der slowenischen Sprache und tiefes Eindringen nicht bloß in die lokalgeschichtlichen, sondern auch in die allgemeinen Verhältnisse, wären Bedingungen zur Lösung einer solchen Aufgabe. Der Verfasser des vorliegenden Aufsatzes ist sich des Mangels dieser beiden Voraussetzungen bewußt, hält es aber doch für angezeigt, auf die einer abschließenden Bearbeitung harrenden Fragen anläßlich des Truber-Jubiläums hinzuweisen, um so mehr, da aus dem ungedruckten Werke Theodor Elzes: »Die krainische Literatur im 16. Jahrhundert. Biographische und

---

[1] Mit Benützung der ungedruckten Hinterlassenschaft von Dr. Th. Elze.

[2] Aus älterer Zeit ist recht brauchbar: W. Sillem, Pr. Truber, der Reformator Krains, 1861. In dem großen Artikel Truber in der »Realenzyklopädie für protestantische Theologie und Kirche«, 3. Aufl. Bd. 20 (1908), 136—143, konnte Elze seine Forschungen zusammenfassen; die ausführlichen, wenn auch nicht erschöpfenden Literaturangaben sind hier bis auf die Gegenwart fortgeführt. Von slowenischer Seite erschien über Truber folgendes: In »Ljubljanski Zvon«: 1884, Črtica o Primošjo Trubarja, Lovro Žvab, S. 41 bis 45; 1886, O poutkih slov. Književnosti, A. Fekonja, S. 42 ff.; 1887, Ivan baron Ungnad, A. Raič. S. 18 ff.; 1890, Reformacija v Slovenci, A. Fekonja S. 477 ff.; 1892, Jurij Juričič, S. 732.

[3] 1894; von mir zitiert mit: Elze.

bibliographische Studien zur Literatur-, Kultur- und Reformationsgeschichte«[1]) bedeutsame Beiträge zu entnehmen sind.

Elze schildert Truber in der genannten ungedruckten Schrift so (S. 26): »Was Truber von frühen Jahren an bis in seine Sterbestunde erfüllt und beseelt hat, das war Liebe zum Evangelium, für welches er Vaterland, Freunde, Ehre und zeitliches Vermögen dahinten ließ; Liebe zu seinem Vaterlande, welche Entfernung und Verbannung nicht zu vermindern vermochten; Liebe zu den Armen und Bedrängten, deren schwere Lage er in früher Jugend selber erprobt hatte. Er war ein scharfer, logischer Denker, dabei treuherzigen, aufrichtigen Gemütes, konsequent im Handeln, aber arglos im Umgang, ernst und milde zugleich. In seinem reformatorischen Wirken ging er ohne Engherzigkeit langsam und schonend zu Werke, für das Gelingen seines literarischen Unternehmens war er ängstlich, fast mißtrauisch besorgt. Wenn er auf diesem Gebiete gereizt wurde, konnte er für Augenblicke heftig werden und sich Worte bedienen, welche nur der allgemeine Gebrauch des 16. Jahrhunderts entschuldigt. Doch trat die ursprüngliche Milde und Güte seines Herzens, welchem andauernder Groll und nachtragende Gehässigkeit, Feindseligkeit und Rachsucht unbekannt waren, bald wieder hervor.

Als Schriftsteller war Truber weniger schöpferischen Geistes, aber er war auch kein gewöhnlicher sklavischer Übersetzer; wo er bloß Übersetzer sein wollte und mußte, war er höchst treu und gewissenhaft; in anderen Fällen war er ein eigentümlicher und geistreich kombinierender Bearbeiter. Dies tadelt Ungnad an ihm. Sein Stil ist mehr einfach als schwunghaft, der Gegenstand gilt ihm mehr als die Darstellung. Sprache und Literatur waren ihm stets nur ein Mittel, seine Gedanken und Überzeugungen in möglichst weiten Kreisen zu verbreiten. Er hat nie, auch nicht als Schriftsteller, seinen persönlichen Ruhm gesucht, sondern das Wohl der Menschen; das trieb ihn zum ersten Beginn der slowenischen Literatur, das tritt uns aus all seinen Schriften entgegen. Seine Lieder sind herzlich und erhebend, einfach und klangvoll und könnten zum Teil bei geringen sprachlichen Änderungen noch heute

---

[1]) Vorrede, datiert Venedig, Herbst 1871; später vielfach ergänzt. Im Besitze des Herrn Hofrates Prof. A. Luschin v. Ebengreuth in Graz, dem für die gütige Überlassung dieses und der anderen auf Truber bezüglichen Manuskripte herzlicher Dank gebührt.

von seinen Glaubensgenossen slowenischen Stammes mit Erbauung und Segen gesungen werden.«

Diese Kennzeichnung des tiefgrabenden Forschers läßt aber leider gänzlich eine Beurteilung Trubers auf dem Gebiete vermissen, auf dem der eigentliche Schwerpunkt seines Wesens zu suchen ist. Truber war als Kirchengründer und grundlegender Theologe hineingestellt in den wilden Meinungskampf jener Tage. Irgendwie mußte er Stellung nehmen zu den Gegensätzen von Luthertum und Calvinismus, Flazianismus und Synergismus, von denen alle theologischen Erörterungen jener Tage widerhallen. Die tiefste Eigenart des südösterreichischen Reformators wird sich erst aus einer Prüfung seines Verhaltens zu diesen Fragen erschließen lassen, die nun einmal seinen Zeitgenossen als die wichtigsten erschienen. Erst von hier aus wird sich eine Antwort auf die Hauptfrage ergeben, worin eigentlich die Bedeutung dieses Mannes besteht. Aufgabe einer Truber-Biographie wird es aber noch sein müssen, in noch eindringenderer Weise die Gemütsbeschaffenheit, wie sie bei ihm als Glied des slawischen Stammes, als Gatten, Hausvater, in Trübsal und Krankheit sich äußert, einer Beurteilung zu unterwerfen.[1]

---

[1] Zur Beleuchtung rein menschlicher Züge des krainischen Reformators, deren eingehendere Darstellung einer kommenden Biographie vorbehalten bleiben muß, diene hier nur folgendes: Seine außerordentliche

Herzensgüte, z. B. gegenüber dem kroatischen Bibelübersetzer Stephan Consul: »Ich unnd mein Weib haben ime in unnsern arm unnd nothwendigen (notdürftigen) Ellendt zu Rottenburg unnd Kempta allso halb krankhen bei drei viertel Jar bei unnserm Tisch, uff unnserm Bett trewlich gehalten, vil Gelts geben vnnd gelihen, darfür er unns nie nichts. Ich hab in in Stetten, bei guetten Herren unnd Landleuthen, unnd bei anndern Christen an vilen Orten befürdert unnd angebracht, dabei er allwegen besser gehabt unnd mer erobert alls ich, wie an seinem Haussraath unnd Claidern wol zusehen. ... Mein Weib hatt er allhie durch sein Weib allhie unnd zu Tübingen ussgericht, daz sie unnder die Leuthe nit darff. Er hatts auch schlahen willen.« (Elze, S. 150, 331 f.)

Unerschrockenheit, an Luthers bekanntes Wort vor Worms erinnernd. Als Truber am 25. Juni 1561 vor Laibach hielt, um dort nach 13jähriger Abwesenheit seine Wirksamkeit neu zu beginnen und von den Drohungen der weltlichen und geistlichen Behörden hörte: »ist er anfänglich etwas betrübt worden, geseufzt und gesagt: Wöllen die Krainer das Evangelium haben, so müssen sie das Kreuz auch helfen tragen.« »Wenn ich heute nit gen Laibach käme, würden die gutherzigen Christen betrübt und sagen:

Wir versuchen im nachfolgenden, mit Benützung der Elzeschen Arbeiten, einiges Licht über diese Fragen zu werfen.

Truber sagt von sich: »dieweil griechisch noch hebräisch nicht khan«[1]). Vom Italienischen aber: »cum peroptime sicuti germanicam vel latinam intelligo«.[2]) Seinen Bildungsgang schildert er mit den Worten: »Tergesti ab episcopo Petro Bonomo docto et viro piissimo sum a teneris annis educatus... Illic Tergesti didiceram linguam italicam; licet eam nunc difficulter loquor attamen cum illam lego sive audio intelligo facillime«.[3]) In demselben an Bullinger gerichteten Schreiben bekennt freilich Truber auch seine ungenügende Kenntnis selbst des Lateinischen.[4])

Es sind dies die einzigen eigenen authentischen Angaben, die wir über Trubers Bildungsgang besitzen. Sie bestätigen in ihrer

---

ich fürchte und fliehe das Kreuz und die Gottlosen würden gestärkt in irem bösen Fürnehmen wider mich.« (Elze, S. 115.)

Humor: »Dem Herrn Stephano Consul hab ich unter anderm geschrieben, daß weder seine crobatische, cyrulische, noch meine crainerische Bücher nit abgehen, zu besorgen, wir werden aus unsern Büchern Skarnitzl machen, und die scombros, wie der Persins sagt, einwickeln. Denn wie in aller Welt, also auch in diesen Landen (Krain) ist der Glaub, Lieb, Gottesfurcht, Frag nach ewigem Leben schier gar erloschen usw.« (Elze, S. 433 f.)

Geldnöte: »E. G. klag ich armer Khnecht, ich hab kein Geld, kein Khorn und spekh, schmoltz hab ich auff halb Jar. Der Forestin bin ich 12 Thaller schuldig, dem Hrn. Buechhalter auf diese Quotemer und auff khunfftige hab ich 24 Gulden entlehnt. Nun wiße ich nicht wo aus, taglich khumen frembd Leut, wo ich Geld auffspringen soll usw.« (ddo. Laibach, 29. Oktober 1564, Elze, S. 423.)

Kränklichkeit: »Nach Ostern wolt gern auch 14 Tag in Sawr prun (Bad Teinach in Württemberg) von wegen meiner Krangkheit und Krebzen paden, dan also krangkh mit pösen geschwolnen Füßen, kretzig, unlustig, bin niemant zu nutz; mich verdreust warlich gar offt zuleben.« (ddo. Urach, 10. Februar 1562, Elze, S. 165); »wie mich der Allmächtige das nächst verschienene Jahr von Mai an bis auf Dezember mit schwerer, tödtlicher und langwieriger Krankheit, mit der colica passione und continua febri heimgesucht, und wiewol die Doctores und Apotheker viel Mühe und Unkostens mit mir gebraucht, auch in das Wildbad geschickt, aber gemeldte Krankheiten haben von mir nit setzen wollen, bis sie in die auswendige Glieder geschlagen, und mich also an Händen lahm und contract gemacht, daß ich nicht schreiben kann.« (ddo. Derendingen, 16. Januar 1572, Elze, S. 502 f.)

[1]) Elze, S. 20.
[2]) Ebenda, S. 27.
[3]) Ebenda.
[4]) Ebenda, S. 26.

Weise das, was Freiherr Hans Ungnad höhnisch von ihm sagt: »die Bauern wissen wohl, daß er ein guter gemeiner Dorfpfarrer gewest, nie auf keine Universität kommen, aber gar ein frommer Mann ist«.[1]) Als 13jähriger Knabe besuchte Truber die Schule in Fiume, dann, wohl als fahrender Schüler, die in Salzburg und Wien. In letztgenannter Stadt wurde Bischof Bonomo von Triest — wohl während seiner Administration des Wiener Bistums 1523 — auf den jungen 15jährigen Kurrendeschüler aufmerksam, den er als Diskantisten in seinen Domchor aufnahm, wo er 1526 als »servitor episcopi« erscheint, jedenfalls eine theologische Vorbereitung zum Priester erhielt.[2])

Am 13. September 1555 schreibt Truber aus Reutlingen,[3]) als damaliger Kemptner Pfarrer, an Zwinglis Nachfolger am Frauenmünster in Zürich, Heinrich Bullinger: »Ich hab in der Warheit in villen Jaren Gelegenheit gesucht, E. E. zu schreiben, den ich mich derselbigen vnd dem Herrn Pellicano neben andern Theologen nicht wenig schuldig erkhen. Den on alle Heuchlerei zu reden, ich hab aus euren vnd des Herrn Pellicani Commentariis, Gott lob, vill erlernt, und aus denselbigen 17. Jar nacheinander in Windischland gepredigt, darumb mir der Teuffl villmals hefftig zugesetzt vnd tecglich in Gefangnus pringen wöllen. Aber der Allmechtig hat mich wunderglich us seinem Halls gerissen. Und wiewoll Ir und Eures gleichen mit Euren Büchern Ursacher seit, das ich im Ellend sein mueß vnd meines Vatterlands vnd dreier guetter faister Pfruendt beraubt, so bin ich euch darumb nicht feind, sonder hold, von Herzen euch ehere, observire vnd bitt Gott für euch alls für meine Vatter vnd Praeceptores.«[4])

Mit diesem überraschenden Tone setzt Trubers Briefstellerei ein. Stets in rein lutherischer Luft wirkend, bekennt er hier, die nachhaltigsten Einwirkungen gerade von reformierter Seite her erhalten zu haben. Elze meint wohl mit Recht: »Diese (oben genannten) Auslegungen der biblischen Bücher, namentlich diejenigen Bullingers, zeichneten sich durch Einfachheit, Klarheit und praktische Richtung aus und mußten daher einem Manne

---

[1]) Elze, S. 282.
[2]) Ebenda, S. 5, 1.
[3]) Wo Truber zum Zwecke der Drucklegung seiner slowenischen Übersetzung des Matthäus weilte. (Elze, S. 21.)
[4]) Elze, S. 19 f.

von Trubers Bildungs- und Lebensgange ganz besonders entsprechen.« ¹)

Truber war in der Tat eine rein auf das Praktische gerichtete Natur. Durch Schultheologie weder hochgebildet noch verbildet, scheint er anderseits doch von lebhaftem Bildungsstreben erfüllt geblieben zu sein, auch seitdem er von 1530 an als Priester in Untersteiermark wirkte. Von 1532 an erschienen die obenerwähnten Kommentare, die er schon in den ersten Jahren seiner praktischen Amtstätigkeit eifrig studiert haben muß.

Der ganze Truber tritt uns aus diesen ersten Worten seines ersten erhaltenen Briefes entgegen: die nüchterne Art, die für erkannte offenkundige Schäden eine möglichst einfache Medizin aufsucht, der sittliche Ernst, mit dem er diesen Schäden nachgeht, die Unbefangenheit und Selbständigkeit, mit der er, ohne Rücksicht auf die ihn umgebenden Strömungen, seine eigene Bahn zieht, die Opferwilligkeit, mit der er das Erkannte festhält, die Sachlichkeit, die das selbständig Errungene doch nur als Mittel, nicht als Zweck wertet.

Es war eben keine Verleugnung von Jugendüberzeugungen, wenn Truber 1582 in der Vorrede zu »Das neue Testament in 2 Teilen in Windischer Sprache mit lateinischen Buchstaben, Tübingen 1582« rühmt: »Es ist bey jnen (den Windischen) bißher Gott lob, kein Sect oder Schisma, Caluinisten noch Flaccianisten, noch andere, wie bey den Teutschen entstanden, allein müssen sie das grobe Bapstumb neben jnen sehen, dulden vnd von jenen Verfolgung leiden.« Oder wenn er ebenda als seine Lehrmeister nur lutherische Autoren aufzählt: »Ich hab von der gnaden Gottes, auß vielen alten vnd newen Scribenten, sonderlich auß D. Lutheri, Herrn Brentii, Melanthonis, Urbani Regii, des Herrn Georgi Fürsten von Anhalt vnd iresgleichen Commentariis über der Propheten vnd Apostel Geschrifften, Catechismum vnd ex eorum locis Theologicis, das best verstendigist genommen vnd gestolen, verdolmetscht vnd in die obgemelte Windische Bücher eingesezt vnd fürnemlich mich beflissen, die höchsten vnd zur Seligkeit nothigsten Geheimnisse Gottes vnd Articul des Glaubens, als vom göttlichen Wesen in der heiligen Dreifeltigkeit, seinem willen gegen vns, von der Person Christi, seinem Ampt vnd Wolthaten, wie man seines verdienstes sich theilhafftig mache, von

---
¹) Elze, S. 19, 3.

den rechten Gottgefelligen Werken vnd Gottesdinsten, von dem rechten brauch der Heiligen Sacrament etc. gründlich, lauter vnd verstendig außzulegen, auff daß sie in iren Gewissen vergewißt sind, daß ihr Glaub in allen Articuln in der heiligen Schrifft gegründet vnd darauf urtheilen mögen, welches der allte rechte Glaub sey vnd wissen, wie ein jeder in seinem Beruff Gott dienen mag vnd soll.« Es kam Truber nicht darauf an, sich zu irgend einer der streitenden protestantischen Richtungen zu bekennen, sondern die höchsten »zur Seligkeit notigsten Geheimnisse« möglichst schlicht, mit möglichster Schonung der mannigfachen Empfindlichkeiten darzubieten. »Wir streiten mit den Pabstischen nicht von wegen des Chorrocks oder adiaphorischen Ceremonien, sunder wie der Mensch widerumb vor Gott mag frum, gerecht vnd selig werden, wie man Gott recht anrueffen, ime dienen, die h. sacrament prauchen sol etc. In diesen Stücken haben vns mit den Papisten bisher nicht mügen vergleichen,« schreibt Truber 1569.[1]) Auf diese Dinge legt er den alleinigen Nachdruck. Der Biene gleich, die auch aus giftigen Blüten reinen Honig saugt, entnimmt er der wüsten Kampfesschriftstellerei jener Tage das praktisch für ihn Brauchbare, über und zwischen den Parteien stehend, sucht er im einzelnen zu lavieren, nicht ohne rechts und links anzustoßen, aber die Gesinnung, die überall den Kern aus der Schale zu lösen sucht, ist jedenfalls zu loben.

In das Büchlein seines Amtsnachfolgers Sebastian Krell, eines Flacianers, »Christlich Bedencken, | ob vnd wie fern ein | jglicher Christ, die Rotten und | Secten | auch allerley offentliche irthumen vnd Religionsstreite, beide von rechts | wegen vnd auch mit der Tat, zu rich- ten und zu anathematisiren | schuldig sey 1562 | « schrieb Truber folgendes Verschen: »Gott die Ehr allein, Der Kirchen Lehr rein, Den Gläubigen Christi Gnade gemein.« (Exemplar der königl. Bibliothek in Berlin.) Während Krell in jenem Büchlein scharf gegen die »Noministen, Nullisten, Neutralisten, Adiaphoristen, Synergisten, Majoristen, Schwenckfeldisten, Osiandristen, Sacramentierer, Nullartsbrüder, Verrether und Epicurer« polemisiert, hebt Truber hervor, daß »den Gläubigen Christi Gnade gemein« sei, dies war ihm die Hauptsache.[2])

Jener Sebastian Krell, neben Truber, Dalmatin und Bohoritsch

---
[1]) Elze, S. 484.
[2]) Ebenda, S. 437.

der namhafteste Begründer der slowenischen Schriftsprache, wird von E l z e gekennzeichnet als »ein stiller, zurückgezogener und wissenschaftlicher Beschäftigung hingegebener Mann, den jedermann hochachtete und liebte«. Leider herrscht über ihn ziemliches Dunkel. Er war persönlicher Schüler und Amanuensis des Math. Flacius Illyricus gewesen, dem er auf der Flucht von Jena nach Regensburg folgte. Aus dem Jahre 1562 besitzen wir ein Schreiben Krells aus Jena[1]) an Leopold Durnpacher, in dem es heißt, daß der Sohn des Adressaten »die Wahrheit wider alle Sekten vnd vnsere Synergisten alhie redlichen bekandt hat, das Im nicht vil nach gethan haben«.

Wie so ganz anders spiegelte sich also in diesem Truber so nahe stehenden Kopfe der »alle Entwicklung der evangelischen Kirche und Schule in Krain hindernde« Gegensatz zwischen Flacianern und Synergisten, als in Trubers Geiste.

Eduard B ö h l[2]) hat darauf hingewiesen, daß Trubers Geistesrichtung bestimmend wurde für die Gestaltung des Protestantismus in Krain im 16. Jahrhundert:

»Bei den Krainern war von Anfang an durch Primus Truber die melanchtonische Richtung, w o n i c h t g a r z w i n g l i s c h e O p i n i o n e n, vertreten. Der alte Klombner in einem Schreiben an Nik. Gallus in Regensburg klagt bitter über Trubers schädlichen Einfluß, der sich in der Verhinderung der Anstellung Melissanders in Krain kundgetan. Gott werde ihm seinen Lohn geben. Wie er jetzt die Kirche störe, also habe er allerwege getan. Er hoffe nur, daß Trubers Mängel bei dieser Gelegenheit an den Tag kommen würden und dringt auf Rechtfertigung ihrer Handlungsweise seitens der Theologen in Tübingen. Man soll, so wünscht er in einer Nachschrift, den Truber befragen, warum Herr Krell seinen, Trubers, Katechismus aus der Kirche getan; ihm vorhalten, daß er das Sakrament allein Signa oder Zeichen sein lasse; endlich ihn auf eine windische Vorrede über das Neue Testament weisen, was er da von Werken, Justifikation, freiem Willen, Majorismus und des mehr gehandelt; so müsse er widerrufen oder verketzert sein. Damit würde die Kirche reiner werden. In der Tat hatte Truber

---

[1]) Staatsbibliothek in München, Cot. Germ. 1318, fol. 136 f., nach einer Kopie in Elzes Nachlaß.
[2]) Beiträge zur Geschichte der Reformation in Österreich, 1902, S. 98 ff.

in jener langen Vorrede zum Neuen Testament die Loci Melanchthons zur Herstellung einer norma doctrinae benutzt.«[1])

Aus einem anderen Schreiben Klombners führt B ö h l die Worte an: »Wolt gern erleben, von den Crainerischen mit den schwabischen Teufeln, Sie werden (d. h. würden) uneins« (1568), und bemerkt dazu richtig: »Letztere Worte zeigen, wie groß die Animosität der »beständigen« Lutheraner gegen Trubers Anhang in Tübingen war«, und weiter: »Klombner tadelt Truber wegen anderer in der windischen Vorrede zum Neuen Testament nachweisbarer Irrtümer über Werke, Rechtfertigung, freien Willen usw. Truber war Vertreter einer freieren Richtung und nach seiner Vertreibung aus Krain (Ende Juli 1565), wie E l z e sagt, besonders Gegner der flazianischen Richtung. Man ging so weit, ihn bei den Ständen in Krain zu verklagen, als sei er nicht der Augsburger Konfession gemäß, und seine Kirchenordnung beim Erzherzog Karl anzuschwärzen,[2]) eine Beschuldigung, die aber die Stände als unbegründet ablehnten, indem sie in ihrem Entschuldigungsschreiben an den Erzherzog sich darauf beriefen, daß sie ihn nie anders als gemäß der augsburgischen Konfession gemäß befunden.«[3])

In verhängnisvoller Weise haben aber dennoch jene Beschuldigungen »zwinglischer Opinionen« in Trubers Lebenswerk und die Entwicklung des krainischen Protestantismus eingegriffen, indem sie die Drucklegung der windischen Kirchenordnung in Tübingen zum Stillstande brachten. Als sie dann endlich doch 1564 erscheinen durfte, da war der günstige Zeitpunkt verpaßt, der neue Landesherr Erzherzog Karl nahm nunmehr das Erscheinen jener Kirchenordnung zum erwünschten Vorwand, um Truber für immer aus seinem Heimatlande zu verjagen.

Den Anlaß hiezu hatte folgende Stelle aus einem Briefe Trubers an den württembergischen Obervogt Nikolaus v. Graveneck geboten: »— Von der Uneinigkeit zwischen den hochgelehrten Theologen von wegen des Nachtmahles, und daß sich das Volk durch die gottseligen Predigten wenig bessere, ist zu erbarmen und ich höre nicht gern. In unserer Kirche, die die evangelische Lehre angenommen, ist noch (gott lob) von keiner Sekte noch Zwiespalt zu hören. Wir lehren und glauben einhelliglich den Worten Christi

---
[1]) »Jahrbuch« 1894, S. 138.
[2]) D i m i t z, Geschichte Krains, III, 1875, S. 4.
[3]) B ö h l, a. a. O., S. 137 ff.

beim Abendmahle, daß wir allda den wahren Leib und das wahre Blut Christi des Herrn im Geist und im Glauben empfahen, und uns wahrhaftig des Leibs und Bluts Christi, das ist seines Verdiensts theilhaftig machen, nach dem Wort Pauli 1. Cor. 10.«[1])

Darin fand nun Herzog Christoph »den rechten Verstand des Zwinglianismus« und schrieb unter J. Andreäs Denunziationsschreiben: »da (d. h. wenn) dem also (nämlich, wenn Truber zwinglisch) wär, daß er solches der röm. Mt. (Maximilian) zuschreiben wolle, damit das Land derselben Enden durch E. E. nicht vergiftet würden.«[2])

Wir sehen also, daß Trubers, tatsächlich über den damaligen innerprotestantischen Parteien angestrebter, Standpunkt trotz aller Anbequemung doch durchleuchtete, was zu den verhängnisvollsten Weiterungen Anlaß gab.

Es ist sehr schade, daß Trubers Verantwortung über den ihm gemachten Vorwurf des Zwinglianismus sich nicht erhalten hat. Aus dem verlorenen Schriftstücke der Erklärung Trubers vor den krainischen Verordneten ist nur bekannt, daß er darauf hinwies, daß er die beanstandeten Worte nur briefweise und in der Eile, somit natürlich auch ohne weitere dogmatische Erwägung und Absicht geschrieben habe.[3])

Wir können nun aber doch nachfolgende Beurteilung durch Elze nicht für einwandfrei halten: »Primus Truber war stets ein aufrichtiger Anhänger der Augsburgischen Konfession, aber in dem milden, versöhnlichen Geist und Sinn ihres Verfassers, Melanchthons. Daher mißfielen ihm die Streitigkeiten der protestantischen gelehrten Theologen Deutschlands über das Abendmahl, und diese fanden in der jungen evangelischen Kirche Krains so wenig Eingang, als die flazianischen. Was hätte auch die slawische evangelische Kirche mit dem dogmatischen Schulgezänk der deutschen Theologen anfangen sollen? Später hatte Truber auch die Konkordienformel unterzeichnet.«[4])

Allerdings hat Truber 1560 auf die Anklage, »daß in meinen außgegangenen getruckhten windischen Buechern unrechte Dolmetschungen, große Irthumben, falsche Außlegungen, schwerme-

---

[1]) Elze, S. 358.
[2]) Ebenda, S. 362.
[3]) Ebenda, S. 388.
[4]) Ebenda, S. 388.

rische und zwinglische Opinionen von der Tauffe, des Herrn Nachtmal, und von der Justifikation sein sollen,«[1]) dies als »falsche Bezichtigung und Angebung« zurückgewiesen[2]) und sich damals von den krainischen Verordneten das Zeugnis ausstellen lassen: »das in meinen gedruckhten windischen Buecher... alle christliche Artickell der augspurgischen Confession gemäß vnnd irer Verstand nach werden trewlich gelernt vnnd außgefuert etc.«[3])

Aber es ist doch wohl anderseits der Finger darauf zu legen, daß Truber nur drei Jahre früher gegenüber einem der bedeutendsten Vertreter des Zwinglianismus sich als langjährigen Schüler des Bullinger und Pellican bekennt, die er als seine »Vatter vnd Preceptores« bezeichnet.

Im gleichen Jahre 1557 hat er gegenüber Heinrich Bullinger folgendes denkwürdige Bekenntnis abgelegt (Kempten, 13. März 1557):

»Obgnantes buechlein (Bullingers »Apologeticae expositiones«) ... ist mir lieb vnd werd, kann auch nichts, alls vil ich Urtails hab, unrechts oder ketzerisch darin finden noch vermerckhen. Und ich kan euch hiemit nicht verhalten, das mir auff Zeit, seit ich allhie bin, ist fürkomen, das etlich zu Ravenspurg vnd zu Memmingen von mir ausgeben haben, alls ich alhie offenlich von der Cantzel alle Zwinglischen verdambt vnd Ketzer gescholten solt haben; vnd sover (sofern) dise Rede auch euch oder den andern Ministris ecclesiarum helveticarum wäre von mir zukumen, ir wöllet das keinswegs glauben vnd mich entschuldigen; dan solches hab ich weder in windischen Landen, noch zu Rotenburg an der Thauber, vil weniger alhie, weder von der Cantzel, noch in privatis colloquiis nie gedacht noch gered; es wird auch kein kemptisch Mensch von mir mit der Wahrheit nicht sagen mügen. Wie ich erstlich vor 4. Jaren hie er (hieher) kam, vnd von etlichen hab alls pald vernommen, wie die vorigen Prediger schier alle allhie für und für wider einander von wegen des Sacraments waren. Und als die Zeit kam, das wir coenam muesten halten, da that ich 3. predig nacheinander von Sacramenten, vnd wie ich kam, das ich muest de substantia sacramenti reden vnd mich gegen beiden Parteien erklären, da thet ein Exclamation wider

---
[1]) Elze, S. 36; siehe auch S. 6.
[2]) Ebenda, S. 44.
[3]) Ebenda, S. 44, 53.

den Teuffl, der solche Zwitracht vnd Uneinigkheit von dises Artikls wegen in den christlichen Kirchen zum großen Hindernus des Evangelii Lauffs hat angericht. Und vndtern anderen saget ich, was nützt den gotseligen ainfeltigen Christen solche hohe Disputationen de reali, corporali, substantiali et spirituali corporis Christi presentia, dieweil beide Teyll, die Zwinglischen und die Lutherischen bekennen, es sind nicht nuda signa, sondern es wird ain Nachtmal warhafftig der Leib Christi vnd sein Bluet den Christen ausgetailt; dabei sol mans vnd wir wöllens auch beleiben lassen, vnd citirt darzu Augustini dictum: quod sacramentis non est adhibenda verborum argumentatio sed fides, Christus hab das prot in seinem Abendmal, wo mans recht haltet, consecrirt zu seinem Leib vnd den Wein zu seinem Bluet, sinen Worten wollen wir ainfaltiglich glauben und davon nicht weiter disputiren. Es ist ein Mysterium. Auff dise Meinung hab ich, wo ich geprediget hab, in 27. Jahren gered, und Gott Lob, man hat an meinen Predigen vom Sacrament noch anderen Articulen kein zbinglischer noch lutherischer, alls vil ich hab verstanden kein Mißfallen gehabt, oder uneins mit mir worden. Aber mit den Suenkfeldischen hab ich keines Wegs mögen stymen, noch sie mit mir. Sie haben meinen Gesellen, ein neophytum, ein jungs kurtz Mandel, hat eine aigensynig Köpfel, wie euer Grebelius, Denggius, Hetzer, Balthasar Hubmair, alls Vadianus von inen schreibt, last sich keineswegs von suenkfeldischen Irrthumb abweisen. Ich hab ime Vadiani, Specker, Illirici, Galli, Georgii Majoris, euer Zuricher Prediger scripta contra Suenkfeldium vnd euere Vorred über das Buechl Summa christlicher Religion zugestellt vnd gebeten, das ers lese, aber hilfft an ime gar nichts, sagt, der Vadianus, wie er hatt sterben wöllen, hab ein große Anfechtung gehabt von des Buechl wegen; es hab in größlich gereuen, das er hab wider den Man Gottes den Suenckfeldium geschriben, ir Tigurini seit nur philosophi et non theologi, Lutherus sei ime selbst in villen Sachen wider. In Summa, seit man ime den Dienst hat abkant... ist alles an ime verloren; morgen werde ich etwas deutlicher wider ihn reden müssen."[1]

Soviel läßt sich doch gewiß sagen: Wenn Trubers Schreiben an Nikolaus v. Graveneck vom 1. Dezember 1563 einen solchen Sturm heraufbeschwören konnte,

[1] Elze, S. 23 ff.

welchen Eindruck würde es erst gemacht haben, wenn die eben angeführten Worte den Zeitgenossen bekannt geworden wären.

Von jenem Schreiben habe Herzog Christoph an Truber geschrieben, daß die darin enthaltenen Worte über das Abendmahl, »wiewol sie an ihnen selbst recht vnd christlich, so sind sie doch zu dieser Zeit so general, daß auch die Zwinglischen und Calvinischen ihre meinung darein ‚wegen' (wägen) vnd damit verkaufen könnden.« Er hatte gemahnt, nicht »in diesem wichtigen Zwiespalt also ambigua et flexiloqua vocabula« zu gebrauchen, »so andern Ursach geben, ihren Irrthum darin zu beschönen,« »damit ihr nicht aus andern Verdacht vnd der Kirche verbrechenlich in Irrtum geführt« werdet.[1]

Was hätten nun die Eiferer vom Schlage Andreäs, die Truber diesen Handel anhingen, erst gesagt, wenn sie in Erfahrung gebracht hätten, daß Truber dem unmittelbaren Nachfolger Zwinglis in ausführlicher Weise seine Übereinstimmung mit der zwinglischen Abendmahlslehre ausgesprochen hatte? Es ist wohl gewiß, daß Trubers Lebensgang eine andere Wendung genommen, daß er aus seiner Bahn als krainischer Reformator herausgedrängt und vielleicht völlig ins reformierte Lager getrieben worden wäre.

Wurden doch zwinglische Prediger in Krain im Jahre 1560 ernstlich verfolgt.[2]

Man muß angesichts des bedeutungsvollen Briefes an Bullinger entweder auf völlige theologische Unbildung bei Truber erkennen, die ihn überhaupt nicht in den Stand gesetzt hätte, den Streitpunkt klar zu erfassen, oder aber in ihm einen völlig über den Parteien stehenden Friedensgeist' im Stile des Comenius sehen. Aus der Zwinglischen Abendmahlslehre entnahm er das gemeinchristliche Bekenntnis, »daß der Herr im heiligen Abendmahl seinen Leib und Blut, d. i. sich selber, den Seinen wahrlich anbietet« (Conf. Helv. prior Art. 22), alles andere, was diesen Satz wieder aufhob, ließ er stillschweigend beiseite; auf lutherischer Seite interessierte ihn das, was er »hohe Disputationen de reali, corporali,' substantiali et spirituali corporis Christi presentia« nannte, nicht im geringsten.

Gewiß, es ist der Standpunkt des kulturarmen Grenzvölkchens, wie Elze richtig sagt, der im harten Kampfe um ein Stückchen

[1] Elze, S. 391 ff.
[2] Dimitz, Geschichte Krains, II, 1875, S. 226.

Daseinsrecht »dogmatisches Schulgezänk«, wie überhaupt die theoretische Vertiefung ganz beiseite lassen mußte. Aber es ist doch anderseits dieser Standpunkt eine Weissagung gewesen auf eine ferne Zukunft, welche das rein Theoretisch-Verstandesmäßige in der Religion noch unendlich mehr in den Hintergrund rücken sollte, als es die tiefsten Geister des Reformationszeitalters schon getan.

Damit steht es dann aber in gewissem Widerspruche, wenn Elze Truber »einen aufrichtigen Anhänger der Augsburgischen Konfession« nennt. Für Truber war die Augsburgische Konfession nichts anderes als das ihm sich darbietende unumgängliche Vehikel, um sein Ziel zu erreichen, sein windisches Volk von römischem Aberglauben loszulösen. Wohl in ganz ähnlicher Weise wie heute die »Modernisten« oder Reformkatholiken ließ er sich die mannigfachen Lehrgestaltungen des Kirchengebietes, in das er durch Geburt und Lebensgang hineingestellt war, widerspruchslos gefallen; sein Ziel aber war ein anderes, als es in jenen Lehrschriften aufgestellt war. Zweifellos hätte er, wäre er auf reformierten Boden verschlagen worden, die reformierten Bekenntnisbücher mit derselben Unbefangenheit unterschrieben, mit der er, der Schüler Bullingers, die Konkordienformel unterschrieb.

Seine eigentliche Gesinnung verleugnete er dabei nicht. So hat er noch 1582 in seiner Vorrede zur windischen Übersetzung des ganzen Neuen Testamentes folgende Erklärung über das Abendmahl gegeben:

»Vom Nachtmahl des Herrn halten vnd glauben sie (die windischen Protestanten) einfeltig den worten Christi, wie vor vnseren Zeiten alle Gottselige Christen, Lehrer vnnd Marterer geglaubt, gelehrt vnd geschrieben haben, geben Christo seine Ehr, daß er warhafftig vnd Allmechtig sey, vnderwerffen jre Vernunfft dem Allmechtigen warhafftigen Wort Gottes. disputieren nicht vil davon, nach der Lehr Augustini, da er also schreibt lib. 2, cap. 11 de visitatione infirmorum: Sacramentis divinis non est adhibenda verborum argumentatio, sed fides, vnd Chrysostomus sagt: oportet Dei dictis credere et non curiose inquirere, etiamsi rationem eorum ignoremus vnd Thomas Aquinas in sua prosa et hymno de corpore Christi sic canit:

»Quod non sapis, quod non vides
Animosa firmat fides
Praeter rerum ordinem.« Item

»Verbum caro panem verum
Verbo carnem efficit,
Fitque sanguis Christi merum
Etsi sensus deficit
Ad firmandum cor syncerum
Sola fides sufficit.«

Darnach sagt er: »Praestet fides supplementum sensuum defectui« und zuvor sagt er: »Cibum turbae duodenae, se dat suis manibus.« (Folgt Übersetzung.) Bey disen Worten, Lehr vnd Glauben bleiben sie bestendig.«

Diese Worte richten sich an den gewiß streng lutherischen Herzog Ludwig von Württemberg. Es ist doch zu beachten, daß Truber, der hier seine Rechtgläubigkeit dartun will, es dennoch völlig vermeidet, sich auf eine genauere Formulierung im Sinne des zeitgenössischen Luthertums festzulegen, vielmehr sich mit Ausdrücken begnügt, die wohl auch ein Calvinist unterschreiben konnte, weil es eben »ambigua et flexiloqua vocabula« sind.

Gewiß, es ist nur ein wenig umfangreiches Material, auf dem wir die Auffassung aufbauen können, daß Primus Truber im Zeitalter der protestantischen Lehrstreitigkeiten ein modern empfindender, seiner Zeit vorauseilender Geist gewesen sei. Vergessen wir nicht, daß Trubers Persönlichkeit überhaupt stark vom Dunkel umhüllt ist. Als Schriftsteller war er, nach Elzes angeführtem Worte, »weniger schöpferischen Geistes«, im wesentlichen doch nur Vermittler deutscher Kulturwerte an das Slowenentum. Der von Elze edierte Briefwechsel wirft nur auf einen zehn Jahre umfassenden Zeitraum seines 78jährigen Lebens helleres Licht, da er erst 1560 einsetzt (abgesehen von den vier Schreiben an Bullinger aus den Jahren 1555 und 1557) und nach dem Jahre 1570 nur noch fünf Schreiben Trubers bringt. Jugend und eigentliches Mannesalter sind, abgesehen von wenigen äußeren Daten, unbekannt. Nur drei Jahre — von 1562—1565 — durfte Truber im vollen Besitze seiner erst im deutschen Reiche fester begründeten reformatorischen Erkenntnisse in Krain wirken. Was vorher liegt und nachher kommt, ist doch nur Vorbereitung und Ausklang. Also sein Wirken ein Torso, sowohl wenn wir die tatsächliche Gestaltung als wenn wir die Beurkundung dieses Lebenswerkes ins Auge fassen.

Truber aber vollbrachte es: »Das Neue Testament und die Psalmen in die Sprache seines Volkes zu übersetzen, bei diesem die Reformation einzuführen, die evangelische Kirche in Krain zu errichten, eine Literatur in seiner eigenen Sprache zu begründen.«[1]) »Die Reformation, die wie ein glänzendes Meteor auch über Krain geleuchtet«, in ihrer nur allzu flüchtigen Erscheinung unter den Slowenen, sie findet in Primus Trubers Gestalt ihre vollkommenste Verkörperung. Mutatis mutandis lassen sich auf ihn Döllingers Worte über Luther anwenden: »Er gab seinem Volke Sprache, Volkslehrbuch, Bibel, Kirchenlied«. Bei dieser Sachlage ist es gewiß berechtigt, wenn wir nachdrücklich und mit ausreichender Begründung darauf hinweisen, daß Truber auch darin eine ganz ungewöhnliche Erscheinung war, weil in seiner Brust eine Synthese von Gegensätzen sich vollzogen hatte, die im allgemeinen Rahmen des Protestantismus sich erst viele Menschenalter nach ihm anbahnen sollte.

Wir erkennen aber in dieser im edelsten Sinne modernen Seite des Wesens Trubers nur eine Seite, welche ergänzt wird durch seine sonst echt konservative Charakterrichtung. Es ist eine eigenartige Verkennung der Natur Trubers, wenn der slowenische Dichter Aškerc[2]) diesen in seiner Dichtung »Primož Trubar« als modernen Freigeist feiert. Übrigens die erste und einzige Huldigung an den Reformator von slowenischer Seite seit der Gegenreformation.

Oben führten wir bereits die Beurteilung Schwenckfelds durch Truber aus dem Jahre 1557 an. Aus der wiederholt zitierten Vorrede zum Neuen Testament 1582 sehen wir, wie Truber 25 Jahre später über die Wiedertäufer, die Vorläufer des modernen Subjektivismus im Reformationszeitalter, gedacht hat. Es heißt da:

»Gleichwohl vor der Zeit, da man das Evangelium so rein vnd offentlich bey jnen (den Windischen) nicht gepredigt, hat die Widertäufferey vast vberhand genommen, aber seitmals hir ein Widertäuffer welcher sich zuuor mit geberden, reden vnd allem thun, ganz andechtig gestellet, in der Graueschaft Cili, bey Reichenburg vnd Drackenberg seinen eigenen frommen Herrn vnd Doctor, des Bischoffen zu Salzburg gewesenem Hoffmarschalk, der des Herrn Georgen von Reichenburg seligen gelassne Wittiben zur Ehe genomen, greulich ermordet, mit dem fürgeben, der Geist hab jme solches befolhen, denn seines Herrn Weib sey jme vnd

---

[1]) Elze, S. 286.
[2]) Vgl. »Jahrbuch« 23, 1902, S. 110 f.

nicht dem Doctor von Gott geordnet vnd gegeben etc, den hat man zu Graz in Steir im etc 35. Jar mit dem Rad gericht, dardurch vnnd zuforderst durch die Lehr des heiligen Evangeliis ist d i e s e b ö s e S e c t auch bey den Windischen zugangen.«

Gewiß, Truber stand jenen Erscheinungen des Protestantismus genau so verständnislos gegenüber wie andere Vertreter des damaligen kirchlichen Protestantismus. Hierfür geben folgende Sätze ein geradezu klassisches Zeugnis:[1])

»Da aber auff ermelte weiß ein kurtze einfeltige vnd bestendige bekanntnuß von den fürnembsten Artickeln Christlicher Religion vorhanden vnd sich ein jeder allein vnd bloß, gleichwohl eigner vnd tückischer meinung, auff die Bücher alts vnd newen Testaments oder (wie sie reden) auff Gottes Wort ziehen will, gibt die erfarung, was schedlicher jrrthumb, vnder disem scheinbaren deckmantel, fürgeben vnd außgebreit worden. Es ziehen sich die Juden auff die Bibel Gottes Worts, es thuns die Wiedertauffer, es thuns ander Rotten vnnd Secten auch. Weil aber von allen Artickeln der Christlichen Lehr (deren gleichwohl wenig) gantz weitleuffig in der heiligen Schrifft gehandelt, auß wölcher Weitleuffigkeit einer dise, einer ein andere verkerte meinung schöpfen mag, so man jnen ermelte Artickel kürtzlich fürhelt, also bald geben sie zuuerstehen, das sie auß mangel des verstands, welt ein andern sinn vnd meinung vorhaben, dann der heilig Geist in den Büchern alts vnd newen Testaments seiner Kirchen beuolhen vnd Christus sampt seinen Aposteln hinderlassen.«

Es kann wohl gar nicht deutlicher bezeugt werden, daß der Protestantismus des 16. Jahrhunderts (im an und für sich berechtigten Bestreben, im Kampfe gegen zwei Fronten die evangelisch-kirchlichen Errungenschaften zu behaupten) das Prinzip der freien Schriftforschung, auf das er sich doch ausschließlich stützen mußte, gröblichst verleugnete. Der eigentlich schöpferische Gedanke war längst versiegt, es galt, die Quellen, die sich über das Land ergossen hatten, zu fassen. Diese Aufgabe hatte sich auch Truber in seiner Mission am Slowenenvölkchen in des Reiches südlichster Grenzmark gestellt. Wie er es selbst einmal ausdrückt:[2])

---
[1]) Aus »Confessio oder Bekenntnuß des Glaubens etc. in crobatische Sprach verdolmetscht vnd mit Cirulischen Buchstaben getruckt. Tübingen 1562. Vorrede d. d. Urach, 20. Oktober 1562, an Landgraf Philipp von Hessen.«

[2]) Aus der Vorrede in: »Die fürnämpsten Hauptartickel Christlicher Lehre auß der lateinischen, teutschen und Windischen Sprach, in die Cro-

»Ich Primus Truber hab bißher, on rhumb zu melden, in den zwey vnd dreyßig Jaren, seidt ich durch ordenlichen Beruff ein Diener der Kirchen Christi worden, in den Windischen vnd Teutschen Kirchen, da ich angefangen zu predigen, allweg am ersten den Catechismum dem gemeinen Mann furgehalten vnd außgelegt vnd jezo in dieser vnser Crainerischen Kirche, da ich jungst angefangen zu predigen, zum anfang das Symbolum Apostolorum in der form predige wie jn die rechtgeschaffenen Heilige von Gott Hocherleuchte, beides, neue vnd alte, der Christlichen Kirchen Lehrer, vermög der Heiligen Göttlichen Schrifft vnd Augspurgischen Confession, außgelegt vnd gepredigt, dardurch vnser Kirchen in disen Landen von tag zu tag gebessert vnd gemehrt wurdt, Christo sey lob in ewigkeit.«

»Unser Bücher sein nicht schwermerisch, zünckisch oder vnnötig, davor vns Gott Gnädiglich behüten wöle, sonder recht vnd fleißig aus den approbirten lateinischen vnd teutschen Dolmetschern der Bibel in ermelte Sprachen gebracht, dann wir gottlob wol wissen, das der Lieb Gnädig Gott sein heilig seligmachendt Wort rein vnd lauter allein aus der Heiligen Biblischen schrifften, die er selbst durch seinen Heiligen Geist vnd den Mund seiner lieben Propheten vnd Apostel geredt, verfassen vnd offenbaren lassen, gleichförmig beschrieben will haben, vnd wir sampt vnserer Mitgehülffen, bey disem vnd der Augspurgischen Confession mit verhütung göttlicher Gnad steiff vnd vnwandelbar zu bleiben gesinnet, wölches auch bißher geschehen vnd ob Gott will künfftiglich nichts anderß alls die einig allmächtige Wahrheit durch vns in den Truck verfertigt werden soll. Und mögen derhalben wol mit dem ·seligen Luthero vnsere Händ vnd Augen zu Gott vnserm Himmlischen Vatter mit gutem frölichem Gewissen aufheben jm dancken, loben vnd sagen, das wir bishero niendert nichts neus, Sectisch, Schwermerisch oder ergerlichs, zweiffelhaftigs oder hoch disputierlichs gelehrt, geprediget oder geschrieben haben, sonder je vnd allweg schlecht bey dem Biblischen Text im rechten wahren Catholischen Verstand bey dem Catechismo, Locis Theologicis Melanthonis vnd bey der augspurgerischen Confession beliben, geprediget vnd geschrieben, auch dermaßen hiefür mit der Gnad vnd Hülff des Allmächtigen biß in vnser Gruben es gehe vns

batische jezund zum erstenmal verdolmetscht vnd mit Crobatischen Buchstaben gebracht« an Kurfürst August von Sachsen: d. d. Laibach, 20. Juli 1562.

darüber wol oder übel, darbey bleiben vnd predigen, schreiben vnd vor jedermann offenlich bekennen wöllen.«

Trubers Vorreden, die ja fast alle den einen apologetischen Zweck verfolgen, die Evangelisation unter den Slowenen, deren Mittelpunkt er bildete, gegen die Verdächtigung zu verteidigen, als sei sie der »reinen Lehre« nicht gemäß, geben damit zugleich auch Belege für Trubers konservative, mit den herrschenden Mächten rechnende Haltung.

Aber nicht bloß im Dogma, sondern auch in Kultus und Verfassung hat Truber eine für seine nächsten Mitkämpfer manchmal befremdliche Praxis befolgt. Ein Schreiben Hans Ungnads wirft hierauf interessantes Licht auch um deswillen, weil Trubers Verhältnis zu Bullinger hier zur Sprache kommt.[1])

Wir lesen hier: »Wiewol her Primus alzeit seinen heimlichen hochfertigen Geist hat imertzue scheinen lassen, das er alles wesen der truckherey drinnen möcht haben vnd die schrifften dess heiligen wort gottes, so mit vnd neben der augspurgischen confession aussgangen, seines gfallens hinzuzusetzen, wie er dannen noch zue Vrach sich vnderstanden drei confessionen inn einander zu mischen vnd auch den Illiricus imertzue herein mischen wöllen vnd aus dessen schrifften vil taubenwerckh hinein sezen, wie er allweg auch dess Bullingers schrifften auffs höchste geruempt, das khein Gelerterer inn reich sei vnd vil guets inn denselben schrifften zu geprauchen, wie er auch wol inn abhörung seiner gestellten vorreden die mueter gottes auch einfürren wöllen vnd andere mehr papistische pünctlen,[2]) so ich im dieselbigen wider-

---

[1]) Schreiben des Hans Freiherr von Ungnad S. l. e. d. (Urach, November 1562) an Stephanus Consul, Anton Dalmata und Philipp Gugger. (Kostrenčič, Urkundliche Beiträge zur Geschichte der protestantischen Literatur der Südslawen von 1559—1565. 1874, S. 131.)

[2]) Bemerkt darf wohl werden, daß die hier Truber vorgeworfenen »papistischen pünctlen« denselben keineswegs etwa als Kryptokatholiken charakterisieren können. Als Kind seiner Zeit hat er mit nicht mißzuverstehender Deutlichkeit über die römische Kirche geurteilt. Zum Beispiel: Es sind »noch Leut auf Erden, die dem Antichrist zu Rom die Fueß nicht wöllen küssen, sonder in sambt seinem Anhang verfluchen und verdamen, wie er das werd ist« (Elze, S. 108), »wenn ihr der Münch gleich wil weren, so sein sie doch kein nutz, sein auch nicht von Gott, sonder von Teuffel, wie in einem alten Meßbuch zu Görtz gemalet ist«. (Elze, S. 167.) »Das Concilium zu Trient hat nichts beschlossen; die Bischove sein uneins, thuen nichts den panckhetiren und Unzucht treiben. Die babilonische römische Hur mueß vor allen Leuten in der Weld aufgedeckt und zu Schanden werden.« (Elze, S. 173.)

sprochen, es werde ergernuss geben, er solle gestrackhs bei der augspurgischen confession vnd der würtembergischen kirchen vnd lehr vnd von demselben rain vnd lauter anhenngt, bleiben, welches er also gar vbl angesehen vnd auch darüber etwas vnlustig worden. Ich hab es aber sambt den anndern herren beim truckh nie zulassen wöllen dess Illirici vnd anderer diputatorn ainige meldung zuthuen, wie er dann inn den teutschen registern meldung daruber gethan. Sich also angenomen alle ding seins gefallens khürtzen vnd lennger zumachen, wie er auch jetzt inn seiner crainerischen Kirchenordnung 5 oder sechserlei vermannungen vor dess hern nachtmal gestellt, welches ich vnnsern g. fürsten vnd Herrn zugeschickht, der es dann nit hat für notturftig angesehen vnd allein die sachen auff weg geordent, wie es der löblich cantzler der vniversität zue Tübingen her D. Jakob nun des wissen hat etc.«

Wir gelangen hiemit zu der fesselnden Frage des Verhältnisses Trubers zum Flazianismus, jener Richtung, die als Radikalismus in Sachen des Kultus und Dogmas gerade den innerösterreichischen Protestantismus heftig erregte. Wir haben bereits gesehen, daß Truber dem Versuche dieser Richtung, nach dem Tode Seb. Krells durch Ablegung des Chorrockes beim Gottesdienste praktisch hervorzutreten, entschieden abweisend entgegentrat. »Man sol mit den ceremoniis bei der wirtemberg. Kirchenordnung bleiben.« [1])

Wie Elze sagt, war es aber schon lange vorher »gelungen, unter den Istriern und Krobaten eine förmliche Trubern feindliche Partei zustande zu bringen«. [2]) Die Seele dieser Partei war Matthias Klombner, der hochverdiente Hauptmitbegründer der Reformation in Laibach. Wir besitzen aus dem ungedruckten Nachlasse Elzes eine eingehende Schilderung dieser Verhältnisse, die wir im nachfolgenden abdrucken, da sie Trubers Charakterart schlagend beleuchtet. Auch im Hohlspiegel zeigt sich ja noch das Gesicht eines Menschen und wenn wir kein normales, genaues Spiegelbild besitzen, wie dies bei Truber leider der Fall ist, so muß auch ein solches Zerrbild zu Hilfe genommen werden, zumal der Haß des Gegners oft schärfer sieht als die Liebe des Freundes.

Böhl, in seinem Versuche, den Flazianismus als die eigentlich legitime Richtung des österreichischen Protestantismus im

---

[1]) Elze, S. 474, 484.
[2]) Ebenda, S. 323 f.

16. Jahrhunderte darzustellen, hat ja auch allen Ernstes versucht, die Gestalt Trubers mit den Augen seines Gegners Klombner zu betrachten. Um so mehr ist es vonnöten, den Prozeß Truber contra Klombner in möglichst helles Licht zu stellen, wie dies E l z e u. E. in nachfolgenden Erörterungen abschließend getan hat:

»Schon bei Trubers kurzer Anwesenheit in Laibach während des Sommers 1561 war in Klombners Seele manche Mißstimmung gegen denselben aufgekeimt. Die dreizehnjährige Trennung hatte die beiden früher so eng verbundenen und innig befreundeten Männer um so mehr geistig getrennt, als sie schon von Natur sehr verschiedenen Charakters waren. Truber, ruhig und maßvoll, hatte seither in den friedlichen und geordneten Verhältnissen der evangelischen Kirche Oberdeutschlands und im Verkehre mit den bedeutendsten Männern von gründlicher Bildung und Wissenschaft gelebt. Von dort in die Heimat zurückgekehrt, ging er nicht nur bei der Aufrichtung der evangelischen Kirche in Krain und der Konstituierung der bis dahin latenten evangelischen Gemeinden dieses Landes vorsichtig, schrittweise und schonend zu Werke, sondern er stellte auch an den Charakter, die Leistungen der Männer, die hiebei seine Mitarbeiter sein sollten, nach dem mitgebrachten Maßstabe höhere Anforderungen, als man hier bisher gewohnt gewesen war. Klombner dagegen, von Natur unruhig und stürmisch vorwärts drängend, war inzwischen aus seiner früheren Umgebung nicht herausgetreten und hatte gewußt, das Ungestüm auch im höheren Lebensalter bewahrend, in seinem heimatlichen Kreise seine eigentümlichen Anschauungen und seinen Willen zu tiefgehender Geltung zu bringen.[1]) Auf diesem Wege trat ihm nun die Erscheinung des heimgekehrten Freundes entgegen, dessen Wesen er nicht mehr begriff, mit dessen Wirken er nicht mehr harmonierte. Hatte es ihm persönlich geschmerzt und vielleicht verletzt, daß Truber, mit Geschäften überladen, die Schularbeit von Klombners jungem Sohn, der unter Anton Dalmatas Leitung die Hauspostille Luthers ins Slowenische übersetzte,

---

[1]) Merkwürdig ist z. B., was Klombner an Ungnad, 12. Dezember 1561, schreibt: »Wenn E. Gn. dahin sich bemüht, daß die andern evangelischen Stände im Reich auch die Württembergische (Kirchen-)Ordnung annehmen, so wär es ein einträchtiger Weg. Aber man muß einen obersten Bischof haben, sonst wird man an allen Orten eine besondere Ordnung halten; das giebt Spaltung und ist dem evangelischen Lauf eine große Verhinderung.« (Tüb. Univ.-Bibl.)

nicht korrigiert hatte,[1]) so war ihm anderes in Trubers Benehmen ganz unverständlich und Ursache zur Unzufriedenheit. Klombner und seine Freunde hatten die beiden uskokischen Priester besorgt, welche mit nach Urach ziehen sollten — Truber war von denselben nicht befriedigt. (»Herr Primus will ihnen zu klug sein.«) Jene wollten Truber auf ihre Kosten zwei Hilfsprediger unterhalten; Truber schlug das ab und erhielt auf eigene Kosten einen Stellvertreter während seiner Abwesenheit. (»Wir haben wollen Herrn Primusen noch zwei Priester vnterhalten aus vnseren Darlegen vnd Sammlungen, damit wir auch das Vnsere darthäten, vnd nit eine jede Ausgabe auf E. Landschaft rinn; das ist vns abgeschlagen vnd haben kaum so viel erhalten, daß er einen Prediger der Zeit seines Ausbleibens stellt vnd aus seinem Säckel vnterhält. Er hat nichts vnd sperrt die Ort, davon dem Werk geholfen würde.«) Übrigens waren es dann doch zwei Prediger, die während Trubers Abwesenheit das Amt besorgten.[2]) Manche zur evangelischen Kirche übergetretene Geistliche wurden von Truber nicht in Stellungen untergebracht; andere wollten herübertreten, er eröffnete ihnen keinen Weg dazu; etliche wollten gern heiraten und darum evangelische Prediger werden — Truber wies sie zurück. (»Die andern Prediger sind nit vntergebracht. Es wollten noch mehr zu diesem Werk stehen vnd ihr altes Pabstwesen verläugnen, mangelt ihnen allein der Weg. Etliche wollten ehelich werden, Etliche wollten sich ordinieren lassen. Da steckts. Man besorgt, wir würden den Kaiser erzürnen.«) Klombner und seine Genossen hatten slowenische Kirchenlieder fabriziert und gesammelt. Truber fand sie vielfach ungereimt und unbrauchbar und wollte sich daher lieber einstweilen noch mit lateinischen Kirchengesängen behelfen. (»Es vermeint Herr Primus, noch lateinische Gesänge einzubringen. Mag er doch nit einen Priester neben ihm halten; wie will er sondere Schulen einrichten. Die verstockten Dompfaffen lassen ihn nit ein [in die Domschule] vnd nehmen das Evangelium nit an, denn sie haben zu viel am Robisch, mögen nimmer bekehrt werden; mag er nur keine Raitung, er mag sich wohl an ihnen beflecken; sie haben noch zu vollauf in ihrem Urbar, sie lassen von ihrer Bosheit nit, das muß gestraft werden. E. Gn. sehen, die großen Stifter im Reich thun kein gut, bis sie gestürzt

---

[1]) Klombner an Ungnad, ohne Datum, September 1561. (Tüb. Univ.-Bibl.)
[2]) Elze, Superintendenten, S. 12f.

werden, wie der Tempel zu Jerusalem. Darum wird der lateinische Gesang noch wol eine Weil anstehn. Könnten wir mit vnsern windischen Kirchenliedern recht aufkommen, bis es besser wird. Herr Primus will vnsere windischen Kirchenlieder nit annehmen, vermeint, sie seind nit gereimt. Nun können wir's nit alles reimen, die Zeit wird's erst bringen vnd laut machen. Sollten wir dann mittlerzeit sitzen wie die Stummen? Die Lieder bessern so viel in der Gemeine, als eine schlechte Predigt.« — »Wir bedürften, daß man Herrn Primusen [aus dessen erstem Katechismus von 1550] vnd vnsere zusammengezogene windischen Lieder druckte. So nähm man Ursach, daß die auch in die Glagula und Tschirulikha kommen vnd durch die Türkei gesungen werden. Die Lieder bessern vill.« Vgl. hiezu Luthers Unterricht der Visitatoren etc. 1528: »Etliche singen deutsch, etliche lateinische Messen, welches wir lassen geschehen, doch wird für nützlich vnd gut angesehen, wo das meiste Volk des Lateins vnverständig, dasselbe deutsche Messen zu halten. Vnd ob man schon deutsche Gesänge will machen, daß sich das nicht ein jeglicher ermesse, ohne die Gnade dazu zu haben.«) Man wünschte mehr slowenische und dalmatisch-illyrische Bücher, insbesondere die Vollendung der slowenischen Übersetzung des Neuen Testamentes — es war nicht möglich, daß Truber alles auf einmal tat. (»Vor allen Dingen ist von Nöten, daß Herr Primus das Übrige, so noch am Neuen Testament abgeht, vollzuech, damit das Neue Testament gar [ganz] an Statt gerichtet werde. Es ist nichts mit dem Flickwerk vnd nur eine halbe Sache.«) Klombner empfahl ihm den Zwetzitsch als Übersetzer ins Dalmatisch-Illyrische und Hilfsarbeiter in Urach — Truber mochte ihn aus gewissen Gründen nicht. (»Ich hab ihm [Herrn Primusen] auch angezeigt vom Schwetschitsch, der die augsburgische Konfession vertiert [ins Krobatische]; er mag sein nit« [aus Rücksicht auf dessen Charakter, wie sich später zeigen wird].) Jener hatte ihm von Mathes Sintschitsch in Mitterburg, als geeignet für krobatische Übersetzungen, gesprochen — es hatte noch keinen Erfolg gehabt. (»Hab ihm auch angezeigt von Herrn Mathesen in Mitterburg, der vertiert den Spangenberg [krobatisch], ist gelehrt vnd kann die Sprachen. Also steckts.«)

Alle diese Klagen schrieb Klombner an Herrn Ungnad in einem Briefe, den er Truber selbst mitgab, als dieser im September 1561 mit den beiden Uskokenpriestern wieder nach Urach reiste. Anderseits war Truber nicht zufrieden, daß Klombner die württembergische Kirchenordnung (in Krain) eingeführt hatte, während er (wohl wegen der reicheren Liturgie) lieber die sächsische gesehen hätte, es aber nicht mehr ändern konnte, und diesem war es hinwieder ein Ärgernis, daß Truber, langsam reformierend, den Geistlichen vorderhand die Beibehaltung des Meßgewandes gestattete. (Klombner an Ungnad, 28. November 1562: »Er [Truber] hat mich an mehr Orten verunglimpft, ich hätte die württembergische Kirchenordnung angerichtet; wie er kommen, hätte er's nit können verändern. Er hat sonst wollen die Sächsische anrichten vnd hat ihrer viel Pfarrer getröstet, sie sollten nur im Meßgewand bleiben vnd Meß lesen, allein den Canon auslassen. Damit fällt keiner zu vns vnd die vnsrigen Priester kommen nit fort.« [Es darf nicht übersehen werden, daß dieser Brief Klombners später in heftiger Aufregung gegen Truber geschrieben ist.])

Die Gegenüberstellung des eigenen Wollens und des Nichtdaraufeingehens von der anderen Seite zeugt bereits von ziemlich gereizter Stimmung Klombners und man fühlt, daß es nur einer geringen Veranlassung bedurfte, um dieselbe in offene Feindschaft ausbrechen zu lassen. Die Ereignisse des folgenden Jahres (1562) gaben dazu Gelegenheit. Auf die geheime Anklage und Bitte des Laibacher Bischofs Peter von Seebach[1]) erließ Kaiser Ferdinand von Podiebrad 30. Juli 1562 Befehle, Truber nebst fünf anderen evangelischen Predigern und Matthes Klombner gefänglich einzuziehen. Klombner erschrak und dachte, wie vor 14 Jahren sich dem durch Entfernung zu entziehen, aber dagegen erhob sich die allgemeine Stimme. (Klombner an Ungnad, 16. November 1562: »Dazu komme des Kaisers Ungnade, wobei er [Klombner] angegeben, als ob er sich des Predigtamts vnd der Sakramente vnterstanden, was sich aber nicht befinden werde; er habe es bisher nicht getan, denn er habe sich nicht von den Priestern sondern wollen etc. Herr Primus werde keine Not leiden, die Herren werden ihm helfen, aber wir Armen werden leiden müssen.« — »Ich hab mich seiner gar entschlagen; so schreit er allenthalben stark wider mich, er hat mich bei den Meisten sehr stinkend gemacht. Ich wollt gern mich von dannen ziehen, so ist es zu spat, sie schreien alle, ich fliehe die Verfolgung.« Was er sonst habe, wolle er Sr. Gn. zu Handen ordnen. [Tüb. Univ.-Bibl.]) Nicht

---

¹) Elze, S. 196.

Truber allein tadelte seine Feigherzigkeit, sondern der ganze Kreis seiner bisherigen Laibacher Freunde wandte sich von ihm ab und er verlor, wie früher seine Stellen, so jetzt die angesehene Stellung, die er bisher sich zu bewahren gewußt hatte. (Klombner an Ungnad, 11. Jan. 1563: »Ich darf nit reden vnd gelte nichts bei den Herren Verordneten; wollt Gott, sie folgeten mir. Nu muß das angenommen sein, wie es kommt, bis es Gott besser schickt. Ich wollt mich gern von dannen ziehen, daß ich nur mit Herrn Primus nit hadern dürft. Wenn es wohl geräth, so wird er den Zorn an mir auslassen, vnd wird männiglich eingebildet, ich flieh die Verfolgung.« [Tüb. Univ.-Bibl.]) Von nun an erfüllte tiefe Gehässigkeit gegen Truber seine Seele, die sich insbesondere in seinen Briefen an Herrn Ungnad aussprach. (So in den Briefen vom 16. Nov. 1562, 28. Nov. 1562, 11. Jan. 1563, 25. Jan. 1563, 13. März 1563, 28. März 1563, 24. Juni 1563; sämtlich in der Tüb. Univ.-Bibl.) Er hatte ohne Trubers Wissen und gegen seinen ausdrücklichen Willen die gesammelten windischen Kirchenlieder durch Georg Juritschitsch nach Tübingen zum Druck geschickt, um seinen Willen durchzusetzen, was natürlich nur um so böseres Blut machte. Er beschuldigte Truber, wenn er ihn auch nicht öffentlich einen Lügner hieß, doch in seinen Briefen der Unwahrheit. (Klombner an Ungnad, 25. Jan. 1563. [Tüb. Univ. Bibl.]) Er riet Herrn Ungnad nun, Truber, dessen er sich ganz entschlagen, beiseite zu lassen (ebenda und im folgenden Briefe, Anmerkung). Er drohte wenigstens, öffentliche Schriften gegen Truber ausgehen zu lassen. (Klombner an Ungnad, 13. März 1563: »Ich äußere mich sein [Trubers] vnd will in diesem Handel Gottes Beistand vnd sein Widersacher sein vnd wills öffentlich erklären, hab mich gegen ihrer vielen lassen vernehmen: laß er nit ab, so werde es dazu kommen, daß man öffentlich wider ihn schreiben vnd drucken werd; woll er nichts Gutes tun, so hab er seine Ruhe, woll er zum Besten helfen, das wollen wir annehmen. Bitt E. Gn. woll bei ihm weiter nit anhalten, vnd sich stellen, als wo man sein gerathen möcht. Will ers doch also haben.« [Tüb. Univ.-Bibl.] Derselbe an Ungnad, 28. Juli 1563: »Der Mönch ist verreckt, niemand tadelt das Werk, so laß es E. Gn. nu gehn. Wollt ihn (Trubern) gleich weiter nit anhalten; will er seine Ehr bewähren, so tue ers; will er wieder rumoren, das er nit tun wird, so mag man ihm stärker an die Nase klopfen.« [Tüb. Univ.-Bibl.])

So muß also noch gar Truber der Angreifer und Ruhestörer sein, doch will man seine Mitwirkung noch annehmen und der ehrliche alte Herr Ungnad soll sich wenigstens so stellen, als ob er seiner entraten könne. Klombner verband sich enger mit Männern wie Consul, Zwetzitsch und Vlachowitsch und suchte sich unter den mit den dalmatisch-illyrischen Übersetzungen Beschäftigten eine Partei zu schaffen, während er alle Schritte Trubers in seinen Briefen zum übelsten deutet und diesen geradezu verleumdet. (Klombner an Ungnad, 28. März 1563 [und öfter]): »Ob Herr Primus meint, er wollt das Wesen (die evangelische Kirche) einziehen vnd verhoffet Linderung, das ist ein teuflischer Rat. Wer still steht, der geht hinter sich. Es ist zu spät. Herr Gregor (Vlachowitsch) steht oder sieht nit mehr hinter sich, allein man martre ihn tot. Herr Primus muß nach ihm, er will oder nit, oder muß aus dem Feld, oder flüchtig abziehn. Wir haben schon gesündigt vnd vm den Teufel den Tod verdient. So ist Gott zu Ehr ein solcher Anfang gemacht, der nit ausgelöscht wird, vnd wenn der Kaiser all sein Macht daran setzt, wir sind bereit von des Namens Jesu wegen zu sterben vnd biten vm Beständigkeit vnd Verharrung. Se. Gn. möge für dieser armen Kirche Christi Beständigkeit durch seinen Pfarrer zu Urach beten lassen.« [Tüb. Univ.-Bibl.] (So schreibt der, welcher einige Monate früher sich der Gefangenschaft durch die Flucht entziehen wollte!) Und obgleich Truber ihn im Jahre 1563 freundlich anredete, so betrieb er die literarischen Arbeiten im Lande doch heimlich und hinter dessen Rücken, in vollem Bewußtsein, daß dies Truber verletzen und ärgern werde, unter der Beschönigung, dadurch Truber und die Landschaft zu größerem Eifer anzutreiben. (Ebenda und sonst: »[Truber] Hat angefangen feindlich mit mir zu reden [am Rand: ‚vnd dieser Handel hat ihn dazu bracht']. Ich hab ihm gesagt: Herr, wir müssen anderst zu der Sache vnd mehr Prediger haben, oder Gott wird vns strafen. Sagt er: Wo nehmen? Wer unterhälts? Ihr müßt betteln vnd lassen sammeln, Freund vnd Feind anrufen, Gott wirds geben. — Er weiß nicht vm des Zwetzitsch Arbeit [Übersetzung], es gefall ihm oder nit, so will ichs mit der Hilf Gottes treiben, so weit Gott Gnade giebt. So er nun sieht, daß Herr Gregor also stark arbeitet, so muß er auch daran. — Weil nun Herr Primus den Ernst sehen wird, verhoff ich, er werd mürber. Ich hab Gott treulich gebeten, daß er ihm einen andern Sinn gäb, damit wir einiger würden vnd stärker arbeiteten. Man muß nur bei sondern Personen anhalten, bei Ehrsamer Landschaft geht es langsam; sie sind nit alle aus einem Dorf. Wenn sie aber sehen, daß Bürger vnd Bauern zugreifen, so zeucht man sie gemachs auch darin. Was man außer Herrn Primus druckt, das wird ihm nit gefallen.«)

Denn das war ihm endlich noch als das einzige Gebiet seiner Tätigkeit geblieben, daß er in lebhaftem brieflichen Verkehr mit Herrn Ungnad für dessen Druckanstalt literarisches Material in Krain zu beschaffen suchte. Da spielt er denn gewissermaßen als dessen Faktor den Dirigenten, der den Arbeitern ihre Aufgaben zuteilt. Dem Zwetzitsch gibt er die dalmatisch-illyrische Übersetzung bald von Spangenbergs Postille, bald von Luthers Hauspostille auf (Klombner an Ungnad, 13. März 1563. — Zwetzitsch an Ungnad, von Wolfpurg, 6. April 1563 [beide in der Tüb. Univ.-Bibl.].) Dem Herrn Ungnad versichert er, man habe für das laufende Jahr (1563) genug zu tun, doch wollten sie versuchen, noch etwas anzugreifen, die krobatische Übersetzung entweder der Bücher der Richter, der Könige und der Chronik, oder die der zwölf kleinen Propheten. (Klombner an Ungnad, 28. März 1563 [Tüb. Univ.-Bibl.], bald darauf projektiert er eine baldige krobatische Übersetzung der ganzen Bibel durch Teilung der Arbeit in drei Teile, deren einer in Mitterburg [Sintschitsch, Fabianitsch und Zwetzitsch], der andere in Möttling [Vlachowitsch und Genossen], der dritte beim Ban von Kroatien [»da etlich gelehrte Personen sind«] ausgeführt werden sollen [Zwetzitsch an Ungnad, 6. April 1563; Tüb. Univ.-Bibl.]; — dann verhandelt er mit Surculus in Graz, ohne jedoch viel zustande zu bringen [Klombner an Ungnad, 28. Juli 1563; Tüb. Univ.-Bibl.].)

Dem Bohoritsch in Gurkfeld legt er zur Probe eine slowenische Übersetzung des Psalters auf, bei Tulschak betreibt er die Vollendung der slowenischen Übersetzung von Veit Dietrichs kleiner Postille, vom jungen kaum in Laibach angekommenen Krell erpreßt er eine slowenische »Summe christlicher Lehre«. (Klombner an Ungnad, 28. Juli 1563; Tüb. Univ.-Bibl.) Als Truber davon Kenntnis erhielt, schrieb er [in einem nicht mehr vorhandenen Briefe vom 8. Mai 1564; Elze, S. 402] darüber an Herrn Ungnad, dem er mehrmals die baldige Vollendung seiner Psalmenübersetzung gemeldet hatte. Herr Ungnad antwortete darauf [6. Juni 1564; Elze, S. 413]: Klombners Abmachung mit Bohoritsch sei ohne seinen Befehl geschehen, er habe auch nicht gewußt, daß Truber den

Psalter verdolmetscht, welcher ja auch mehrfach übersetzt und gedruckt werden könne. — Klombners Einfluß auf Krell scheint nicht von langer Dauer gewesen zu sein; wenigstens ist keine Spur vorhanden, daß er, als dieser 1565 Trubers Nachfolger und Superintendent der evangelischen Kirche in Krain geworden war, bei dessen Lebzeiten noch irgend eine Rolle gespielt habe; — darauf berichtet er wieder an Ungnads Sekretär das Unternehmen einer slowenischen Übersetzung von Luthers Hauspostille durch den Schulmeister in Möttling und die Beendigung der dalmatisch-illyrischen Übersetzung der Württembergischen Kirchenordnung durch Juritschitsch; sobald die letztere korrigiert und abgeschrieben sei, wolle dieser stracks an das erste Buch Mose und wenn Zwetzitsch aus Istrien komme, wollen sie ihm das andere Buch einteilen, und was sie für »Zeug« dazu haben. (Klombner an Ph. Gugger, 24. Sept. 1563. [Tüb. Univ.-Bibl.])

Gleichzeitig wirkte Klombner in seinen Briefen bei Herrn Ungnad dahin, daß diese Männer für ihre literarische Tätigkeit Jahresgehalte oder sonstige Belohnungen erhielten. Dennoch blieben alle diese Auslagen, diese Worte und Briefe, diese Pläne und Unternehmungen ohne wirkliche Frucht, denn mit Ungnads Tode (27. Dezember 1564) hatte alle diese Tätigkeit ein Ende und für mehrere Jahre fehlt uns jede weitere Nachricht über Klombner. Nur noch einmal taucht sein Name bei einer sonderbaren Geschichte wieder auf. Als nämlich nach Krells Tode (25. Dezember 1567) die Stelle eines Superintendenten der evangelischen Kirche in Krain längere Zeit bis zum Amtsantritte Christoph Spindlers (19. April 1569) unbesetzt war, begannen mittlerzeit die beiden Laibacher Prediger Hans Tulschak und Kaspar Kumperger auf Klombners und seiner Gesinnungsgenossen Antreiben den Chorrock auch beim Gottesdienste gänzlich abzulegen. (Truber an die Herren und Landleute in Krain von Derendingen, 19. März 1569: »Ich hab vernumen, das Hr Hans vnd Hr Caspar Im predigen auff anhalten, etlicher aigensinniger Köpff, den Corockh nimmer prauchen wöllen.« Derselbe an Landeshauptmann, Landesverweser und Verordnete in Krain, von Derendingen, 17. Juni 1569: »Von E. gn. vnd Hrn. geschicht dem Herren Hansen Tulschackh, dieweil er sich von seiner vnd Klombners narischer aigensinigkeit nicht wil abweisen (lassen), nicht vnrecht.« (Elze, S. 473 und 483 f.)

Eine spätere Spur von Klombner war bisher nicht aufzufinden.

Klombner war kein unbedeutender Mensch. Von reichbegabtem und vielseitigem Geiste, wenn auch ohne eigentlich wissenschaftliche Bildung, erfaßte er leicht und schnell die großen Fragen, welche seine Zeit und sein Volk bewegten. Aber indem er alles in die Hand nehmen, mit allem sich beschäftigen, überall an die Spitze treten, alles nach seinem Sinne leiten und alles mit sich fortreißen wollte, war er einer gesunden Entwicklung der Dinge oft mehr hinderlich als förderlich. Das erste und das letzte, was wir von ihm hören, sind für sein ganzes Leben charakteristisch. Er war eine jener unruhigen Naturen,[1]) wie sie in aufgeregten Zeiten der Geschichte unseres Geschlechtes nicht selten erscheinen, welchen stürmisches Vorwärtsdrängen und Agitieren so zum Lebenselemente werden, daß sie in eine ruhige Entwicklung sich nicht mehr finden können und nicht mehr taugen, bis sie in ihren leidenschaftlichen Unternehmungen, sich selbst überstürzend, zugrundegehen. Dabei stellte er überall sich in den Vordergrund. Zu den bereits früher mitgeteilten Beispielen hievon mag hier nur noch eines hinzugefügt werden. Als Truber, von Georg Grafen Thurn nach Görz berufen, im Herbste 1563 sich dorthin begab und in Görz, Rubia und Kreuz predigte, schrieb Klombner kurz vorher an Phil. Gugger, 24. Sept. 1563: »Glaubt mir, wenn wir's stark getrieben hätten, es wär längst anders gangen. Der Krell ist kommen, (wir) wollen mit Gottes Hilf zum ‚Kreutz' in der Grafschaft Görz eine Kirche anrichten« [Tüb. Univ.-Bibl.] und alles sollte nach seinen Anschauungen, Meinungen und Plänen sich entwickeln. Geschah das nicht, so kehrte sich seine Tätigkeit gegen diejenigen, mit denen er jahrelang gemeinschaftlich gearbeitet hatte. Nun bedurfte es nur noch eines äußeren Anstoßes, durch den er sich persönlich verletzt und von der beanspruchten ersten Stelle verdrängt fühlte, und seine frühere Freundschaft verwandelte sich in bitteren Haß. So arbeitet er nun gegen Truber, verleumdet ihn, versucht, ihn moralisch zu vernichten. Aber in die Grube, die er diesem bereitete, fiel er selbst, und nachdem er die Achtung der Edleren und Gebildeteren verloren, wühlt er im geheimen, um sich eine Partei gegen jenen zu bilden; nur zu dem äußersten kommt

---

[1]) Durch ein eigentümliches Spiel des Zufalles stand Elze selbst in einem ähnlichen Verhältnisse zu dem hochverdienten Hauptbegründer der jetzigen evangelischen Laibacher Gemeinde, Gustav Heymann, gestorben 1870, wie einst Truber zu Klombner. Hierauf mag er hier anspielen.

er nicht, daß er das Werk nun zu zerstören sucht, das er einst mit dem ehemaligen Freunde gemeinsam betrieben. Dagegen entwickelt er nun, als literarischer Agent und Handlanger Ungnads, eine rastlose und doch wenig fruchtbringende Tätigkeit.

Aber so wenig Gefühl und Begriff von schriftstellerischem Eigentum und Schriftstellerrecht besaß der alte Landschreiber, daß er die windischen Lieder gegen Trubers Willen unter dessen Namen zum Drucke bringen ließ, daß er Herrn Ungnad zumutete, gegen Trubers Willen dessen slowenische Auslegung des Vaterunsers drucken zu lassen, und eine von Klombner selbst veranstaltete neue Ausgabe von Trubers beiden Katechismen ohne dessen Wissen und Willen zu veröffentlichen.

Gewiß hat Klombner gerade durch seinen Charakter dem Beginne der evangelischen Kirche in Krain, dem Beginne der slowenischen und dem Fortgange der dalmatisch-illyrischen Literatur, überhaupt dem literarischen Leben in seiner Heimat ersprießliche Dienste geleistet; aber er ist gestorben, ohne im Leben selbst etwas Rechtes geleistet zu haben, weil es ihm an der Durchbildung des Geistes und Charakters, an dem festen inneren Halt fehlte, welche allein den Menschen befähigen, etwas Großes in der Welt zu vollbringen. Es ist das um so mehr zu bedauern, als sich sonst von Klombners bedeutenden Anlagen auch Bedeutendes hätte erwarten lassen.

Zur Charakteristik Klombners hat Elze nachträglich noch folgende beiden Zusätze beigefügt: »Math. Klombner war (wie Flacius) [s. Sixt, P. Eber, S. 172] ein unruhiger Kopf, dem es Bedürfnis war, öffentlich zu agitieren, und er konnte die untergeordnete Rolle nicht ertragen, in die er, der Laie, gegenüber dem Theologen Truber kam, seitdem dieser mit überlegenem Geiste und tiefer wurzelnder Frömmigkeit ausgerüstete Mann an die Spitze der reformatorischen Bewegung in Krain getreten war, welche er sanft und mild, schonend und vorsichtig in langsamer Entwicklung zu gedeihlichem Fortschritte weiterführte. Hatte Klombner früher an der Spitze der reformatorischen Agitation gestanden, so wurde es seinem ehrgeizigen Gefühle unmöglich, sich nun, da es galt, positiv und organisatorisch aufzubauen, durch den (jüngeren?) Freund in eine Stellung versetzt zu sehen, in welcher er nicht mehr nach eigenem Gutdünken wirken konnte, sondern als einer der vielen Gehilfen an dem großen Werke arbeiten sollte, dessen Leiter Truber geworden war. Und während Klombner gemeint hatte, diesen leiten zu können, zeigte Truber einen viel zu großen und selbständigen Geist, um den Ansichten und Ratschlägen jenes mehr Gewicht beizulegen, als sie wirklich verdienten. Dabei genügte Trubers besonnenes und allmähliches Fortschreiten dem ungeduldigen und stürmischen Vorwärtsdrängen Klombners nicht, der eher in Carlstadtischem Eifer als in Melanchthonischer Sanftmut alles zu überstürzen geneigt war. Truber wollte Bestehendes nicht früher abschaffen, bis er nicht wahrhaftig Gutes an dessen Stelle setzen konnte. (So die Lieder.)«

Wir geben hiezu aus Elzes Nachlaß noch eine ausführlichere Kopie eines Schreibens Klombners an Ungnad (Laibach, 28. November 1562), welches die maßlose Erbitterung des alten Landschreibers gegen Primus Truber wohl besonders scharf beleuchtet. (Act. Univers. Slawischer Bücherdruck, I, 69 [1559—1564], Tübingen.)

»Die vorig Kundschafft lautt vnd wird jetzo auch lauten, daß der Druck christlich gerecht, gut in der Substanz. Sie wissen nit, was sie zeugen, der Catechismus ist des Luters, es kann der Vater vnser, die 10 Gebote, der Glauben vnd die Taufe nit vnchristlich sein. Aber seine Hauptartikel vnd die drei Confessionen in der einen, seine jetzige Kirchenordnung vnd die Postill mögen angefochten werden in der ‚Substants'. So das geschieht, so hat er ihm selbs Steine in Garten getragen. ist die Substanz nichts, so ist es nit christlich, viel wenger gerecht vnd gut, man muß des Werks erschauen (?), daß er nit Ärgerniß geb. Er hats vor angeschrieen für falsch.[1]) So muß nu sein Werk nichts falsches vnd heillos sein, denn man ist mit der Version ihm nachgegangen. Das Neue Testament kann in der Substanz nit falsch sein, darum muß es gerecht vnd gut sein. Was wollen sie sagen, daß es in der Substanz christlich vnd gerecht sei. Haben sie es doch nie proben lassen vnd sie verstehen es selb nit. Wär der Mönch nit gestorben, so hätten wir einen schönen Grund gehabt, der hätt ihm seine Hauptartikel, Postill vnd alles seins eigen Gedicht verworfen vnd für kezerisch gehalten.«

Weiter heißt es hier: »Die vertierte Wirtenbergische Kirchenordnung ist weit besser, als was Hr Primus aus vielen ein Ding macht. Seine geht nit fern, bleibt in dieser Landart, aber die

---

[1]) Gemeint ist das Urteil Trubers über die krobatischen Übersetzungen der Ungnadschen Bibelanstalt. (Elze, S. 263 f.)

Dalmatiner vnd Crobaten können sich daraus nit behelfen. Darum rath ich, e. Gn. lassen es fort gehen vnd drucken, wollen mehr mit schaffen, als er mit seinem Quodlibet. Er hat mich an mehr Orten verunglimpft, ich hätt die Wirttenwergsche Kirchenordnung angerichtt, wie er kommen, hätt ers nit können verändern, er hätt sonst wollen die ‚Saxische' anrichten vnd hat ihrer viel Pfarrer getröst, sie sollten nur im Meßgewand bleiben vnd Messe lesen aber den Canon auslassen. Damit fällt keiner zu vns vnd die vnsrige Priester kommen nit fort.«

Wieder später: »Man giebt für, ich gönne Herrn Primus die Ehren nit, such meine Ehr. Das ist wahrlich nit. Wollt Gott, daß er die Sorg trüg vnd ließ ihm sagen, brüderlich vnd christlich, bisher ist es nit gewesen. Darum haben wir wenig (ge)baut: vnd wollt ‚er' (eher) begehren von Gott eine selige Stund vnd ‚Abschied', als daß ich mich gegen ihm vergreifen sollt. Die Lieb will aber nit wider Gottes Wort, das mir zu anderer Verfolgung großen Kampf giebt vnd ist ‚waiger' [weniger?] die Menschen als Gott erzürnt. Bitt, e. Gn. wollens bedenken, was e. Gn. für räthlich achtet, will von Herzen gern schweigen vnd mich aller Sachen entschlagen.« — »Verflucht sei der, der Gottes Werk fälschlich führt,« sagt Jeremias.

Ungewollt beleuchtet die Kontroverse Truber-Klombner, die für ersteren eine glänzende Rechtfertigung bedeutet, die im besten Sinne konservative Haltung des Reformators, seine besonnene, vornehme Ruhe, durch die er das gottgesandte Werkzeug wurde, um in den unendlich verworrenen Verhältnissen Krains dem Evangelium eine Stätte zu bereiten. Der Versuch B ö h l s, einen Mann wie Klombner als gewichtigen Zeugen gegen Truber zu benützen, ist damit jedenfalls als gänzlich irreführend bewiesen. Wenn durch irgend etwas, dann wird durch die gehässigen Beschuldigungen Klombners Trubers Charakter gerechtfertigt.[1]) Das Charakterbild Trubers erfährt durch die heftigen Angriffe Klombners keine Trübung. Milden und in den Verhältnissen seiner Zeit weitherzigen Geistes stand er ü b e r den unter sich streitenden protestantischen Parteien. Es war aber nur eine andere Äußerungsweise einer e i n h e i t l i c h e n Geistesrichtung, wenn derselbe Mann, welcher seiner Zeit an innerer Freiheit weit voraus war, anderseits h i n t e r ihren

---

[1]) Vgl. auch die Worte, die ihm sein späterer eifriger Gegner, Freiherr Hans von Ungnad, in einem Schreiben an König Maximilian aus Urach vom 2. April 1567 widmet. Abgedruckt bei Kostrenčič, a. a. O., S. 15 f.

vorwärtsstrebenden Geistern scheinbar zurückblieb, indem er sich schonender und bedächtiger, wie sie, dem Alten anbequemte. Äußert sich doch in beidem, in der Aneignung des Neuen, wie in der Beibehaltung des Alten, der vorwiegend praktische Zug, die Abwendung von der unfruchtbaren Theorie. In beidem dieselbe innere Freiheit, dieselbe Unbekümmertheit um die bloße Form, wie Luther in weit großartigerer Weise in seinen besten Jahren sie besessen und bewiesen. So konnte es geschehen, daß er gelegentlich selbst des Flazianismus beschuldigt wurde, obgleich seine ganze Geistesart vielmehr geradezu den Gegenpol zu der erregten, leidenschaftlichen, spekulativ tiefsinnigen Weise seines großen südslawischen Stammesgenossen bildete. Zusammen mit P. P. Vergerio bilden diese drei im südlichsten Österreich geborene Männer vielleicht die charakteristischsten Erscheinungen der ersten nachlutherischen Generation. Für die eigentümliche Aufgabe Trubers, ein Reformator der Slowenen zu sein, konnten seine Charakteranlagen gewiß nicht glücklicher und harmonischer zusammenklingen. Daß später sein ganzes Wirken fast spurlos wieder vernichtet wurde, kann die Bedeutung seiner Erscheinung nicht aufheben.

Anhang.

I.

Bei dem fast völligen Mangel an zeitgenössischen Nachrichten über Primus Truber gewinnen die Briefe Matthias Klombners an Hans Ungnad als einzige ausführliche Quelle eine höhere Bedeutung, als diesen verworrenen Kundgebungen an und für sich zukommt. Wir geben daher aus diesen Briefen (nach den Originalen der Tübinger Universitäts-Bibliothek) im nachfolgenden sämtliche Stellen, die sich auf Primus Truber beziehen. Da die Handschrift schwer leserlich ist, konnten wir trotz der gütigen Beihilfe des Herrn Musealkustos Dr. Šmid in Laibach manches nicht entziffern oder nur kollationieren. Bei Kostrenčič, a. a. O., finden sich nur Regesten dieser Briefe.

Aus Klombners Brief vom 18. März 1562 (Kostrenčič, S. 71): »Ich het e. Gn. vil zuschreiben, wils got peuelhen. Wil Herrn Primusen machn lassen. Weil ers von mir im pessten nit annimbt. Es wird dennoch gotes Wort gehen und pesteen. Thus auch E. gn. meinem alten gn. Herrn peuelhen. Ich pin recht gedruecket vnd siech dapei, das es alles mit kümmerlichen schmertzen gearbeit vnd geschvezt sein mues, sonderlichen in diser gotes sach vnd die hrn Christi gelangendt. Ich mag e. gn. vor rechter traurigkeit nit mer schreiben. Wier werden mit Herrn Primusen das Zill nit erreichen, dahin es solt. Er hat sich lassen vernemen, Er wol noch in ein meßgewand schlieffen. Da wird all sein Arbeit verderbt, vnd die andern priester auf vnser seiten werden in scheuche. Er sorgt nit vmb sy; Er pringt sy nit vnter, Haben gar ein kalt hertz zu Im.«

7. Mai 1562 (Kostrenčič, S. 75): »Ich rath Herrn Primusen, das er mit weib vnd Kindl vnd seinem Plunder auf die Tonauw fueg vnd sich zu Regenspurg bey dem Herrn Illirico Albono anzaigen vnd freundentlich mach vnd volgundts herab auf Lintz far vnd daselbs ausgee, so mag er gemachs mit weib vnd Kinden herein, was sicherer vnd wenigeren gefhar, so er sich thailet, ziehen. Es wer eine große hillf, wo sy sein all einig, vnd sich einer deß andern noth annemen.«

11. Januar 1563: »Die Verhinderung H. Trubers ist der Kirche nutz vnd e. gn. soll es dafür halten, das es gotes sunder verhengnuß ist. Denn Herr Primuß hat mit seiner molestion mer genutzt. Villeicht will In got nit haben zu disem werk vnd zwar er wirdt in dem gödlichen wort auch nit vil pauen. Weil er das schrifftlich wort mit füßen trit ... wir wolln beten, das er die versaumbniß herwider pring wie pauluß. Es ist mehr denn ein Arbeit nit guet, die ich schon gesegen hab. Aber also rat ich, weil mit diesem Fall nit auch das mündlich wort fallen möcht vnd veracht würd, das gar leichtlich geschehen mag. Das e. gn. die sach in ein geduld nemb vnd tracht die Landschafft nit auszuschließen. Denn sy meinens recht. Aber sy sehens nit. Solten sy es wissen etc., so fielen sy ab von im vnd würde ein mächtiges ärgernuß. Wier haben sonst genueg zwietracht. Ich darf nit reden vnd gelt nichts pey den Herrn Verordneten. Wolt got, sy volgeten mier. Nu muß das angenomen sein, wie es kumpt, piß es got pesser schickt. Ich wolt mich gern von dannen ziehen, das ich nur mit H. pri. nit Hadern dorfft. Wann es wol gerät, so wird er den Zorn an mir außlassen. Vnd wird meniglich eingepildt, Ich flich die Verfolgung. Warlich Herr pri. ist kindisch mit seinen vorreden, wier wären nit pestanden, sonderlich weill er nit will vertiren, sondern auß aignem kopf schreiben. Ich wolt das seine vorreden, darin er diser Landart erzelt vnd sonderlich von Krabaten weg-

geworfen würde. Wie Ich Im In seinenn windischen werk darin er von Im selbst sein anfang erzelt, dieselb Vorred auch weg warf. Mit dem vertirn wölln wier vil sicherer geen vnd mer nutz schaffen«... »gedenkte Im nur Herr pri. nit, das diz werk etlich Errata halb erligen soll, entweder er thuets auß stolz oder eergeitz oder auß verzweyflung, das er Im nit traut zu vertieren oder got will In sonderlich fallen lassen. Das got verhuet. Darumb wolt Ich nichts weiter an Im noten (?) Würd er was guets wollen thuen, das wolln wier annemen vnd vleißig peten, das in got nit fallen laß, damit das mündlich wort nit geergert oder einen fall (er)leid. Es haben die andern prediger gar kain hertz zw im, er. drückts vnd verachts vnd ist vasst im Land stil worden.«

25. Januar 1563: »Das die personen zu schlecht vngelert. Weiß got, wan Herr P. gelert wurde, ob er vernunfft ja glauben vnd lieb hat, vnd ob er Cristum liebt vnd kennt. Ich pesorg, Cristus wirdt von Im weichen. Es ist ja Her Stefan nit genueg. Herr P. noch weniger, Zvezig arm vnd angefochten. Herr Anton alt vnd vor der welt nichts. Aber got gefelt, (daß) es er durch ainfeltige große wunderthaten richtet vnd dem teuffl trutzt. Sonst hets die kunst than. Wier haben's ya nit pesser der Zeit. Got wirdt woll mit der Zeit Leut erwecken zu seinem werk. Wie auch yezo, dardurch er die Hochweisen zu schanden macht vnd reizt, das sy es pessern solten.

Das Herr P. sein grollen oder zorn nit lasst fallen ist sein fall. Cristus wird mit dem schrifftlichen wort von jm weichen vnd wirdt zuthuen haben das er das mündlich wort statlich für ... er sondert sich von vns armen. Es wird in der not vnd angst woll gefunden, wer jm recht rat vnd will.

Die Verfolgung stet wie e. gn. waiß, ob er sich recht an vnß helt, das wird sich pefinden.

Die Einigkeit wär ein großer nutz. Wir mugen nit anderst wier werden vnd ich sonderlich für ein großen Zerstörer des fridens geachtet. Geb mir got keinen andern friden als in Christo. Ich sterb vnd groß weiter mag Ich nit. Herr Christe die sach ist dein, du magst helffen. Es gibt vns dieser Zwispalt nit klain tentationem. Was wird der wan (Banus) sagen, (ferner) die triester, görtzer Landschafft, so er abläßt vnd das werk vernicht on alle not! Treibt in doch niemant. Auch sein vnd unsere Widersacher nit. Was not, im ein solchen Lärmen zu machen vnd die

leut abfellig zu machen von disem werk, das e. gn. mued werden
vnd daß werk verlassen. Was werden die fürsten sagen zu dem
außgangen geschrey vnd zorn darlegen, weill er selbst die personen
anficht für verlass(nen) kirchendienst, unkundige, ja die mit falschen
sachen. Wölln wier diesen gerichtshandl fueren, haben wir vnser
lebtag zuethuen vnd haben darin kain rechtes auf erden, große
ergernuß felt auf vnß sampt des teufels geschmaiß.

Deshalb rat ich vnd pit e. gn. wöll H. Primus nit weiter ersuechen oder premieren vnd die armen ainfeltigen arbeiten lassen
so lang es got gefelt.« . . . »Souil antrifft das verlangt Notorium
oder kundschafft, die herr Stefan felschlich erlangt vnd herr pri:
petrogen sey worden etc. — E. gn. weiß mein armuth von vill
Jaren vnd mein schwere verfolgung. Warumb wollt ich erst mit
falschen prieffen vmbgeen. Das aber das werk nit falsch sonder
gerecht ob es gleich schwach sein mocht, ist es genug zu einem
anfang. Alle frommen hertzen sollen got loben vmb souil wie es
yez steet. Aber die klueglin vnd die nichts als Irrung verwirrung
vnd spaltung suechen, denen wirdt mans nit genueg machen. Das
werk wirdt nimmermer vollkomen genueg sein als wenig mein
armer Madensack, got wirdt sy richten. . . . So ist herr gregor
Bochoritsch ain aufrichtiger priester, der vil mer gearbeit hat; Den
Herrn wan (Banus) derselb ort vnd vill auß Krobaten pekert.
E. Gn. wirdt von Herrn Steffan vernemen, wie er arbeit on ainige
pesoldung in armut, gefar vnd angst, das Herr pri: nit thuet. Ich
weiß nit welche er pekert hat(!) Warumb wolt er auch mit
falsch vmbgeen.«

Am Schlusse heißt es über Primus Truber: »Will er nit
helffen, laß er andere mit Friden. Aintweder er thuets auß poßhait
vnd zuunderhinderung des werks oder auß verzweiflung vnd
unglaub. . . . Herr pri: wird sich wolln entschuldigen etc. Wie er
mit diser kundschaft thuet vnd vns all zw spot pringen. Darumb
rat Ich, wier geen sein muessig, pißher hat e. gn. auf in gewart etc.
wirdt er die clainen sehn vnd den spangenbergen sehen, er wirdt
hoch gestrafft, an seiner Existimation ernidert. E. gn. wirdt pefinden
das wier armen Steiner (?) das vnsrig thuen wolln. Ich het gern
gesechen, das ers gethan. Villeicht will in got nit haben zw disem
werk. . . . Will Herr pri: helffen, das nemb e. gn. an. Will er nit,
laß in E. gn. farn. Wolt in weiter nit anlangen, damit die Landschafft nit vnwirsch vnd der Lauf des Evang. verhindert oder das

man vns die schuld geb. Würd ein Landschaft sein thorheit wissen, So geb es dem Evang. ain Abfall.«

Am 13. März 1563 schreibt Klombner an Ungnad über dessen Übersetzungswerk:

»Es ist viel lauterer ordenlich vnd ortographischer als Hern Primusen arbeit. Villeicht ist er weder der eren vnd pelonung vor got nit wirdig. glaub mir e. gn., das ist jm ein vorgang zw ainem grossen fall, den der almechtig verhueten woll. Ich eusser mich sein. Vnd will in diesem handl gotes peistand vnd sein widersacher sein. Vnd wills offentlich erclarn. Hab mich gegen lr willen lassen vernemen. Laß er nit ab, so werd es darzw komen, das man offentlich wider in schreiben vnd drucken werd. Woll er nichts guetes thun. So hab er sein Rw. Woll er zum pessten helffen Das wolln wier annehmen. pit e. gn. woll pei Im weiter nit anhalten. Vnd sich stelln, als wo man sein geraten mocht. Weil ers doch also habn will.«

28. März 1563: »Die von der metling haben ainen aignen gesanten zu Herrn pri: geschickt. pitn In vmb ain priesster, hat In Herrn Hansen pewilligen muessen. Herr Sauer pegert Herrn Herrn Cristof. Des mag er nit geraten. Also giengs von stat. Hat angefangen friedlich mit mier zw reden. Vnd diser Handl hat in darzw pracht. Ich hab Im gesagt: Herr, wier muessen anderst zw der sachen vnd mer prediger haben oder got wird vns straffen. Sagt er: Wo nemen? Wer vnderhelts? ler muesst petlen vnd lassen sowol freund vnd feind anruefen. got wirds geben. Er weiß nichts vmb des Zwetschiz arbeit, es gefall Im oder nit, so will Ichs mit der hilf gotes treiben, so weit got genad gibt. So er nu sieht, das Her gregor also stark arbeit, so mues er auch daran. Vmb vnser verfolgung stet es still. gedenk, der kaiser hat des Landtags verschont. Darnach hilf got weiter. Weil nu Herr Primuß den ernst sehen wirdt, verhof ich, er wird muerber. Ich hab got treulich gepeten das er Im ain andern sin gäb, damit wir ainiger wurden vnd sterker arbeiteten.«

»Ob Herr Primus mainet, er wolt das wesen einziechen vnd verhoffet Linderung. Das ist ain teuflischer rat. Wer stil stet, der get hinter sich. Wir kämen gar von der gnad vnd muessten mit poesem gewissen sterben, es ist zw spat.«

24. Juni 1563: »Das E. gn. pegert ain weitern pueben, den man paim Druk abrichten möcht, clag ich E. gn., das vnser schuel

gar nichts sein. Der pischof hat nichts guets vnd leidet nichts guets. Der Landkomenthur desgleichen, die Landschafftschuel ist laider gar nichts. Budina, mein Schwager, wirdt ain große Verantwortung habn. Herr pri: helt ob Im, sonst war sy gepessert vnd mit guetn leutn ersezt, Die vnserer arbait anhengig wären gewesst. Ain Landschafft hat Im pewilligt 50 gld. auf ainen tauglichen gehulfen, Surculus wär allenthalben angenumen. Aber dem Wudina vnd Herrn pri: gefiel er nit. So hat budina gar keinen vnd nimbt dennocht die 50 gld. Ich hab gehandelt, daß er Im kais. spital spitlmeister solt sein. Landshaubtmann vnd vizdomb wären zufrieden. Aber der pischof mecht in nit leiden. Also muest er wegziehen, denn herr pri: hueb in meinem hauß mit Im ain hader an.«

»Wir haben ain walschen pischof hie, der hat das parfüßer closster Ine, er ist des pabsts Inquisitor, es mangeln Im nur schergen vnd henker. Herr Illiricus ist oben durch den Canal auf Venedig still durchzogen. Den Krellium hat er hieher geschickt. Hat zwo predig hie gethan, die werden Herrn pri: abrichten. Soll pald wieder hiedurch. Herr pri. vermaint, er wolt krelium hie aufnemen. Sy werden nit lang peieinander pleiben.«

28. Juli 1563: »Herr pri: hat gegen mir gemeldt, er het ain windische kirchenordnung. Vnd wie mir Krell sagt: sy (be)derfft vbersehens. Nu lasst er sich nit korrigiren oder daß er pruederliche weisung annamb. Hab also geschwiegen. Es hat zuuor sich lassen hörn, er wels zu wien lassen drucken.

Es hat got der Herr vns wider ain hilf geschickt. Wie die pischoff am pessten in Handlung, kompt Herr Illiricus vnd schickt zwei studenten vorherr. Der ain ist ain wipacher, der ander ain Laker. Die steen auf vnd predigen. Ain Landschafft wird den Krelln meins erachtens neben Hern Primus annemen, der ist guet glert. Vnd hat die sprach zimblich ist auch erpitig, vnserm werk zuhelffen vnd wird warlich ain guete Hilff sein aus vil vrsachen wie e. gn. hernach vernemen werden. Der ander wirdt sein anstand haben in der ydria (Randbemerkung: Der hat geschrieben, daß man diser buecher halber mit dem Illirico nichts zuthun soll haben); mit dem herrn Illirico hab ich ain langeß gesprech vertraulich gehabt, er kan zimblich windisch, ist geburtig zwo meil wegs von miterburg, kam pald wider zw der rechten sprach. Erpeut sich dahin. Wan man in der Bibl ain stük oder mer transferieren wirdt, soll ime E. Gn. mit ainer vertrauten person vertraulich zuschicken. Er wölle helffen vbersehen vnnd seinen getreuen Rat, was die . . . sprache antrifft, mit tailln vnnd traut jm nützlich zusein vnd wöll darin kain wort habn.

Darauf rat ich, mit dem psalter den anfang zu machen, aintweder den zwetschitz oder Herrn Antonj vertraulich zu jm zuschicken. So nimbt man pald ab, was er disem werck mag nutz sein. Ich hab auch weiter mit jm tractiert, weill der pischof von Salzpurg im 48. Jar ain Sinode gehalten. Zuwider demselben haben die St.[1]) von Land Ire Pekantnusse gethan. Aber nit mit noturfft dawider geschrieben. Das er statlich nachlenggs dagegen schrib. Damit erlangten die Land im friden, das der pischof nit alles seines gefallens in der Christen pluet tobn dörfft vnd ob solches E. Gn. gefiell, mags E. Gn. derselben Gefallen noch handeln lassen.«

6. Dezember 1563: »E. Gn. schreiben, das diese arbait zuuor Herrn Pri. zw vbersehen geben solt werden. Das achten wier nit fuer guet. Waiß got, wan wirs wider von Im pekämen oder was er für gotloß leut darüber stellet. Über das pieten wier. Wan wier conferieren wölln, das in der metling vnd nit hie geschehn soll. Soll Herr Primuß darzw peschieden werden, er kum oder nit, das man nichts destoweniger fort arbeit.«

»Sein Gn. (Herr von Thurn) beualh, auch e. gn. zu schreiben mit großer peschwär der windischen lieder, das E. Gn. dergleichen nit mehr drucken solt. Vnd Herr Pri. fuer für . . . mit Zorn. Spräch ich, er solt anzaigen, welche lieder so ungeschickt oder vncristlich wärn. Wier hetens ee gesungen, ee er nie gedacht hat in das Land zukumen. Sprach der Herr vom Thurn, man soll solch sachen zuuor Herrn Pri: geben zw vbersechen. Ich saget: wier heten In offt gepeten. Aber vnser pit het kain ansechen, er verachtets alles . . . Herr Pri: man het seine Lieder andern zugeaignet. Als namblich ain Weinachtslied. Saget ich, dasselb het Herr Hans mit Im gen Laibach pracht main, sein (es) wär auch darinnen. Ich noch er heten des nit pegert. Aber seiner arbeit scham er sich nit. Er solt nur anzaigen, was er für mengl daran hab, er werds verantwurten. Wöll er H. pri : nit singen, so laß er ander leut singen. Ich peschuldigt In, er verhindert den Druck. Vnd Ich het auch das gegen den Zweckel, Seyrl, Herrn Sauer peschwärt. er soll anzaigen, pat ich, wie er in gefurdert het. er

---
[1]) N.-ö. Stände.

thät nichts als greinen (?) draußen vnd sinnen. Er solt fein friedlich sein vnd die gehülfen, die Im got geben hat, in Irer schwachheit vnd Unkundigkeit, darfür ers helt vnd verachtet, mit geduld tragen vnd pessern, so wurd er vil pawen vnd den Druck furdern vnd got wurd sein segn geben. Er hets mit seinen vorreden dahin pracht, das die hilff eruolgt wäre. Warumb wöll er wider störn. Es gieng vil ccsstens auf. Sagt Ich: mit petl gets her. So laß mans gotes namen wieder in Petl hängen, es werd wol sein würkung habn, wans gleich nit von stundan geschieht. man thue auch schlecht darzw. man solt prediger anstelln gen Zeng vnd Wihitsch[1]) vnd in die andern ortflecken, die Hauptleut pegertens. E. Gn. werd leicht pewegt, vom werk zusteen etc., sehe man nur, wan vnd wie mans wider heb. Herr Pri: beschwärt sich, man schrib allerlay hinaus vnd gäb vrsach zw disem zank. Was ich schreib, das wolt ich verantwurten. Nur wurd es ein großer schmertzn sein, Solt das werk erligen vnd die personen vnd gehulffen so vns got geben, verachten. Wo woll man andere pekumen. es lig an mier nichts. e. gn. sollt mir nit volgen. Het ich gelegenhait, das Ich mein petl mocht verkauffen, wolt mich von dannen ziehen. Damit Herr Pri. nur nit vrsach het, mit mier zu zürnen. Ich het In gleichwol vor 20 Jaren gewarnt vnd ain potn geschickt. Aber des potens halb wär er wol in fanknuß kumen, wo der Zweckl nit wär gewesst. Sagt ich, er hets mirs etlichmal vorhebt. Aber wär Seyrl vnd Ich nit gwesst. Zweckl sey auf vnser antreibn dem poten nachzogen, damit er ain toplte posst het. er het woll gesehen, wer in gewarnt. Wir warn dazumall in ambtern vnd habn mer gewußt als Zweckl vnd ander. Ich versach mich nit andres, Ich het an Im vnd an Hern Paulsen[2]) treulich gethan. Im wär sein guet alles zuehauffen gangen. Sagt Ich: Ier habt mir nichts peuolhen. Aber Herrn Paulln ist sein sach gar in die Herbenstadt (Hermanstadt) on allen abgang zuekumen. Hab auch darob vil gelitten vnd sey die maist vrsach meiner verfolgung. Het Ich Hern Paulussens Guet dem pischof vberantwurt, het Ich mir frid kaufft. Aber ich habs nit thuen, ehe darob mein Leib vnd guet in gefar segn wölln. Wie nun Zweckl meinen poten erritn, hab er die prief von Im genumen vnd Im wieder hintersich lassn geen. Ich het In pei dem Herrn graffn angebn, wie er zwinglisch wär. Das hab ich vermaint

---

[1]) Fiume (?).
[2]) Paulus Wiener, der Mitdomherr und Mitkämpfer Primus Trubers.

vnd Ich woll seiner Gn. deßhalb schreiben. Wan ich wüsst das er zwinglisch, wolt das Sacrament von jm nit empfahn. Ich het in wol entschuldigt peim Herrn graffen. Und gar nit angebn. es wurd sich pefinden. Vor het er mich auch pei meinem gn. Hern verunglimpft, als het ich mit den puechern vbl gehausst, das ich mich nit wenig peschwaret. er het darauß ob 200 gld. empfangen. . . . . Pit E. Gn. wöll Im solch lang anzaigen nit verdrießlich sein lassen Aber darauß abnemen, das wier kain frieden habn werden noch kein hilff oder fürderung. Im apo: stet wie das weib mit schmertzen gepär. es geht freilich mit kumer vnd schmertzen, das ainer tausent mal dauon stuend. Aber, Herr, ist es doch dein ere, förders du etc. Und ich waiß, das er gerecht ist vnd wan es nit mer würket, so ist doch der Herr Wan(us) vnd dieselb Refier dardurch auch ain großer tail Krobaten, vskoken, windischmark, metling vnd andere orten pekert worden vnd herr gregor hab im Land frei offentlich mit gefar den anfang gemacht. man vernemb, das man von wien auf den Rahnmarkt vnd offen (Ofen) Etliche dieser puecher gefürt, die auf Konstantinopel kumen. Nun sey die sag, das etlich des Kaisers Gelerten für den kaiser treten vnd lauter pekent, daß ler glaub nichts, sondern der christlich glaub sey der gerecht seligmachend glaub.[1]) Kumen nu die puecher darzu, man wirdt wol sechn, war es thuen vnd würken wirdt. On pluet gets nit ab. Selig, die in dem herrn sterben. Vnd wan es die stend recht gedachten, weill der moscovit hieuor den glauben vnd Leer gesuecht vnd sich grosses erpoten, das man veracht. man schicket jm das neu testament vnd andres in der tschirulitza. Vielleicht hat es got darumb in Teutschland drucken lassen vnd ist nit on vrsach geschehn. Will mans aber verachten, der schad vnser. Hieher schickt er aber die crobatisch vnd die tschirulitza, darauß der türk mag abgewendt gemildert vnd pekert werden. wir verachtens. Warlich wir haben dise Jar ain schonen gnädigen fried. Niemdt wills dermassen peherzigen. Nu wirdt die straff angen, seh ein jeder zw jm selbs, es wirdt nit außpleiben vnd in disem ist niemdt so hoch zu wieder als vnser herr pri:; wan er die herren vnder-

---

¹) Hierzu ist am Rand mit roter Tinte von seiten des Empfängers (Freiherr Ungnad) die Bemerkung gemacht: »Klombner zuschreiben, daß er aigentlich bericht thue, wie jm dise zeitung zukomme.« Da der vorliegende Brief der letzte Klombnerbrief der Sammlung ist, besitzen wir Klombners Auskunft nicht.

richtet, so giengs nach allem wunsch, Sy werden durch jn gefuert. Und meinen, sy thuen recht. Vor Zeiten hab ich woll ain vertrauen gehabt. Vnd man ist mier in grossen noten peigefallen. Aber eyzt mag Ich nichts habn. Ich kumb zw Ir keinem. Das sy nur nit vrsach habn zw reden. Und dies hab ich gethan, das Herr pri. kain vnlusst het vnd er die gnad pey jnen nit verlier. Geschieht das, ist sein predigen gefallen vnd ain große ergernus am tag, das got verhueten wöll. Ain mall ist dises werk allain gotes vnd sonst kaines menschen. der wirdts wol fürn. . . .«

»E. gn. sehen, wie Herr pri. tobt vnd rueftt meine wolthaten zw argem vnd wolt mir vnglimpf machen. Da sieht man seinen geist. Wan der krell die clain pestallung het oder daß er ersuecht würd zum conferieren, werd villeicht ain linderung sain. Ob er jm etwas auß dem sin redet. Ich rat, das e. gn. mit den herrn verordneten in kain streit wächst, noch mit Herrn pri; allain weill herr pri. vil hat zu thuen, Sy zu erpiten, das sy auf hern Jorgen ersuechen hilff vnd rat gebn vnd verhülflich wärn. Sy thuens oder nit, das wesen will nit genot sondern gepeten sein, Sy werden sonst vnglück genueg habn. wir wolln jn kaines aufladen. Und wan e. gn. lang mit jnen strit, so muessten wirs entgelten vnd die arbait wurd desto mer verhindert. Er schreit vber mich, Ich gun jm der ehrn nit vnd woll mich ruemblich machen. Kent doch got mein gemuet, gunet jm die sorg vnd purd. . . .«

»Herr pri: war gewißlich dazumall in pönhauß kumen; mich deucht, er soll meine woltaten nit verkern, er hat nie windisch geschriben noch gedruckt, wan ich jn nit darzu getriben het. doch got hat es gethan. Er hat viel mehr verdienst fürpracht, wan er werdt wesst.«

II.

Laibach zu Trubers Zeit. — Die evangelische Matrik.

Während heute in Laibach, wie überall sonst in Österreich, eine römische Trutzburg nach der anderen sich erhebt, berichtete Krains Gegenreformator Bischof Thomas Chrön am 22. Juli 1616 an Papst Paul V.: »Im Jahre 1597, beim Antritte meines Bistums, befanden sich in Laibach neun oder mehr lutherische Prediger (außer jenen, welche in den Schulen lehrten) und verführten das Volk, daß sich kaum der zwanzigste Teil der Bewohner, und zwar dieser nur aus dem niedrigsten Stande, zum katholischen Glauben bekannte.[1])

Als der Bischof 1598 an die Erzherzogin Maria schrieb, es möge den Laibachern verboten werden, Akatholiken in den Rat oder Magistrat zu wählen, da übersah er, daß es noch nicht genug Katholiken gab, welche geeignet waren, die Stadtgeschäfte zu verwalten, weshalb verfügt werden mußte, es sollten im inneren Rate vier, im äußeren sechs sektische Bürger belassen werden.[2])

Daher sagt Dimitz: »In Krain war seit Kaiser Ferdinands Tode die evangelische Kirche zur Herrschaft gelangt, sie hatte auf dem Brucker Landtage von 1578 eine rechtliche Grundlage gewonnen, die ganze Verwaltung des Landes, sein ganzes Kulturleben beruhte auf der Initiative der protestantischen Bevölkerung; jede Anregung zu geistiger und materieller Entwicklung ging von dieser Seite aus, neben ihr gab es kein selbständiges katholisches Leben und Streben, und es fällt daher der Kulturgang der Reformation in unserem Vaterlande in Erzherzog Karls Regierungszeit (1564—1590) mit dem gesamten Kulturleben desselben zusammen.« (Geschichte Krains, III, S. 145.)

Wir besitzen eine hochinteressante Schilderung der slowenisch-religiösen Zustände nach der Mitte des 16. Jahrhunderts aus der Feder des Primus Truber selbst, die noch nicht wieder abgedruckt ist. Sie stammt aus dem Buche: »Der erst Theil des neuen Testaments, darinn sein die vier Evangelisten, vnd der Apostel Geschicht, jetzt zum erstenmal in die Crobatische Sprach verdolmetscht vnd mit Glagolischen Buchstaben getruckt«. Vorrede datiert Vrach am zwölfften tag Januarii Anno etc 1562. Diese Vorrede richtet sich an den Protektor des kroatischen evangelischen Bücherdruckes, den späteren Kaiser Maximilian II., gewidmet »Maximilian, König zu Böheim«. Hier heißt es: »... Ist ein gut, erbar, trew, warhafft, gehorsam, Gastfrey vnd miltes Volck, das sich gegen allen Frembden vnd jedermann freundtlich vnd wol haltet vnd erzeigt. Aber zu viel vnd zu groß Abergleubisch, dann dieses Creynerisch vnd Oberwindisch gutherzig Volck, wöllen alle jer Sachen bey Gott, bey der Jungfrawen Maria vnd bey den Heiligen, nur mit vil Meßlesen hören, stifften, mit Begengnussen, opffern, Rosenkränzen, mit vil

---

[1]) Dimitz, Geschichte Krains, II, S. 368. F. »Mitt. des hist. Vereines für Krain«, 1854, S. 45 f.
[2]) Ebenda, II, S. 284.

feyren, kerzen brennen, mit Creuzen umgehn, mit geweichten wasser, Salz, Palmen, mit reuchen, mit sprengen, mit weiten wallfarten, vnd mit newen Kirchen bawen außrichten vnd alles Unglück, alle Straffen Gottes, allerley Kranckheiten, Tewrung, Krieg, Ungwitter abwenden. Item, die Teuffel auß den Wolcken, auß dem Veld, vom Hoff, vom Vieh, vom Hauß vnd vom Beth vertreiben vnd guete Jar, vil Fraid, Wein, Vieh, Frid vor dem Türcken, vnd lang leben, damitt vnd dardurch überkommen. Ja auch den verstorbenen auß dem Fegfewr gehn Himmel helffen, vnd die ewige Seligkeit erlangen. Und wann etwan eins in einem Hauß kranck würdt, so thut der kranck, oder ein anders, als Vatter oder Mutter, an des krancken statt, ein Gelübt, ein groß Opffer der Jungfrawen Maria, oder einem andern Heiligen, bey der oder jener Kirchen, zubringen vnd zugeben, es sey ein Rind, Ochs, Kalb, Schaff, etlich pfund Wachs oder so vil Gelts oder des krancken bösst, schönest Kleid, oder ein weitte Wallfart zu vollbringen. Deßwegen wallfarten sie gar offt gehn Rom, gehn Loreto, gehn Otting (Altötting), gehn sanct Wolffgang ins Beyerland vnd allweg über siben Jar bis gehn Aach ins Niderlandt. Und haben gebawt vnd bawen noch, neben jren Pfarrkirchen schier auff allen Höffen, Bergen vnd schönen Ebenen, in Wälden vnd Hölzern große Kirchen, offt zwei beyeinander das in vilen Pfarren bey vier vnd zwanzig vnd mehr neben Kirchen vnd Capellen erbawt seind, vnd noch täglich erbawt werden. Und solche große Abgöttische vnd unnüze Gebew, thun vnd vollbringen sie nur auß angeben, geheiß vnd bevelch der leichtfertigen, wahnsinnigen vnd ehrlosen Leutten, die jenen also fürgeben vnd sagen, die Jungfraw Maria oder sonst ein anderer Heilig oder Heiligen seind jnen im Trawm oder Schlaff oder sonst in der Nacht erschienen. Etlich fallen nider bey Tag vor den Leutten, als sie den Hinfallenden Siechtag hetten vnd nach langem Zittern vnd Zappeln, heben sie an zu sagen, die Jungfraw Maria, oder sonst ein ander Heilig oder, Heiligen, hab sie dermaßen niedergeworffen, mit jnen geredt vnd bevolhen, das man jezund an disem, jezund an jhenem Berg, Thal oder Wald, ein Kirchen bawen, vnd dahin mit Creüzen gehn Opffern, Meßlesen vnd Wallfarten soll, vnd wo mans nicht thun werde, alsdann die jnen erscheinte Maria, Heilig oder Heiligen, wöllen alles Getreid im Feld vnd Weinberg mit dem Hagel oder Schawer erschlagen, vnd ein solchen grossen Sterben über die Menschen vnd Vieh schicken, daß der dritte Theil nicht soll bey dem leben überbleiben.

Im nächsten Sommer des 1561. Jars verschinen, ist ein jung unzüchtig, hurisch Weib bey Obernburg, in vndern Steyer, vier Meil von Labach (Laibach) aufferstanden, die trägt jer baide Händ vor den Leuten, am Rucken zusammengeschlossen, henckt den Kopff vnd Angesicht zur Erden, die sagt vnd gibt aus vor mänigklich, wie das die Jungfraw Maria nun hiefür in der Kirchen auf dem Berg bey Görz vnd Salcon (wölche Kirchen erst vor zwanzig Jaren aus Angebung einer alten Zauberin, die in jrer Jungfrawschaft drey Kinder solt verthon haben, angefangen worden) nimmer wohnen wölle, vrsach sagt sie, die Pfaffen nemen die bößten Röck, Klaider vnd die schönsten Schlayer, wölche man jr der Jungfrawen Maria zubringt vnd opffert vnd gebens jren Köchinnen. Item man verbrennet das Wachs vnd Kerzen, die man jr zubringt vnd opffert, bey spielen, weintrincken, fluchen, schelten vnd schwören, Item die zechleut, jre Heilgenpfleger stelen jr Gelt vnd verthuns unnüzlich. Darumb wöll sie ein andere Kirchen haben, bey Obernburg. Auff sollich jr fürgeben vnd das man am selbigen ort, das sie gezeigt hat, bey der Nacht vil brinnende Liechter gesehen (dann sie hat daselbst vmb die Mitternacht vil Hacklen oder Windtliechter von zerspaltenem Holz rundweiß umbgesteckt, davon man am Morgen die Kolen vnd Löcher von Windtliechtern daselbst gefunden). Haben die betörichten vnd einfältigen Bauren am selbigen Bihel (Bühl), alßbald ein Cappeln von Holz gebawet, vnd etlich Pfaffen dahin beruffen, das sie darinn auff jerem Altarstein Meß lesen. Darzu seind sie gern kommen vnd in diesem newen Gebew vnd Stifft redlich geholffen, dann solliche newe Kirchen vnd Wallfarten, geben jnen, wie sie selbst sagen, vil vnd gute Sold vmb jer Meß vnd gut Fleisch in jr Küchen, vnd haben an die hülzin new Capeln also geschriben: Locus iste sanctus non ab hominibus est inventus, sed a Deo optimo maximo mirabiliter per ignem et lucem et flammam ignis est electus, demonstratus et illustratus propter vocatur locus iste ad salvatorem nostrum Jesum Christum et beatam virginem matrem eius. In summa, das niemandtnuz, ehrloß Weib mit jren Baals Pfaffen hat mit jrem erlogenen fürgeben vnd sagen so vil außgericht, das im nächst verschinen Monat Augusti des 1561. Jars vnser Frawen Schidungstag (15.) zu obgemelter Cappeln vil Tausendt Windisch Bawren vnd Beurin kommen sein, vil groß vnd klein Vieh, Klaider, Gelt, Wachs, Kerzen, Käß, Woll vnd Flachs auch anders gebracht vnd der

Jungfrawen Maria, die in derselbigen Cappellen jr Wonung soll haben, geopffert. Und disem armen einfeltigen großen Volck, so in fünff Theil oder Hauffen abgeteilt, haben dazumal jr fünff Pfaffen miteinander geprediget. Und der ein Pfaff war über die Bauren sehr zornig, hat sie bestien gescholten, darumb daß sie jre Schuh nit abzogen hetten, sagende, die Stadt vnd Erden darauff sie gesteen, seind heilig, die Jungfraw Maria gehe darauff umb etc. etc. Von sollichen vnd dergleichen Abgöttischen Närrischen Gotsdiensten wiste ich ein ganz Buch zu schreiben, dises hetten die alten, Gottseligen vnd gelehrten Bischoffen nicht gestattet, sonder von stund an, als ein grobe Abgötterey vnd Kezerey, wie es dann ist, verbannet, verdampt vnd abgeschafft. Und dises arm Volck alles fürnämlich, das im Land Crain vnd am Karst wohnet, würdt so wol als die Crobaten vnd Bessiacken, von den Türcken offt im Jar überfallen, gefangen, weck geführt, von einander verkaufft, zu ewiger erbarmlicher Dienstbarkeit vnd zum schamlichen Gebrauch, jre Heuser vnd Höff abgebrennet.«

Aus dieser Schilderung Trubers, von der man ausrufen möchte: »Alles wie heute!«, ist jedenfalls das eine ersichtlich, daß der Katholizismus im eigentlichen Landvolk Krains außerordentlich tief gewurzelt war und wohl nur sehr allmählich völlig dem Lichte evangelischer Wahrheit erlegen wäre, auch wenn die politische Obrigkeit sich nicht so gewaltsam dem Protestantismus entgegengestellt hätte.

Immerhin ist neben jene Schilderung aus dem Jahre 1562 die Beschreibung zu halten, die Truber 1582 seiner windischen Ausgabe des ganzen Neuen Testamentes vorausschickte:

»Meniglich ist bewußt, das vor vier vnd dreißig Jaren kein Brieff, viel weniger ein Buch in vnserer Windischen Sprache zu finden war, denn mann hielts darfür, die Windische vnd ‚Ungarische' Sprachen weren so grob vnd barbarisch, daß man sie weder schreiben noch lesen könne.« Nach einer Schilderung der großartigen Entwicklung der protestantischen Literatur in slowenischer Sprache heißt es:

»Diese Bücher werden nicht allein in Stetten, da man gemeine Schulen helt, sondern auch in Dörffern von Bauren vnd iren Kindern wider des Papstes verbott mit großer Begier vnd Frolocken gelesen, darauß sie dann neben den Evangelischen Predigten, durch die Gnad vnd Würckung des heiligen Geistes, den rechten Verstand aller seligmachenden Artickel des Christlichen Glaubens wie dieselbigen in den lauteren Sprüchen der Heiligen Biblischen Geschrifft, im Catechismo vnd in der augspurgischen Confession begriffen vnd erklärt seind, haben erlangt vnd überkommen. Also vnd dermaßen, das sie auch dieselbigen gegen ihren widerwertigen, den Papisten zu verantworten vnd verthädigen wissen.«

Nicht minder ergreifend und anerkennend hat sich Primus Truber in einem Schreiben aus Derendingen, 5. Mai 1575, an Landeshauptmann, Landesverweser, Verordnete usw. in Krain über den damaligen Zustand des evangelischen Bekenntnisses in seinem Heimatlande ausgesprochen, das der Wahrheit doch nicht ganz wiedersprochen haben kann.

»Bedenkt, ihr meine lieben Herren, was der Allmächtige euch Creinern für eine große Gnade vnd Wohlthat vor andern Nationen umsonst, allein vm Christi willen gegeben, daß er euch das h. seligmachende Evangelium so lauter läßt predigen, die h. Sacramente austheilen vnd zu empfangen, eure Gebete vnd allen Gottesdienst frei öffentlich, wider des Teufels vnd Antichrists Toben vnd Wüthen, arglistige Anschläge vnd böse Practiken, verrichten vnd zu vollbringen, dadurch viele Seelen werden erhalten zum ewigen Leben. Und das ist auch eine große Gnade Gottes, Kraft vnd Wirkung des h. Geistes, daß **alle Herren, die Ritter vnd vom Adel, auch der meiste, verständigste Theil der Bürgerschaft, mit ihren Ehegemahlen, Söhnen vnd Töchtern**, was die Religion vnd den rechten christlichen Glauben belangt, so einig, gleichgesinnt, eines Verstands vnd Willens nun lange Zeit sind vnd blieben im ganzen Fürstenthum Crein. Dergleichen vnter den Predigern, welches in keinem Fürstenthum im Reich, auch in diesem würtembergischen, noch in den Reichsstädten nicht geschieht vnd gefunden wird; denn in allen Fürstenthümern vnd Reichsstädten werden abergläubische, päpstliche Grafen, Freiherren, Edelleute, sonderlich die Patrizier, die vornehmsten im Rath in den Reichsstädten, gefunden vnd viele Eheleute, Eltern, Brüder vnd Schwestern sind im Glauben nicht eins, verachten vnd anfeinden einer den andern des Glaubens halben. Darum sollen wir Creiner von wegen der großen Gnade vns dankbar erzeigen, ihn anrufen vnd bitten, daß er solche Einigkeit des Glaubens auch in allen weltlichen, politischen vnd bürgerlichen Handlungen herzliche Liebe, Treue, Wahrheit, Gerechtigkeit erhalte, vermehre vnd erweitere.«[1]

[1] Elze, S. 520 ff.

* * *

Ein Matrikenbuch der evangelischen Gemeinde Laibach aus den Jahren 1578—1596, welches vor wenigen Jahren noch vorhanden war (im Besitze des katholischen Dechanten Hitzinger in Adelsberg), gewährt einen Einblick in die Zustände des Protestantismus zu einer Zeit, wo derselbe in Krain und besonders in Laibach herrschend war. Hitzinger teilte 1863 aus demselben mit, daß die Laibacher evangelische Gemeinde verzeichnete: Getauft (1578—1596) 2051; getraut (1578—1596) 658; beerdigt (1578—1589) 570; Kommunikanten (1578—1593) 8583 Windische, 4311 Deutsche. Die letztgenannten Zahlen sind übrigens ganz falsch, wie nachher mitzuteilen sein wird.

Das Matrikenbuch, welches eine unschätzbare Quelle für die Geschichte des Laibacher Protestantismus hätte sein können, ist leider in schmachvoller Weise dem Untergange preisgegeben worden. Die Überreste sind jetzt im krainischen Landesmuseum »Rudolfinum«. Pfarrer Jaquemar ließ die Blätter teilweise photographisch nachbilden, das Ganze durch den krainischen Geschichtsschreiber P. v. Radics diplomatisch getreu kopieren, um es so dem evangelischen Pfarrarchiv in Laibach einzuverleiben.

Vorhanden ist noch die Sterbematrik von 1578—1587 und das Kommunikantenverzeichnis von 1580—1593. Auch in diesem geringen Überreste läßt das Dokument eine Reihe interessanter Schlüsse und Beobachtungen zu, die von allgemeiner Bedeutung sein dürften.

Es fand in jenen Jahren in Laibach, wie auch sonst, nach jedem Sonntagvormittags-Gottesdienste eine Abendmahlsfeier statt. War ja doch diese gemeinschaftliche Abendmahlsfeier der evangelische Ersatz für die nur vom Priester gefeierte Messe. Die Teilnehmerzahl an gewöhnlichen Sonntagen beträgt in der Regel 20—50, selten unter 10, manchmal auch mehr wie 50. In regelmäßigem Turnus wechseln deutsche und windische Kommunionen, die Beteiligung von »windischer« Seite ist mindestens doppelt so groß wie die von deutscher Seite. An den hohen Feiertagen, Weihnachten, Ostern, Pfingsten, steigt die Beteiligung auf mehrere Hundert Kommunikanten. Der erste Feiertag ist immer den »Windischen« vorbehalten, die eben den eigentlichen Grundstock der Laibacher Gemeinde ausmachten. Außer dem Tage der Beschneidung Christi (Neujahr) und Drei Könige oder Epiphanias (6. Januar) treten keine weiteren Feiertage auf, ein Beweis für den puritanischen Charakter des innerösterreichischen Protestantismus,[1]) der schon damals die Gottesdiensttage auf das Maß herabgedrückt hatte, das auch heute noch eingehalten wird.

Wir zählen an Kommunikanten in den Jahren 1581: 3848; 1582: 2909; 1583: 2650; 1584: 2750; 1585: 4564; 1592: 2631; 1593: 2442. Die letztgenannte Zahl führt uns bis fünf Jahre vor den Zusammenbruch des Protestantismus in Krain in den Oktobertagen 1598. Gewiß ein Beweis, welch reiches kultisches Leben damals mit einem einzigen Gewaltakte des Landesfürsten plötzlich vernichtet wurde. Wenn man aber die Bevölkerung Laibachs Ende des 16. Jahrhunderts auf etwa 7000 schätzt, so läßt sich die Angabe des Bischofs Chrön, daß 95% der Bevölkerung zu jener Zeit protestantisch gewesen seien, auf Grund jener Zahlen schwerlich aufrechterhalten. Die genannten Kommunikantenziffern lassen höchstens auf eine protestantische Bevölkerung von 3000 Seelen schließen, worauf auch die Angabe Hitzingers von 2051 Taufen während 19 Jahren führt.

Genauere Kenntnis dieser Zahlenverhältnisse vermöchten wir aus der Tauf- und Trauungsmatrik zu schöpfen, falls dieselbe nicht als Makulatur zu Einheizungszwecken verwendet worden wäre. Erhalten geblieben ist nur die Sterbematrik von 1578—1587, also der Zeit, in welcher Christoph Spindler als Superintendent in Laibach wirkte. Es sind hier Sterbefälle verzeichnet aus den Jahren 1578: 54; 1579 (das letzte Vierteljahr ist ausgeschnitten): 45; 1580: 88; 1581: 85; 1582: 60; 1583: 30; 1584: 78; 1585: 29, 1586: 85; 1587 (erste Hälfte des Jahres): 19. Hitzingers Zählungen, die mit den unsrigen unbedeutend differieren, geben weiter 1587: 25; 1588: 14; 1589: 29. (»Mitt.« 1863, S. 84.)

Unter Berücksichtigung des Umstandes, daß unter diesen Leichen auch solche sind, die von auswärts nach Laibach geführt wurden, und bei der viel stärkeren Sterblichkeitsfrequenz jener Zeit scheint eine Bevölkerung von 3000 Evangelischen das Höchstmaß zu sein, das wir annehmen dürfen. Fraglich bleibt ja, ob nicht viele evangelisch Gesinnte sich katholisch beerdigen ließen.

Waren doch die Konfessionsschranken damals noch so viel beweglicher als jetzt.[2]) Dafür gibt vorliegende Sterbematrik sprechende

---

[1]) Bischof Chrön vermerkt dies sehr bitter um 1600. »Mitt. des hist. Vereines für Krain«, 1864, S. 3.

[2]) Belege hiefür auch bei Elze, S. 116 ff.

Belege. Die evangelischen Beerdigungen fanden damals in der Regel »zu St. Peter« statt, einer katholischen Pfarrkirche. Selten heißt es: »Bei St. Niklas in der Kirchen, im Kloster, auf dem Kloster freithof zu St. Jakob im Hofspital begraben«, sehr selten »in vnser Burgerspitalskirchen begraben«. Die »Leichpredigt« wurde ganz unbefangen in dieser katholischen Kirche durch die evangelischen Prädikanten »getan« und die Grablieder gesungen. Es wird daher folgendes Vorkommnis als außergewöhnlich empfunden, wenn Spindler am 16. Oktober 1582 schreibt: »Ist bey S. Peter in der Kürchen begraben worden Weikhardt, Franzen Hörners Kind, dem Ich Spindler in vnser Spitalkürchen die Leichpredig gethan. Aber als wir hernach dasselb hinab gen S. Peter gebracht, ist Mert Sittich Gesellpfaff vnder der Kürchen Thür gestanden vnd in der Kürchen nit wollen die christliche Grablieder singen lassen auch vermelt hinfüro zupredigen nit zuegestatten so dem Ich gebührlich mit Andtwort begegnet.«

Aus diesen Zeilen spricht noch nicht die Stimmung einer zu Boden getretenen, rechtlosen Sekte, sondern vielmehr die Stimmung einer im Bewußtsein ihres gutes Rechtes auf den Schutz der »Stände« gestützten Genossenschaft.

Aus den vernichteten Partien unserer Matrik hat Hitzinger folgende Ausbrüche eines konfessionellen Fanatismus, der uns fremdartig erscheint, wiedergegeben. Im Trauungsbuche schrieb Sup. Spindler: »Quem angelum Dei solitae sunt vocare nobiles feminae« nach Bischof Chröns grimmiger Notiz (»Mitt.« 1864, S. 2), also dieser »engelhafte« Prediger, er habe bei der Kopulation des Prädikanten Benedikt Pyroter 12. September 1587 über Hebr. 13, 4 gepredigt: »De conjugio sacerdotum, qui impudice et sodomitice antichristianum diabolicum coelibatum tenent ut pseudopetrini« und weiter folgende Stelle: »Am 1. Juni 1595 hab ich M. Georgius Clemens berufener Diener der Kirchen allhie mein allererste Predig aus 1. Sam. 15, wider Abgötterei vnd Götzendienst gehalten, auf welchen Tag die Papisten ihr Octavam, in der sie mit ihren ermeldten vnd eingeschlossenen Gottesleichnam herumgezogen, celebriert vnd gefeiert haben.« (»Mitt.« 1864, S. 53.)

Ähnlich heißt es in folgendem Matrikeneintrag: »Den 2. Juny (1580) an der papisten Gottslästertag ist fraw Barbara, ain geborne von Berneck Hrn. Michael Tschetschkers haußfraw im Closter begraben worden, deren ich Spindler in vnser Burger Spitalkürchen die Leuchpredig gethan. Als man die Leuch zum Closter gebracht, hatt der Arme Stollbrueder die Schueler vnd christliche Predicanten (damit die Leuch nit entheiligt würde) nit hinein gehen auch die Grab Lieder nit singen wollen laßen.« Oder der folgende aus dem gleichen Jahre:

»Den 26. Aprill abends vmb mitnacht ist gestorben Scolastica, die Alt Straussin Mezkherin, welche hernach den 28. die Gottlosen Pfaffen muetwilliger weiß durch anrichtung Ires Sons M. Alexius mit Iren Ceremonien (ob woll sy sich zw vnserer khirchen bekendt vnd biß ans end gehalten) beclaitet vnd begraben worden.«

Noch drastischer ist folgender Eintrag, der einen noch energischeren Widerstand der katholischen Domgeistlichkeit gegen protestantische Beerdigungen in der katholischen Domkirche verzeichnet, ein Widerstand, der aber von den Stadtbehörden kurzerhand niedergeschlagen wird:

»Den 3. Januarij 1580 hett man hieher Pracht Fraw Elisabeth Raschauerin von Görtz ein gebore von Rain, zuuor Georg Warls gewesten Buechhalters Einer landtschafft in Crain hausfraw, welche zuuor den 30. December zu Görtz verschiden. Aber da man Ir das grab In der S. Niclaß Khirchen hatt machen wöllen, da haben sich die verzweifelten Pfaffen vnnutz gemacht, die Khirchen gesperrt vnd das grab nit machen lassen, biß daß ein Ersamer Magistratt, Burgermeister, Richter vnd Rath dahin, In die Khirchen gangen, vnd da Sich die Pfaffen die Khirchen zu öffnen verwidert, haben Sij dieselb durch den Schlosser aufflassen thuen vnd das grab machen lassen, darüber die Pfaffen erzürnt vnd Baum außreissen wöllen. was darauß wirt, gibt die Zeit, der Teuffel wuettet In Pfaffen des sij sich, noch Gottes nicht fürchten. M. Georgius Dalmatinus hatt in der Spitalkhirchen die leichpredig getan.«

Von unserem Standpunkte aus war die Vornahme protestantischer Kultushandlungen im Dom ein Übergriff und der Widerstand dagegen ein berechtigter. Der Unwille, den man von protestantischer Seite darüber empfindet, beweist die sichere Stellung, die dem Protestantismus damals in Krain gegönnt war.[1]

---

[1] Dimitz berichtet (3, 80) über den Vorgang und seine üblen Folgen. Auf diesen Vorfall spielt auch ein scheinbar bisher noch nicht beachtetes eigenhändig gezeichnetes Mandat des Erzherzogs Carl vom 15. November 1581 (Original im krainischen Landesmuseum »Rudolfinum«) an.

Als im Jahre 1581 in die Kirche S. Peter dem protestantischen Leichenzuge der Eintritt verwehrt wurde, bequemte man sich übrigens zu einem weniger gewalttätigen Verfahren wie im Vorjahre, wie folgender Eintrag beweist: »Den 19. Marty am Palmsontag ist Walpurga, Christoff Trexlers weib bey S. Peter begraben, die Ich Spindler beclaitet vnd auf dem freythoff (weil der Pfaff in der Kürchen damals gepredigt) ain kurze vermanung gethan.«

Eine heute unbekannte Sitte, wohl eine Nachwirkung römischer Gebräuche, bei evangelischen Beerdigungen war die Aufstellung des Sarges während des Gemeindegottesdienstes. Mehrfach wird bemerkt: »Ist zur windischen (oder teutschen) Predig vnd darnach gehn S. Peter etc. getragen vnd begraben worden.«

Eine Reihe namhafter krainischer Adelsgeschlechter treten in unserer Sterbematrik auf. Mit besonderer Feierlichkeit unter Anführung aller Titel wird genannt der 1581 verstorbene »Obrist auff der Crobatischen Meer Gränzen« Weikhardt Freyherr zu Auersperg; im vorangehenden Jahre 1580 verstarben zwei andere Glieder desselben Geschlechtes und wurden evangelisch bestattet, ein Kindlein Hanß Bernhardt und ein Brautvater Hanß von Auersperg. Ferner finden wir eine »Frau Schnitzenpaumerin geborene Freyhin von Dietrichstain«, Joseph Haller zu der Alben, Hans von Gallenberg zu Landtspreiß, Maximilian von Lamberg und andere Vertreter des Adels.[1])

Bedeutsam für die Presbyteriologie erscheinen die Einträge über das Ableben evangelischer Prädikanten. An solchen finden sich folgende:

»Den 26. Octob. (1578) ist herr Georg Juritschitsch Feldpredicant zu S. Peter begraben worden, welcher im Anfang vnd hernach der Crainerischen Kürchen sambt seinen Mitgehilffen viel gedient, indem er die Päbstische Meß, Abgötterey vnd Irthumb gestrafft vnd den rechten weg zur ewigen Säligkeit vnd wären Gottesdienst gezaigt. dem Ich Christoff Spindler die Leichpredig gethan. Er ist gestorben an deren Leberfluß, welchen er auß dem Feld vnd Crabaten heimbracht. Gott geb Im ain frölich Aufferstehung vnd vnß allen ain säligs End.« — Dieser Juritschitsch ist unter dem Namen Cobila Juri (Stutenjörg) zu besonderer Berühmtheit gelangt.

[1]) Die diesbezüglichen Einträge sind abgedruckt in Schiviz, Adel in den Matriken Krains. Görz. 1905, S. 453.

»Den 21. february (1585) nach dem Newen Calender vnd dem 11. nach dem Alten Cal. ist an morgens bald nach zehen Uhr sanfft in Christo eingeschlaffen weilland der Ehrwürdig vnd Christlich Herr Hans Schweiger auß der Gottschee bürtig, einer E. Landschaft in Crain gewester Euangelischer windischer Prediger alhie zu Laybach, dem Herr Christoph Spindler den tag hernach die Leichpredig gethan auß 2 Reg : 4 vnd die Leich zu S. Peter am Kirchhoff bestätigt worden. 8 Uhr.«

Während hier Spindler mit dem neuen Kalender sich bereits abgefunden hat, lautet ein Eintrag des vorangehenden Jahres 1584 noch: »den 25 January nach dem Anti Cristischen Callender«.

Noch schärfer ist folgender Eintrag aus dem zerstörten Taufbuche, aus dem P. Hitzinger (»Mitt.« 1864, S. 52ff.) ebenso wie aus dem zerstörten Trauungsbuche Auszüge gegeben hat: »Anno 1584 den .8. Januarii nach des Antichrists geänderten verworrenen Kalender, den wir Prediger mit vorgehender ernstlicher Protestation wider den Pabst vnd Antichrist zu Rom, allein vnserer vorgesetzten Obrigkeit zu Gefallen als ein weltlich Robott angenommen haben, habe ich Felicianus Truber ein Kind in der Kirch getauft.«

Ein weiterer Prädikantentodesfall ist der folgende: »Den 29. decemb 1585 am Sontag intra Nativitatem Christi et Circumcisionis Dnj ist der fromme Alte bestendige vnd eiferige Prediger des hailigen Euangeliums am Karst vnd Ysterreich herr Mattheß Siutschitsch sälig, welcher zu Raunach gestorben vnd Ime dort kein Stättle zur begrebnuß vergünstigt hatte wellen werden, hieher auff Labach gebracht, dem Ich Spindler die leichpredig ex 2 Timoth. 4; Nunc immolar etc. gethan vnd hernach gen S. Peter getragen, vnd daselbst ehrlich begraben worden.«

Auch der Name des Gegenreformators und Leichenschänders Bischof Chrön kommt vor; stammte er doch aus einer evangelischen Familie:

»Den 5. December 1575 ist in S. Peterskürchen begraben herr Leonhart Kreen salig, dem Ich Spindler die Leichpredig gethan. Genes. 5 vom Enoch.«

Dimitz erwähnt diesen Leonhardt Kreen mit den Worten: »Thomas Chrön (Kreen), der Sohn des evangelischen Laibacher Rathsherrn Lienhard Kreen, welcher mehr als einmal die Bürgermeisterstelle bekleidet hatte.« Eine Kreengasse wird an anderer Stelle in unserer Matrik erwähnt; nach der Meinung des krainischen

Historikers P. v. Radics ist diese heute noch in Laibach bestehende Gasse nicht nach dem herrschgewaltigen Bischof, sondern nach dem einflußreichen Bürgermeister Leonhardt benannt.

Das »evangelische Laibach« ist zerstört worden durch die hauptsächliche Mitwirkung Bischof Chröns. Chrön hat seiner Kirche die größten Dienste geleistet, indem er durch Niederwerfung des Protestantismus in diesen Grenzmarken Italien vor dem Gifte der Ketzerei schützte; aber er hat Krain in geistige und politische Knechtschaft zurückgeworfen und es wirtschaftlich aufs tiefste geschädigt.[1]

---

[1] Dimitz, 3, 377 ff.

IV.

Aus der Vorgeschichte der neuen Truber-Gemeinde.[1]

Von Georg Loesche.

Die gegenwärtige evangelische, aus Lutherischen und Evangelischen gemischte, zur reformierten Wiener Superintendenz gehörige Pfarrgemeinde Laibach ist 1850 gegründet worden.

Viele Ansätze, Versuche, Schwierigkeiten und Verhandlungen gingen voraus. Siebzig Jahre früher hätte sie es, bei toleranzgesetzlicher Seelenzahl, viel leichter gehabt, aber es gab überhaupt in Krain kaum Akatholiken, so gründlich hatte die Gegenreformation aufgeräumt. Damals regierte dort ein Fürstbischof, welcher zu den entschiedensten Josephinern gehörte. Er steht darin in derselben Linie mit den Erzbischöfen von Salzburg und Brixen, den Bischöfen von Gurk und Königgrätz, während sein Nachbar, der Erzbischof von Görz, mit dem von Wien und von Olmütz im römischen Lager blieben.

Joh. Karl Graf Herberstein, der zwanzigste Bischof von Laibach, ein um das Schulwesen hochverdienter Mann, rechtschaffen und vorurteilsfrei, ein Feind der Jesuiten und der auf den Kanzeln gegen die Strafgesetze beliebten Wühlerei,[2] erließ einen den Wünschen des Toleranzkaisers erstaunlich entgegenkommenden Hirtenbrief, eine umfassende, prächtige Urkunde christlicher Weitherzigkeit und seelsorgerischer Weisheit, die ihn heute, nach mehr als 150 Jahren, in den heftigsten Kampf mit der Kurie stürzen würde.[3]

---

[1] Mit Benützung der Archive des k. k. Ministeriums für Kultus und Unterricht (KA.), des k. k. Oberkirchenrates (OKR.), der lutherischen Gemeinde in Pest. Vgl. die Abhandlung: Geschichte der evang. Gemeinde in Laibach. »Evang. Glaubensbote für Österreich«, 1856, S. 237—253.

[2] A. Dimitz, Geschichte Krains, 4 (1876), 209.

[3] Dimitz kennt sie nicht im Wortlaute; sie ist abgedruckt in Acta Hist. Eccles. Nostri Temporis IX ([66. Teil], 1783), 144—195, und bei P. Ph. Wolf, Geschichte der Veränderungen in dem religiösen, kirchlichen und wissenschaftlichen Zustande der österreichischen Staaten unter Joseph II., 1795, S. 334 ff.

Er will den Wahn zerstreuen, als würde durch die neuen Einrichtungen der Religion in ihren geheiligten Rechten zu nahe getreten; die weltlichen und geistlichen, d. h. die landesfürstlichen, bischöflichen und päpstlichen Rechte kurz aus ersten Quellen darstellen, insbesondere über Mönchswesen, Ehedispense, Toleranz einiges erinnern, auch die Gemüter vorbereiten, wenn einige Andachtsübungen unterlassen werden sollen, welche weder den Geist noch die Würde der katholischen Kirche angehen. Alles trifft nur die äußere Disziplin und schädliche Mißbräuche. Die wohlgemeinten Absichten der dem sanftmütigen Charakter des Erlösers gemäßen Toleranzpatente sind vielen nicht sattsam unterrichteten Christen ein Stein des Anstoßes. Und doch spricht alles für Toleranz: die Vernunft, das Beispiel unseres Heilandes, seine Lehren, der ganze Geist seiner Religion, die Würde und das Beispiel billiger Landesfürsten.

Diesen febronianischen Hirtenbrief nennt ein neuerer oberflächlicher klerikaler Vielschreiber, Prälat Sebastian Brunner,[1]) im ganzen genommen eine förmliche Kriegserklärung gegen die kirchlichen Institutionen und eine förmliche Verachtung des Primates, ein ebenso trauriges als schmachvolles Denkmal jener Zeit. Sofort erhoben sich Stimmen dagegen; eine wies peinlich darauf hin, daß derselbe Bischof auf Wunsch von Maria Theresia die ewige Anbetung des allerheiligsten Altarsakramentes eifrigst befördert hätte.[2]) Für die Kurie war eine Maßregelung des Bischofs um so bedenklicher, als Kaiser Joseph II. diesen gefügigen Kirchenfürsten vielmehr zum Erzbischof befördert wissen wollte; da starb er zur angenehmen Zeit. Er war noch für Bibelübersetzung und -Verbreitung tätig gewesen; er hatte allen Predigern seines Sprengels befohlen, anstatt der sonst hochgespannten und nicht selten überspannten Predigten dem Volke lieber in vertraulichem Tone die Bibel zu erklären. Diese glückliche Abänderung hat das Volk so sehr eingenommen, daß, um dessen Begierde zu stillen, die ganze Bibel durch zwei gelehrte Geistliche, den fürstbischöflichen Rat Jappel und den Normalschuldirektor Kumerday, in die krainische Sprache übersetzt werden mußte, eine Übertragung, die auch in anderen Sprengeln soviel Beifall fand, daß sogar der Bischof von Görz

---

[1]) Die theologische Dienerschaft am Hofe Joseph II., 1868, S. 343. G. Frank, Das Toleranzpatent, 1882, S. 141 f.

[2]) Brunner, l. c. S. 345.

an alle Seelsorger seiner Diözese den Befehl erteilte, diese Bibel nicht allein für sich selbst anzuschaffen, sondern solche auch von den Kanzeln vorzulesen und zu erklären.

Bischof Karl gab allen Laien ohne Unterschied des Standes und Geschlechtes die Erlaubnis, die Bibel zu lesen, kaufte selbst viele Exemplare (Neues Testament), um sie umsonst an die Dürftigsten zu verteilen.[1]) So wurde wieder einmal die Bibel im Wettbewerbe mit den Protestanten übersetzt und verbreitet, wie auch Maria Theresia in Böhmen tschechische Bibeln als notwendig anerkannte; vergessen wir nicht, daß schon Krains Gegenreformator und Bischof Karls Vorgänger in Laibach, Chrön, wenigstens das Lectionarium ins Slawische übersetzen ließ, wobei das mühevolle Werk der Ketzer Truber und Dalmatin sehr stark benützt ist, also ähnlich wie das Luthers durch Emser und Dietenberger.

Fast vierzig Jahre verstrichen nach dem Patente, ehe sich in Laibach Akatholiken regten.

Wie es öfter in der österreichischen Protestantengeschichte zu beobachten ist, daß die Armee schützend und fördernd eingreift, so geschah es auch hier. Im Sommer 1818 ließ der Oberst des in Laibach garnisonierenden Regimentes zur einmaligen Befriedigung der religiösen Bedürfnisse akatholischer Offiziere und Mannschaften den Pastor Ludw. Ernst Blume von St. Ruprecht bei Villach kommen. Der katholische Regimentskaplan stellte seine Wohnung zur Verfügung; auch einige Zivilisten nahmen an der Abendmahlsfeier teil, nur eine solche war zulässig. Zwei evangelische Offiziere begleiteten Blume bei seinen Ausgängen, um ihn vor Unannehmlichkeiten seitens der streng römischen Bevölkerung zu schützen. Im nächsten Jahre wiederholte Blume seinen Besuch. Dann trat eine Stockung ein, weil die Zahl der Akatholischen im Regimente sich vermindert hatte und die Kosten nicht gering gewesen waren. Weitere Versuche 1821 und 1825 schlugen fehl. Im nächsten Jahre rief man zu einer Beerdigung den reformierten Pfarrer Joh. Heinr. Wolf aus Triest, der nun im Saale des Deutschen Ritterordens nach mehr als 200 Jahren den ersten öffentlichen protestantischen Gottesdienst in Laibach hielt.

Seitdem waren die Laibacher auf eine regelmäßige Erbauung bedacht. Sie wandten sich am 5. April 1827 an das Landes-

---

[1]) Act. Hist. Eccl, l. c., IX (70. T., 1784), 846. RE. f. prot. Theologie und Kirche. 3. Aufl., 3 (1877), 160.

präsidium mit der Bitte, jährlich einmal ihren Gottesdienst feiern zu dürfen, wurden aber abgewiesen. Sie riefen am 13. August die Vermittlung des zuständigen reformierten Superintendenten Justus Hausknecht und des Konsistoriums an, die einen neuen abschlägigen Bescheid des Guberniums nicht verhindern konnten, »wegen der geringen, noch dazu verschiedenen Konfessionen angehörigen Zahl der Glaubensgenossen und der Unzulässigkeit der Vermischung des Gottesdienstes beider Teile«.

Auch die Berufung an die Hofkanzlei wurde abgewiesen [1] mit den gleichen Gründen und weil es durch die sich mehrenden Ausnahmen von den Toleranzgesetzen zu einer ambulierenden evangelischen Geistlichkeit komme, endlich Triest nicht weit entfernt sei.

Nun sank der Mut für eine Reihe von Jahren; der Mangel religiösen Zuspruches wurde besonders in der Choleraseuche 1836 schmerzlich empfunden.

Am 13. Dezember 1836 wagte man ein neues Gesuch an das Gubernium, zur Tröstung Schwächlicher und Kranker und zur Spendung des Abendmahles einen Geistlichen kommen lassen zu dürfen. Es wurde genehmigt (29. Dezember), jedoch mit dem ausdrücklichen Hinweise auf den Erlaß vom Jahre 1784, welcher die Abhaltung eines Gottesdienstes bei solcher Feier verbot. Nun blieb nur ein Gnadengesuch übrig (13. März 1837), jährlich zweimal einen Excurrendo-Gottesdienst abhalten lassen zu dürfen; einige Monate nach der Vertreibung der Zillerthaler wurde es von Kaiser Ferdinand abgewiesen.[2] Es verbesserte wohl nicht die Stimmung an den entscheidenden Stellen, daß ein Zillerthaler, der zum Protestantismus übertreten wollte, aber wegen unstäten Lebenswandels und ungünstigen Rufes keinen erfreulichen Zuwachs verhieß, das Gubernium um Aufnahme in den Untertanenverband ersuchte, der freilich genehmigt wurde.[3]

Im Sommer des nächsten Jahres unterfing sich Pfarrer Wolf aus Triest, mit der Abendmahlsspendung eine gemeinsame Andacht zu verbinden, was unbeachtet blieb. So wiederholte er die stillschweigend geduldete Ungesetzlichkeit Ende Juni 1842. Da der

[1] KA., 4. Dezember 1828, IV A 3, Z. 27951/2291. 19. Februar 1829, IV A 3, Z. 3255/302.
[2] Ebenda, 19. Mai 1837, IV A 3, Z. 12158/954.
[3] Ebenda, 6. November 1837, IV A 3, Z. 27229 2141.

Saal des Deutschen Ordenshauses verweigert wurde, hielt Wolf die Vorbereitung zum Abendmahl im militärischen Erziehungshause. Durch den Einfluß der Franziskaner mußte man für den Gottesdienst am nächsten Tage sich mit einem Privathause begnügen, wodurch der Besitzer desselben, Kaufmann Gustav Heimann, zum Vorkämpfer und dann zum Hauptgründer der neuen Gemeinde wurde.

Auch im August 1844 hielt Pastor J. W. Steinel zu St. Ruprecht bei Villach Abendmahl und Andacht in der Wohnung eines Kaffeesieders.

Da hieß es, der Kaiser komme durch Laibach. Man setzte alsbald (31. August) eine Bittschrift auf um einen jährlich zweimaligen Gottesdienst durch einen Geistlichen aus Triest oder Kärnten, die durch Graf Kolowrat in Triest überreicht wurde. Sie weist auch neben der religiösen auf die patriotische und loyale Wirkung eines Gottesdienstes hin und gedenkt der früheren vergeblichen Gesuche.[1]

Die Hofkanzlei forderte daraufhin das illyrische Gubernium und das Konsistorium zur Berichterstattung auf;[1] das Gubernium wendete sich an das Konsistorium, dieses an den Superintendenten Franz und den Senior Wagner in Zlan.[2] Wagner[3] versichert, daß die Pastoren zu St. Ruprecht, Bleiburg, Arriach, Feffernitz, Fresach und Zlan sehr wohl in Laibach aushelfen könnten und erinnert an die bitteren, bei Beerdigungen gemachten Erfahrungen der Laibacher. Franz[4] beziffert die Zahl derselben auf 99; dazu 30—40 Gesellen und eine unbestimmte Zahl von Militär und Bergwerksbeamten, endlich die aus der Umgebung. Auch er betont das Interesse der Staatsregierung an einem Gottesdienste, damit die Bevölkerung nicht wild dahinlebe. Weit und breit gäbe es kein evangelisches Bethaus. Auch in Olmütz, Iglau, Salzburg, Neunkirchen, St. Pölten, Wr.-Neustadt habe man nicht auf der toleranzgesetzlichen Zahl bestanden; in Salzburg gäbe es nur 42 Akatholiken, und in Brünn, Prag, Graz usw. würden beide Konfessionen gemeinsam versorgt. Ferner seien in Laibach die Kosten mehr als hinreichend gedeckt; eine Kränkung anderer Rechte sei ebenso

---

[1] KA., 28. Oktober 1844, IV A 3, Z. 33662/2212. OKR. 1844, Nr. 33663/2212.
[2] 6. November, OKR.
[3] 10. Dezember, OKR.
[4] 12. Dezember, OKR.

wenig zu fürchten als Proselytenmacherei. Für die Geistlichen aus der Umgegend sei der Verkehr sehr erleichtert. Obwohl noch keine Eisenbahnverbindung mit Triest bestünde, gingen täglich (die 20 Meilen oder acht Posten betragende Strecke) zweimal Postwagen. In Triest gäbe es drei Geistliche und an der evangelischen Hauptschule mehrere Kandidaten der Theologie, so daß eine Kraft leicht zu entbehren wäre.

Daraufhin befürwortete das Konsistorium das Gesuch der Laibacher bei dem illyrischen Gubernium[1]) wie bei der Hofkanzlei.[2]) Am 10. Februar 1845 erhielt das Gubernium von der Hofkanzlei den Bericht des Konsistoriums zur Äußerung;[3]) am 8. Mai erstattete sie dem Kaiser Vortrag[4]) in empfehlendem Sinne. Infolge allerhöchster Entschließung vom 21. Juni erging am 26. das bewilligende Hofdekret an das Gubernium und an das Konsistorium.[5])

Der Vortrag vor dem Kaiser macht geltend, daß in Laibach und Umgebung nunmehr sich 152 Akatholiken befänden; der ihnen früher zugesagte Saal im Deutschen Ordenshause sei ihnen zwar wieder entzogen worden, doch seien die Bittsteller genügend vermögend und verläßlich, um ein Lokal zu finden. Diese Petenten, tadellosen Rufes, berechtigten durch ihre Bildung und bürgerliche Stellung zu der Annahme, daß sie von religiösen Beweggründen geleitet würden. Die Aushilfe könne ohne Störung anderweitiger Seelsorge stattfinden. Die Konsistorien seien dafür. Schon früher hätten Gottesdienste stattgefunden, ohne bei den Katholiken Anstoß zu erregen.

Die Bewilligung, zweimal jährlich einen Excurrendo-Gottesdienst durch einen Geistlichen aus Triest oder Kärnten abhalten zu lassen, war an folgende Bedingungen geknüpft:

1. daß die Abhaltung dieses Privatgottesdienstes zur Osterzeit und dann noch einmal im Jahre in einem angemessenen, dem Gubernium anzuzeigenden Lokale mit Ausschluß jeder Öffentlichkeit und ohne alles Aufsehen stattfinde; 2. daß alle Katholiken

---

[1]) 14. Dezember, OKR.
[2]) 28. Jänner 1845, OKR.
[3]) KA., l. c., Z. 4231/322.
[4]) Ebenda, Z. 13300 912.
[5]) Ebenda, Z. 21486 1469.

ferngehalten würden, wofür der Pastor zu halten habe;[1] 3. daß nur solche Pastoren beigezogen würden, deren Klugheit und Charakter dafür bürgten, daß sie die den Akatholiken zugestandene Begünstigung bloß zu dem ihr zugrunde liegenden reinen Zwecke benützen würden; sie sind jedesmal dem Landespräsidenten zur Kenntnis zu bringen; 4. daß bei den Andachtsübungen ein Beamter des Magistrates oder der Polizeidirektion gegenwärtig sei, um mit Klugheit die Beobachtung der Vorschriften zu überwachen.

Den ersten öffentlichen Gottesdienst hielt Superintendent G. Franz am 12. Oktober 1845 im Redoutensaale der Stände. Mehrere Katholiken hatten daran teilgenommen und wurden von Franz nicht hinausgewiesen, da er natürlich die Laibacher nicht persönlich kannte.

Darauf hatte das Gubernium bei dem nächsten Gottesdienste, den Senior Friedr. Wagner, Pfarrer zu Zlan, am 26. April 1846 abhielt, die weitestgehenden, jene Bestimmungen stark überschreitenden, für die Akatholiken höchst peinlichen Vorkehrungen getroffen. Diese machten ihrem gerechten Ingrimm Luft in einer Eingabe an das Konsistorium, das zur Geduld mahnte; dann wandten sie sich an die Hofkanzlei und an den greisen Erzherzog Karl.[2] Die mir vorliegende Abschrift des Gesuches an die Hofkanzlei stammt aus dem Generalarchiv der lutherischen Gemeinde in Pest[3] und hat den Indorsatvermerk: »Im Auftrage des Herrn Heimann an S. Hochwürden Herrn Prediger Bauhofer, J. Wagner.«

Höchstwahrscheinlich sollte Bauhofer, der der evangelischen Palatinissa Maria Dorothea so nahe stehende Prediger in Buda,[4] die Vermittlung der Erzherzogin zu gewinnen versuchen. Die Laibacher nützten also trefflich die seltene Zufälligkeit von zwei evangelischen Erzherzoginnen aus; denn an Erzherzog Karl wandten sie sich als Gatten der auch evangelisch gebliebenen Herzogin Henriette von Nassau-Weilburg,[5] die allerdings schon längst[6] gestorben war.

[1] Vgl. das Hofdekret vom 21. Februar 1783. Kuzmany, Urkundenbuch zum österr.-evang. Kirchenrechte. 1856, S. 99.
[2] Gestorben 1847.
[3] Signat. II. c. 15. 2.
[4] Vgl. meine »Evangel. Fürstinnen im Hause Habsburg«, Jahrbuch 25 (1904), S. 41, 45, 52.
[5] Ebenda, S. 34.
[6] 1829.

Hochlöbliche k. k. vereinte Hofkanzlei in Wien.

Es ist den Protestanten in und um Laibach durch die Gnade Sr. Majestaet die allerhöchste Bewilligung zu Theil geworden, zweimal des Jahres einen Privatgottesdienst feiern zu dürfen. Unter den Bedingnissen, die dieser allerhöchsten Bewilligung zu Grunde liegen, ist, aus dem hiemit folgenden Act ersichtlich, erwähnt, daß:

»dieser Gottesdienst nur für die Akatholiken Augsb. und Helvet. Confess. mit gänzlichem Ausschlusse aller Catholiken abgehalten werde, wofür der zur Vornahme desselben berufene Pastor zu haften hat.«

Die Auslegung dieser Bedingung ist es nun hauptsächlich, was uns sehr nahe geht. Als uns Sr. Majestaet Allerhöchst desselben Gnade würdig fanden, um unsern allerunterthänigsten Bittgesuche zu willfahren, hatten allerhöchst dieselben gewiß nur väterliche Gesinnungen für uns, nach welchen wohl auch die obangeregte Clausel interpretirt werden muss.

Die in allen österreichischen Ländern vielfach gefühlte und auch im Auslande sprichwörtlich gewordene Gnade und Gerechtigkeitsliebe Sr. Majestaet war gewiss auch auf uns Protestanten in Krain ausgedehnt, und in der festen beruhigenden Zuversicht sahen wir im erwähnten Bedingnisse keine Neuerung, die nur auf uns Protestanten in Krain anwendbar war, sondern wir erblickten darin nur die Hinweisung auf bestehende Gesetze, nach welchen kein Catholik, ohne die vorgeschriebenen Bestimmungen zum Übertritte erfüllt zu haben, in die Kirchen-Gemeinschaft der Acatholiken aufgenommen und zu ihrer Abendmahlsfeier zugelassen werden darf. Als wir unsere Bittgesuche Sr. Majestaet um gnädigste Bewilligung des Gottesdienstes unterbreiteten, hatten an 190 — wenn nicht mehr — theils hier, theils um Laibach domicilirende Protestanten nur eine Absicht, sich nemlich nach protestantischen christlichen Religionsbegriffen geistig zur gemeinschaftlichen Anbethung und Verehrung Gottes vereinen zu dürfen. Nicht hatten wir die Absicht von uns reden zu machen, nicht bezweckten wir nur im mindesten Proselytenmacherei; wir fühlten nur das Bedürfniss, Gotteswort von unseren Geistlichen zu hören, und uns in der Ausübung unserer Pflichten zu stärken, auf diese Weise als moralische, rechtliche Menschen zu leben und uns somit der Gnade

Sr. Majestaet würdiger zu machen. Nur diese Gründe geben Veranlassung, dass einige menschenfreundliche Confessions-Mitglieder diesen wichtigen Gegenstand anregten und im Bewusstsein ihrer heiligen Sache schon im Voraus überzeugt waren, daß Sr. Majestaet alle Ihre Unterthanen auf gleiche Weise umfassende Liebe und Gerechtigkeit unserer Bitte gnädigst willfahren werden. Denn wo Gottesfurcht herrscht, kann der Mensch nur veredelt und von jeder Verletzung seiner Pflichten, ins besondere derjenigen, die er als Unterthaner gegen das geheiligte Oberhaupt des Staates hat, abgehalten werden.

Wir hatten in Folge herabgelangter Erlaubniss vorigen Jahres im Monathe October unsern ersten Gottesdienst durch unsern Superintendenten H. Franz in Wien gefeiert. Dabei waren auch mehrere Catholiken ohne unser mindestes Zuthun, was wir auch beschwören können, erschienen. Se. Excellenz der Herr Baron von Weingarten, unser Landesgouwerneur, machte uns schon damals den Vorwurf, dass wir nicht nach dem Gesetze gehandelt und dass für die Folge gesorgt werde, dass keine Catholiken dabei erscheinen. Es ist den hiesigen Behörden gewiss recht gut bekannt, dass wir Protestanten, welcher Classe auch angehörend, unter allen Verhältnissen uns stets bestrebten, genau den allerhöchsten Vorschriften und anderweitigen Anordnungen gemäß als treue Unterthanen zu leben; wir erwarteten daher keineswegs irgend eine Rüge. Denn angenommen, dass wirklich nach dem Sinne Sr. Excellenz das angeführte Bedingniss buchstäblich zu nehmen wäre, so sind doch wir ganz schuldlos daran, da keiner der Protestanten in irgend einer Art die Catholiken aufforderte oder gar animirte, dabei zu erscheinen, aber eben so wenig dem gebildeten Theile den Zutritt verwehrte, weil es uns nicht zukömt, Jemanden abzuweisen, ob wir gleich zur Hintanhaltung des weniger gebildeten Theiles eine Wache, die wir bezahlten, aufstellen liessen. Dass die Interpretation der angeführten Clausel eine unrichtige und in keiner Art dem väterlichen Willen Sr. Majestaet gemäss ist, beweiset wohl der Umstand, dass der zur Vornahme des Gottesdienstes berufene Pastor verantwortlich gemacht wird, der je nach der Confession nur jährlich einmal hieher kommt, im Übrigen aber, wie es wenigstens bisher der Fall war, auch nicht einen der protestantischen Confessions-Mitglieder persönlich kennt, viel weniger alle dazu Gehörigen kennen kann.

Selbst wir hier domizilirenden kennen uns nicht, umsoweniger, als die vielen stets hier existirenden Handwerksgesellen, Marqueurs und sonstigen Gewerbsleute immer zu und abgehen, selbst fremde Protestanten oft erscheinen, was vornehmlich durch die immer näher rückende Eisenbahn ohne Zweifel noch mehr geschehen wird. Im angegebenen und offenbar allein richtigen Sinne des Gesetzes kann der Pastor für Ausschließung der Catholiken vom protestantischen Gottesdienste verantwortlich gemacht werden, indem die Aufnahme neuer Glieder in die protestantische Religions-Gemeinschaft und mithin auch die Zulassung zu der Feier des heiligen Abendmahls nach dem Gebrauche der evang. Kirche dem Pastor zusteht. Aber für eine Auffassung der a. h. Entschliessung, nach welcher ohne Unterschied alle Catholiken vom protestantischen Gottesdienste weggewiesen werden sollten, kann der Pastor aus den soeben angegebenen Gründen wohl nicht verantwortlich gemacht werden. Die Auslegung der angeregten Bedingung war Ursache, dass die Behörden bei dem am 26. April wieder abgehaltenen Gottesdienste einen eigenen Weg zur Abwehrung der Catholiken einschlugen, welcher für diese gewiss nicht schmeichelhaft, für uns Protestanten aber höchst kränkend war. Wir wurden, Militaer und Civil, gleichsam wie Verbrecher behandelt. Denn nicht genug, dass am Platze, wo das zum angeregten Gottesdienste liegende Locale mehr als gewöhnlich ostensible Polizeisoldaten, auch Polizeidiener aufgestellt waren, war auch am Eingange Einer postiert, der brevi manu die Catholiken abwies. Angelangt im ersten Stocke stand bei der zum Saale führenden Thüre ein zweiter, der inquisitorisch jeden um das Religions-Bekenntniss anging, und wer sich Catholisch zu sein erklärte, wurde abgewiesen und wer endlich diese zwei Linien passierte, konnte zum dritten Mahle von dem zur Überwachung des Gottesdienstes bestellten Polizeicomissaer angehalten werden. Was dem ganzen die Krone aufsetzte, war, dass mit Anfange des Gottesdienstes sogar die Thüre verschlossen wurde, so zwar, dass wir umringt von Wachen unter strenger Haft gleichsam wie Sträflinge behandelt wurden. Die mit Ausführung dieses Auftrages Beorderten hielten sich natürlich treulich am todten Buchstaben, und damit auch nicht ein Catholik möglicher Weise erschiene, wurde sogar derjenige Theil der gemischten Familien, welcher catholisch ist, entfernt.

So ereignete es sich, dass Kinder von ihrer Mutter, Männer von ihren Frauen oder Frauen von ihren Männern getrennt wurden. Es gab auch Veranlassung zu Ausflüchten. Nicht zu läugnen ist es, dass diese Weise eine sehr peinliche Gemütsstimmung hervorbrachte. Denn, wenn wirklich selbst nach dem todten Buchstaben die oft angeregte Clausel zu behandeln wäre, ist es auch möglich, dass ohne den allerhöchsten Willen gänzlich zu missdeuten, solche grelle Vorkehrungen getroffen werden dürfen?

Sollen die Kinder dasjenige verdammen, was ihre Mütter oder Väter thun? Sollen Frauen die Handlungsweise ihrer Männer als schlecht betrachten? Oder sollen im ungekehrten Falle die Gewissen so beunruhigt werden, dass jeder häusliche Friede schwinden muss? Wo ist die Liebe zu finden, welche die christliche Religion so besonders hervorhebt? Haben wir Männer nicht Mittel und Zeit genug, unsere Frauen zum Übertritte zu bereden, wenn wir die Absicht hätten, Proselyten zu machen? Diese Weise kann somit unmöglich dem allerhöchsten Willen gemäss sein. Und warum sind wir denn von den hiesigen Behörden so schmählich behandelt? Ist unsere Religionsweise schlecht? Ist unser Verfahren dabei ungesetzlich? Im erstern Falle ist es mehr als gewiss, dass unserem Bittgesuche nicht willfahrt wäre worden, und was den zweiten Fall betrifft, so muß uns allen daran liegen, die Gnade Sr. Majestaet nicht zu verscherzen. Aber auch der catholischen Religion ist mit diesem Verfahren nicht gedient, indem gerade durch die sonderbare Handlungsweise der Behörden das Gegentheil erzielt wird. Denn mehrseitige Stimmen in den gemischten Ehen sind laut geworden, dass Frauen übertreten werden, um für die Folge nicht abgewiesen zu werden. Der grössere Theil der hier und am Lande domicilirenden Protestanten waren schon seit vielen Jahren nicht in der Lage, einer protestantischen Religionsfeier beizuwohnen, und trotzdem ist fast kein Beispiel eines Übertrittes vorgekommen. Weiters sind wir Protestanten fester von der biedern Denkungsweise der Katholiken überzeigt, als es die Behörden sein mögen, dass unsere Religionsweise den gutgelegten catholischen Grund eben so wenig erschüttern wird, als wie bemerkt wurde, der unsrige erschüttert wurde. Die hiesigen Behörden legten uns daher eine Wichtigkeit bei, nach der wir in keiner Beziehung zielten, und die zwar für uns aber nicht im gleichen Maasse für die catholische Kirche schmeichelhaft ist.

Die Abhaltung des Gottesdienstes soll ferner nach der allerhöchsten Anordnung mit Beseitigung alles Aufsehens gefeiert werden. Auch in dieser Bedingung ersehen wir kein neues Gesetz, dass nur auf uns anwendbar wäre. Das Glockengeläute, ein Aufsehen erregender Gegenstand, hat grössten Theils auch für andere Gemeinden zu unterbleiben. Es ist aber aller Welt zur Genüge bekannt, dass die Absingung der Lieder mit Begleitung der Orgel bei den gottesdienstlichen Versammlungen stets stattfindet, und dass dieses zum Rituale der protestantischen Kirche gehört. Nachdem der grössere Theil der hiesigen Protestanten dem üblichen Kirchengesange entfremdet war, glaubten einige Mitglieder vorher kleine Gesangproben abhalten zu müssen und dadurch die Feier des Gottesdienstes heben zu können. Auch diese unschuldige Sache erregte Verdacht, da man fürchtete, dass wir dadurch einen permanenten Gottesdienst uns aneignen wollten, als wenn der protestantische Gottesdienst bloß im Probiren der Lieder ohne Leitung und Ansprache des Geistlichen bestände. Man gab auch vor, daß man jedes Aufsehen vermeiden wolle. Was machte denn grösseres Aufsehen, als gerade die Anordnungen der hiesigen Behörden? Der erste Gottesdienst, wobei auch Catholiken erschienen, war so still und feierlich begangen worden, was Se. Exzellenz selbst anerkannten, dass nur die dabei Gewesenen sich von der Würde unserer Religionsweise überzeugten, die übrige Bevölkerung aber im allgemeinen theilnahmlos blieb, und es unterliegt keinem Zweifel, dass der zweite Gottesdienst noch weniger besprochen wäre worden, wenn nicht die sonderbaren Vorkehrungen allseitig fühlbar bekannt worden wären, und, verletzend für beide Theile, Stoff genug gegeben hätten zu unliebsamen Äusserungen. Wir haben somit der hochlöblichen k. k. vereinten Hofkanzlei in ungeschmückter, aber auf reine Wahrheit ohne geringste Übertreibung sich gründender Weise, eine Darstellung unserer religiösen Verhältnisse gegeben, woraus die Ursache unserer Handlungsweise deutlich zu entnehmen ist. Wir deuteten die Auslegung der betreffenden Clausel nur nach den angebornen christlich liebenden Gefühlen unseres erhabenen Gesetzgebers, folglich können wir ohnmöglich uns geirrt haben.

Damit nun für die Folge uns keine ähnliche schmähliche Behandlung widerfahre, damit für die Folge der religiöse Hauptgrundsatz, die Nächstenliebe, nicht ein leeres Wort nur bleibe, damit wir nicht in den Augen Sr. Majestaet als unfolgsam, der allerhöchsten Gnade unwürdige Unterthanen geschildert werden, stellen wir Unterzeichnete treue österreichische Unterthanen im Nahmen aller dabei betheiligten Protestanten in und um Laibach die unterthänigste Bitte, hochlöbliche k. k. vereinigte Hofkanzlei wolle gütigst Nöthiges zur Verhütung neuer kränkender Behandlung gehörigen Ortes veranlassen, und in dem wir uns der Beruhigung hingeben, dass unsern dringenden Bitten Gerechtigkeit verliehen wird, hat anderseits das hiesige k. k. Militaer in gleicher Absicht auf geeignetem Wege das Gesuch um Abhülfe solcher erwähnter Unzukömmlichkeiten gestellt.

Laibach [1846].

Die Hofkanzlei mahnte nicht wie das Konsistorium die Gemeinde zur Geduld, sondern verfügte an das illyrische Gubernium, daß der Anlaß zu jenen Beschwerden abzustellen sei.[1]

Unterm gleichen Datum teilte die Hofkanzlei dem Erzherzog Karl, der ihr jene Eingabe an ihn zugestellt, diese Erledigung an das Gubernium mit.[2] Dieses verteidigte sich wegen seiner auffallenden Maßregeln damit, daß die Wahl der evangelischen Gottesdienststunde während des katholischen Kultus und die Lage des Redoutensaales neben der vom Landvolke am meisten besuchten St. Jakobskirche jene Vorkehrungen nötig gemacht habe. Ferner habe der Pastor abgelehnt, die Katholiken zurückzuweisen, da er sie nicht kenne. Die Akatholiken hätten sich durch einen Offizier aus ihrer Mitte eine Militärwache verschafft, die aber von der Lokalbehörde sofort abgelehnt wurde. Darauf verfügte die Hofstelle an das Gubernium, daß aufsehenerregende und verletzende Beschränkungen des akatholischen Gottesdienstes zu vermeiden seien. Gegebenenfalls sei auf einen anderen Raum zu dringen. Zu unterlassen sei auch das Anlegen eines Verzeichnisses der Akatholiken, um ihre Überwachung durchführen zu können.[3] Wie so oft bei uns, erwies sich auch in diesem Falle die höhere Behörde gerechter, milder, menschlicher als die untere.[4] Hatten hier die Laibacher einen Er-

---

[1] KA., 11. Juli 1846, IV A 3, Z. 22497/1631.
[2] Ebenda, Z. 23226/1675.
[3] Ebenda, 20. August 1846, IV A 3, Z. 27138/1940.
[4] Daß jenes drakonische Gebot der Abweisung Katholischer vom Gottesdienste den Regierten wie den Regierenden in verschiedenen Kronländern Not machte, ist uns mehrfach bezeugt. Im Jahre 1789 z. B. erklärte

folg zu verzeichnen, so zogen sie in einem anderen Punkte den Kürzeren.

Schon im Herbste des Jahres zuvor hatten sie zur Besorgung der kirchlichen Angelegenheiten einen Vorstand von fünf Personen gewählt. Das wurde als ein Übergriff sehr übel vermerkt. Die Hofkanzlei beschied das Gubernium und das Konsistorium dahin, daß die Laibacher nur das Recht 'zu einem Excurrendo-Gottesdienste besäßen, aber keine Gemeinde bildeten und deshalb kein Recht hätten, sich einen Vorstand zu wählen, weshalb die Wahl zu annullieren sei.[1]) Das Konsistorium erwog eine Verteidigung gegen den von der Hofkanzlei dabei erhaltenen Tadel, insofern nur um der Ordnung willen ein Ausschuß ernannt sei, den man vielleicht nicht hätte Vorstand nennen sollen, scheint aber darauf verzichtet zu haben.[2]) Einer Visitation durch den Superintendenten zusammen mit Triest und Venedig wurden die Laibacher doch würdig erachtet.[3]) Das Gubernium beherzigte wohl nicht ungern den Wink in jenem August-Dekrete der Hofkanzlei und veranlaßte die Stände, den Akatholiken den Redoutensaal zu entziehen, so daß der Gottesdienst im Herbste 1846 in einem Privathause statt-

---

ein Prager Pastor, daß er die Leute nicht alle kennen könne; darauf wurde dem Kaiser ein sehr verständiger Vortrag erstattet über die Schwierigkeit, jene Bestimmung durchzuführen, und an den Obersten Burggrafen von Böhmen wurde verfügt, daß entgegen jenem früheren Verbote vom 21. Februar 1783 (s. o. S. 76, 1) bezüglich des Besuches protestantischer Bethäuser durch Katholiken weder etwas verboten noch erlaubt werden soll. (KA., 24. September 1789, 140 ex Z. 2165, IV A 3.) Im Jahre 1808 wird auf eine bittere Klage des Fürstbischofs von Gurk über die toleranzwidrige Proselytenmacherei der Akatholiken, deren Begründung an der Hofstelle zum Teil als unbewiesen zurückgewiesen wird, jenes Dekret doch wieder eingeschärft. (Ebenda, 21. Januar 1808, 206 ex Z. 776/67, IV A 3.) Zwei Jahrzehnte später wird an das steierische Gubernium dekretiert: »Die Verhinderung des Besuches des akatholischen Bethauses seitens der Katholiken ist nur der kirchlichen Beeinflussung des katholischen Seelsorgers zu überlassen, außer wenn die Frequentierung des akatholischen Bethauses den Charakter der Proselytenmacherei annimmt.« (Ebenda, 4. Februar 1828, Z. 3146/405, IV A 3.) Wieder ein Jahrzehnt später unter Ferdinand lautet es verschärft: »Wenn ein akatholischer Pastor überwiesen werden kann, Individuen zur Kommunion zuzulassen, die nicht zu seiner Seelsorge gehören, so hat man sich nach den bestehenden Vorschriften zu richten.« (Ebenda, 24. Mai 1839, Z. 13657, IV A 3.)

[1]) KA., 12. Mai 1846, IV A 3, Z. 15861/1157.
[2]) 12. Mai 1846, OKR.
[3]) KA., 6. Juli 1846, IV A 3, Z. 21322/1551.

fand, jedoch die zwei des nächsten Jahres schon in einem zum Betsaale hergerichteten Raume des ehemaligen Jesuitengebäudes.

Nun ging es mit entschlossenen Schritten auf eine Gemeindebildung los, obwohl es an kleinlichen Behinderungen nicht fehlte. So konnte z. B. die Verkaufsanzeige der in Laibach gehaltenen Predigten nur auf dem Umwege der offiziellen »Wiener Zeitung« in der Laibacher bewirkt werden.

Wie ängstlich man hohen Orts überhaupt war, zeigt ein Zwischenfall in diesem Jahre, in dem es sich um eine auswärtige Gouvernante handelte. Das Gubernium berichtete nach Wien, daß ein Laibacher Akatholik, der auch Beiträge von dem Vereine in Zürich für akatholischen Kultus erbeten habe, aus der Schweiz eine akatholische Erzieherin für seine katholischen Töchter erwarte. Infolgedessen wurde die Haus-, Hof- und Staatskanzlei auf die Vorsichtsmaßregeln, die laut a. h. Entscheidung vom 24. Juli 1820 in Absicht auf nichtösterreichische Erzieherinnen zu treffen seien, verwiesen. Diese beauftragte den Gesandten in der Schweiz, der Gouvernante das Paßvisum zu verweigern; gegebenenfalls sei sie polizeilich zu behandeln. In der ad acta verwiesenen Mitteilung der betreffenden Kanzlei hierüber steht der Vermerk, daß sie weiter gegangen sei, als von ihr verlangt wurde.[1]

Es waren besonders die Pfarrer in Triest Gustav Steinacker A. C. und Pfarrer E. Buschbeck H. C., die den Laibachern unter die Arme griffen und dem rührigen Kaufmann Heimann bei seiner Sammlung eines Kirchenfondes behilflich waren. Zu den Spendern gehörte die Erzherzogin Maria Dorothea, König Friedrich Wilhelm IV. von Preußen, König Friedrich August von Sachsen, Baron Rothschild in Wien und der Gustav-Adolf-Verein. Zu der Annahme der Gaben von diesem in Österreich ja noch nicht zugelassenen Vereine mußte erst die Bewilligung von der Hofstelle einlangen. Dabei wurde den Interessenten bedeutet, daß hiedurch nicht die Genehmigung zur Herstellung eines Bethauses in Aussicht gestellt werde.[2]

Dies konnte nach dem Zusammenbruche von 1848 doch nicht mehr aufgehalten werden. Am 8. Oktober 1850 wurde vom Kultusminister das Gemeindestatut genehmigt, im nächsten Jahre die Kirche gebaut.

[1] KA., 20. August 1846, Z. 27138/1840; 25. September, Z. 31124/2223, IV A 3.

[2] Ebenda, 10. Juni 1847, Z. 18849/1480 und Z. 10314, IV A 3.

Der erste Pfarrer wurde Theodor Elze aus Anhalt-Dessau, der sich so unvergängliche Verdienste um Truber erwerben sollte. Seit etwa 250 Jahren gab es nun wieder in Krain eine evangelische Pfarrgemeinde, mit Agende und Gesangbuch Württembergs. Sie erstreckte sich nach Süden bis Adelsberg, gegen Westen bis zur Landesgrenze, gegen Norden bis zu den Höhen der nach Kärnten führenden Bergpässe des Loibl und der Wurzen, gegen Osten ohne bestimmte Linie, mehr als 250 Meilen umfassend. Im Konkordatsjahre wurde die Bildung einer Filialgemeinde in Cilli genehmigt; hier konnte die ehemalige St. Andreaskapelle wieder eingerichtet werden, in der Primus Truber vor mehr als 300 Jahren gepredigt hatte.

V.

Die Gegenreformation in Görz-Gradiska.

Mit Benützung archivalischer Quellen.[1]

Von **W. A. Schmidt.**

Das kleine Ländchen Görz-Gradiska hat mehr, als man bisher wußte, seinen mächtigen Anteil an der reformatorischen Bewegung des 16. Jahrhunderts, ja es ist das erste Österreichs, in dem die rohe Gewalt der Gegenreformation ihre zerstörende Arbeit begann. Im allgemeinen gilt, wie überhaupt vom Süden, daß es zu Gemeindebildungen nicht gekommen zu sein schien. Das Evangelium kam in unser Land, das damals ein Durchzugsland war, hauptsächlich von Krain auf der Heerstraße über Wippach, zum geringen Teile auch auf dem umgekehrten Wege aus dem Venezianischen, offenbar vertragen durch Handelsleute. Sehr früh schon muß die Bewegung hier eingesetzt haben. Im Schriftenkataloge des Archivs des Ministeriums des Innern in Wien findet sich die Notiz, daß im Jahre 1526 ein Prediger Schwabe nach Aquileja geschickt wird, um die »Wiedertäufer und Lutherischen zu behandeln«. Der Akt selbst ist im Archiv leider nicht mehr vorhanden, aber man ersieht doch hieraus, daß neun Jahre nach Luthers Auftreten schon am Hofe des Patriarchen selbst das Evangelium seine Bekenner hatte.

Wiewohl weit im Süden gelegen, war also die Grafschaft doch eines der ersten Kronländer, welches seine evangelischen Anhänger hatte. Ebenso aber auch seine evangelischen Blutzeugen!

---

[1] Im Joanneum zu Graz. — Vgl.: »Die Erbauung und Einweihung der evangelischen Kirche in Görz«, 1865; Morelli, »Istoria della conteá di Gorizia«, 1855–1866; v. Czörnig, »Das Land Görz und Gradiska mit Einschluß von Aquileja«, 1873; Kostrenčič, »Urkundliche Beiträge zur protestantischen Literatur der Südslaven«, Wien 1874, nebst den Urkundenbänden in den Fontes; Th. Elze, »Primus Trubers Briefe«, 1897; Loserth, »Reformation und Gegenreformation in Innerösterreich«, 1898; »Jahrbuch der Gesellschaft für die Geschichte des Protestantismus in Österreich«.

In mehreren, zum großen Teile in Venedig aufbewahrten Inquisitionsakten sind uns die Namen von verschiedenen in Friaul wohnhaft gewesenen Evangelischen und Wiedertäufern erhalten, die man ersäufte, verbrannte oder auch auf andere Art hinrichtete, nachdem sie in Venedig vom Inquisitionsgerichtshofe abgeurteilt worden waren. Die im Santo Ufficio zu Venedig einst hinterlegten Akten nennen uns vornehme, aber auch bäuerliche Namen, ein Beweis, daß in alle Schichten die neue Botschaft eingedrungen war. So wird 1556 ein Tarsia Andrea aus Monfalcone wegen Verbergen verbotener Bücher prozessiert; 1572 keine geringere als die Schwiegermutter des Grafen Porcia, ein Name, der in der Klerisei viel vertreten war, Giustina, wegen ihres lutherischen Bekenntnisses verurteilt; 1582 ebenso ein Bernardino Rother aus Aquileja; 1589 eine gewisse Caterina Varizzo, weil sie die Fasten und andere Speisegebote verachtete.[1]) Immerhin hat es auch einen Gemeindeansatz gegeben, indem zu Farra schon sehr früh ein Vikar in evangelischem Sinne predigte und viele nach sich zog. Dort war ein Kloster, dessen Akten nach seiner Auflösung, laut Mitteilungen des katholischen Pfarramtes Farra, merkwürdigerweise nach Petersburg kamen. Dieser Vikar ist wahrscheinlich ein Mönch des dortigen Ordens gewesen. Dies läßt darauf schließen, daß auch im dortigen Orden das Beispiel des Ordens-Mannes Luther, wie an anderen Orten, befreiend wirkte, die Mönche austraten und evangelisch wurden; allerdings wurden sie aus der Gegend vertrieben, an der Spitze unser Vikar (zirka 1528).

Aus dem Wippachtale wissen wir z. B. von Heiligenkreuz, daß der dortige Pfleger des Grafen Attems in evangelischem Sinne arbeitete.[2]) Von Rubbia hören wir später etwas, ebenso auch noch von Heiligenkreuz. Auch in Kanale, Tolmein und Flitsch, welches auf der damaligen Heerstraße von Kärnten über Kronau, Trentatal nach Italien lag und also offenbar das Evangelium von evangelischen Handelsleuten empfing, gab es evangelische Bekenner. In Tolmein saß, in dem heute als Ruine vorhandenen Schlosse, ein krainisch-lutherischer Prediger Kuplenik[3]) mehrere Wochen in

---

[1]) Jahrbuch der Geschichte des Protestantismus 1894, S. 66—70.
[2]) Neuerer Zeit vom slowenischen Epiker Aškerc in seinen »Močeniki« verherrlicht.
[3]) Wo an 80 mit Ketten verbundene Wiedertäufer nachts aus dem Gefängnisse entsprangen.

Ketten gefangen, aber er entkam nach Cividale, über welche Stadt er nach Venedig zur Aburteilung hätte geführt werden sollen. Er wurde nie mehr gefunden. Dieses Entkommen in Ketten weist, wie bei den Triester Gefesselten,[1]) auf Freunde, wenigstens heimliche Protestanten.

In Görz und nächster Umgebung war, wenn auch nicht im Sinne einer geschlossenen Gemeinde, so doch durch viele Jahre reges evangelisches Leben, dessen Beschreibung im besondern diese Zeilen dienen sollen, vorhanden; ja auch evangelische Prediger gab es und es war nur die ganz besonders früh einsetzende Gegenreformation die Ursache, daß dieser hoffnungsfrohe Anfang einer überaus warmherzigen Gemeinde vernichtet wurde. In Görz wird die neue Sache vom Adel besonders vertreten. Der Hauptvertreter war Freiherr v. Egg, »Egg und zu Hungersbach«, heute Vogersko. Er hatte außerhalb der eigentlichen Stadt Görz, welche damals nur das Kastell und die abwärts am Hügel gelegenen und mit einer Ringmauer allesamt eingeschlossenen Häuser umfaßte, das einzige außerhalb der Mauer gelegene Haus; es steht noch heute, und zwar ist es das Eckhaus Via Rastello und Piazza Duomo und an seinen drei Bögen trägt es noch heute das Wappen der von Egg. In diesem Hause spielte sich ein bedeutsames Stück der evangelischen Bewegung von Görz ab, deren Träger und Förderer Egg war; zu ihm hielt aber auch ein großer Teil des Adels. Egg im Vereine mit G. v. Thurn ließ den Reformator von Krain, Primus Truber, nach Görz kommen;[2]) den Vorwand dazu bot ihm die bevorstehende Taufe seines Söhnchens. In diesem Hause taufte Truber dies Kind auf den Namen Hannibal, was den Klerus ganz wild machte.[3]) Nun blieb er aber da und predigte in diesem Hause deutsch, windisch und italienisch, und zwar nach 1, 2. Joh. Brief und Aeta X[4]) und teilte ebenso das heilige Abendmahl aus, was mehrere Wochen dauerte[5]). Das beweist, daß es immer Zuhörer gab. In unseren Akten wird unter anderem erwähnt, daß ein evangelischer Prediger im Hause eines Adeligen hier »zum Fenster hinaus« gepredigt habe. Die Katholiken beschweren sich nun

[1]) Beilage E, Zeile 44.
[2]) Elze, Trub. Briefe, S. 366.
[3]) Kostrenčič, S. 219.
[4]) Kostrenčič, S. 202.
[5]) Elze, Trub. Briefe, S. 372.

darüber, daß die evangelischen Predigten die Herzen warben. Ob dieser Prediger Truber und der Adelige Egg oder nicht vielleicht der leitende Kopf der Evangelischen, Attems, war und das Haus jenes Eckhaus am Domplatze war oder vielleicht ein anderer Prediger, der hier gehalten ward, konnte bis jetzt noch nicht festgestellt werden. In ihrer Antwort verwahren sich die angeklagten Adeligen gegen den Vorwurf einer evangelischen Propaganda. Man ersieht daraus, daß doch auch in Görz starke Ansätze zur Gemeindebildung vorhanden und weite Kreise für das Evangelium interessiert waren.

Nicht lange aber konnte Truber bleiben. Die Feinde rasteten nicht, sie verklagten den Truber in Wien, und es kam ein Ausweisungsbefehl, um den sich zunächst niemand kümmerte; dann kam ein zweiter, und nun flüchtete Truber, aber er schlug sein Lager nicht weit von Görz auf, im Schlosse zu Rubbia, wo er frisch weiterpredigte. Noch heute steht ein Stück der Kapelle mit einem gothischen halben Fensterbogen, wo Truber evangelisch wirkte. Nach einigen Wochen wurde er aber auch von da vertrieben und nannte sich seither »Exprediger von Rubbia«. In wessen Diensten er dort stand, ist nicht bekannt; Egg war es wahrscheinlich nicht. Truber aber war nicht der Mann, seine Sache ohne weiteres verloren zu geben. Seine glühende Liebe zum Evangelium veranlaßte ihn, auf seinem erzwungenen Rückwege nach Laibach auch weitere Stationen zu machen. Das slawische Landvolk strömte herbei, um den Herold, den Wiedererneuerer des Evangeliums unter ihm, den Schöpfer der slawischen Schriftsprache, zu grüßen; da gab es viel Gelegenheit, zu predigen. In einem Briefe sagt Truber, er sei von Rubbia »auf einem Eselein über Land geritten«[1]). Wiederholt aber stieg er von seinem Eselein hinab und machte den Straßenprediger. In welchen Orten dies geschah, wissen wir nicht genau; von Heiligenkreuz steht es fest; da ist ein natürlicher Mittelpunkt des ganzen Wippachtales; zu den geographischen Empfehlungen kamen noch die religiösen. Wir wissen, daß der evangelische Pfleger des Grafen Attems hier schon gut vorgearbeitet hatte und der zweite Superintendent von Krain, Sebastian Crell, sollte hier sogar eine »Kirchen anrichten«.[2]) So predigte denn Truber da, und zwar auf dem Platze vor dem

[1]) Kostrenčič, S. 219.
[2]) Elze, Trub. Briefe, S. 373.

heutigen Kapuzinerkloster, und teilte auch das Abendmahl aus, wovon die Tradition in Heiligenkreuz noch heute lebendig ist. Es müssen Tausende zusammengekommen sein; unter anderem wissen wir dies genau von den nahezu ganz evangelischen Bewohnern von Wippach und Sturia in Krain.[1]) Truber freute sich, die damals so treu evangelischen Wippacher zu begrüßen, und umgekehrt war es für sie ein Festtag, ihren Reformator zu sehen. Truber sagt, sie waren »alle gekommen«; und das waren, wie wir aus alten Berichten wissen, viele Hunderte. Aber auch die Feinde waren da. In dem erwähnten Briefe[2]) sagt er, daß auch viele »Pfarrherren« zuhörten; aber die Predigt habe nicht bloß besonders den Wippachern, die wohl die Strammsten im Evangelium waren, sondern auch den Pfarrherren »gar wohl gefallen« und sei »nichts dawieder geredet« worden. Freilich war hier nicht seines Bleibens; der Durchziehende mußte weiter und von da ab verliert sich sein Weg bis Laibach und kann im einzelnen nicht mehr verfolgt werden. Dieser ganze Aufenthalt in Görz fällt in das Jahr 1563 (November). Mit Trubers Abgang aber,[3]) auf den hauptsächlich J. Amaracco, Weihbischof von Udine, im Wege der Wiener Nuntiatur hinarbeitete, war die evangelische Sache hier durchaus nicht untergegangen, wenn sie auch ihren Höhepunkt, insofern eine Gemeindebildung in Frage kommen konnte, überschritten zu haben scheint. Ohne rechten Führer, so sehr auch einzelne Adelige mit vorbildlicher Treue aushielten, mußte die Sache des Protestantismus schließlich verdorren, wenn auch der Weg bis dahin zeitlich noch ziemlich fern lag.

Man merkte bald nach Trubers Abgang, daß die evangelische Sache immer noch in den Herzen lebte. In Görz verlangten viele von ihren Pfarrern das heilige Abendmahl unter beiderlei Gestalt und im Jahre 1566 befiehlt Karl II. in einem Briefe vom 8. Januar[4]) dem Erzpriester Merzina, allen Personen unbedingt zu willfahren, die das Abendmahl sub utraque begehren. Diese freundliche Stellung Karls II. zur evangelischen Sache erklärt sich aus seinem damaligen Projekte, Elisabeth von England zu heiraten. Da wollte er, der künftige Gemahl einer Protestantin, nicht feindlich gegen die

[1]) Aus Wippacher Akten im »Rudolfinum« in Laibach.
[2]) bei Kostrenčič.
[3]) Elze, Trub. Briefe, S. 372.
[4]) nicht 3. Januar, wie Waldau unrichtig sagt; siehe Beilage A.

Evangelischen auftreten; er trug sich sogar damals mit Übertrittsgedanken. Wie hat doch dieser Fürst sich später verkehrt. Das war aber nicht sein Geist, sondern der Einfluß seiner Gemahlin, der streng katholischen Maria von Bayern, und seines Bruders Sigismund von Tirol. Er selbst blieb lange den Evangelischen gegenüber wenn schon nicht freundlich, so doch neutral. Bekanntlich gab er den Evangelischen am Landtage zu Bruck die sogenannte Brucker Religionspazifikation 1578, in der den Adeligen für ihre Schlösser und viele Städte Religionsfreiheit gegeben wurde. Die Petition um dieselbe unterschrieb auch Egg im Namen der Görzer Adeligen. Allerdings soll er keine Ermächtigung gehabt haben, im Namen anderer zu sprechen. Die Bitte war wirklich nicht viel mehr als eine persönliche, wenn man bedenkt, daß es damals, wie wir noch sehen werden, in Görz sehr viele evangelische Adelige gab, die ihn kaum alle zum Bevollmächtigten machen konnten. Immerhin konnte Egg doch die Gesinnung der anderen vertreten, deren Bundesgenossen, nach Waldau, schon 1541, bei Kaiser Ferdinand in Prag Religionsfreiheit verlangten (Waldau, Gesch. d. Prot. i. Österr. II, p. 389), was auch Bonaventura von Eckh aus Görz unterschrieb.

Karl II. hat die genannte Pazifikation niemals unterschrieben, sondern nur mündlich die Zusicherung der Gewissensfreiheit gegeben. Und als er unter dem Drucke der Verhältnisse Maria immer mehr Einfluß über sich gewinnen ließ, berief er sich immer wieder für seine antievangelische Haltung darauf, er habe nichts unterschrieben und auch das mündliche Versprechen sei ihm abgerungen worden.

Schon vor 1578 begann er in Görz mit der Gegenreformation. Dem Papste war es besonders unangenehm, daß auch dieses Fleckchen Österreichs evangelisch verseucht war. Er befürchtete eine noch stärkere Evangelisierung Venetiens von hier aus und so schrieb er einen Brief an den Fürsten, die Ketzerei hier um jeden Preis auszurotten, widrigenfalls er ihn in den Bann tun werde. Karl erschrak darüber aufs heftigste und gelobte, wenigstens hier Einhalt zu tun. Daraus erklärt sich, daß hier am frühesten unter allen Ländern Österreichs die Gegenströmung einsetzte.

Wiederholt werden die Adeligen bedrängt und mit der Ausweisung bedroht. Unter den evangelischen Adeligen erscheinen die Vertreter von noch heute lebenden Geschlechtern: Formentini

Orzan, Cumar, Attems, von Dornberg und andere. Karls erwähnter Befehl an den Prediger Merzina vom 8. Januar 1566[1]) läßt schon recht deutlich merken, daß er durchaus nicht, wenn auch damals noch freundlich zur evangelischen Sache stehend, dieser vollen Lauf lassen wolle. Einen neuen Prediger dürfe man unter keinen Umständen mehr zulassen. Gut, daß der dagewesene — wahrscheinlich ist Truber gemeint — wie Georg von Thurn ihm meldete, fort sei. Die Sache sei abgetan; sollte aber noch einer kommen, dann sei es ihm sofort zu melden und er werde Mittel dagegen anwenden. Der ganze Brief ist die Antwort auf einen uns nicht erhaltenen Bericht des Pfarrers Merzina vom 20. November 1566 an den Fürsten, worin dieser sich offenbar über die Wirkung der evangelischen Predigt beklagt. In diesem Berichte hatte Merzina auch manches zu klagen über detachierte Kapläne, die niemals auf ihrer Kanzlei waren, sondern Ersatzmänner hinausschickten, die Gelder aber wohl einzogen und lustig lebten. Man sieht, auch hier war die Zuchtlosigkeit des katholischen Klerus, wie vielfach in damaliger Zeit, ein wesentlicher Anstoß zur Reformation. Mercina klagte aber auch über diplomatische Kniffe der Evangelischen, die als Lehensleute möglichst Gesinnungsgenossen einzusetzen trachteten. Beides, die offenkundigen Gebrechen der Priester sowie die Lehensbesetzung, leistete der evangelischen Sache gewiß großen Vorschub. Gegen beides nun schreitet Karl in seiner erwähnten Antwort ein und er befiehlt, ihm eine Liste der pflichtvergessenen Priester sowie der allzu eifrigen evangelischen Lehensherren vorzulegen. Immerhin steht aber Karl damals noch streng auf dem Boden des Gesetzes, wenn er in demselben Schreiben, wie schon gesagt, auf Grund der vom Papste im Einvernehmen mit dem Kaiser gegebenen »Dispens«, freundlich genug für die evangelisch Gesinnten, das Abendmahl unter beiderlei Gestalt gewährt und man kann sagen warm anbefiehlt. Merzina scheint eben nämlich über das oft vorgetragene Verlangen nach dem Abendmahle in der dispensierten Form sich beim Fürsten auch beschwert zu haben; aber da bleibt Karl fest und befiehlt, diesem Begehren »andächtig und in christlicher Einigkeit« zu willfahren, dies sei sein »unbedingter Wille«. Diese strenge Gesetzlichkeit war damals immerhin eine wertvolle Förderung der evangelischen Sache, hinderte ihn aber nicht, die evangelische Predigt abzustellen.

[1]) Siehe Beilage A.

So wenig also die Neutralität eigentlich bedeutete, so schwer wog es aber doch, daß dieses Mindestmaß eines Gewährenlassens viel zu früh, wie schon gesagt, viel früher als in anderen Landen Österreichs zurückgezogen und ins Gegenteil verkehrt wurde. Dabei macht es nichts aus, daß Merzina im Schreiben des Fürsten selbst eine Rüge bekommt, weil er in Görz die päpstliche Dispens noch gar nicht publiziert habe, was den Fürsten sehr befremde.

1579 beginnt die eigentliche Gegenreformation in Görz. Aus einem Ermahnungsschreiben [1]) des Görzer Landeshauptmannes Georg v. Thurn an mehrere evangelische Adelige in Görz ersieht man, wie sehr Karl zu scharfen Maßnahmen gedrängt wurde. Es berührt seltsam, daß vielfach selbst Fürsten und Bischöfe um die Erhaltung des katholischen Glaubens von Görz eiferten, die nichts im Lande zu reden hatten. Voran stürmte der Papst auf Karl ein, was man vom Standpunkte der römischen Kirche als selbstverständlich hinnehmen kann; sodann kommt der eigentliche damalige geistliche Oberherr unseres Ländchens, der Patriarch von Aquileja. Auch von ihm ist es begreiflich, wenn er den Fürsten um Einhalt bittet, weil in der »erblichen Grafschaft Görz je länger, je mehr die sektische lutherische neue evangelische Lehre und falsche Religion« [2]) einreiße und zu besorgen sei, daß sie in kurzer Zeit das ganze Patriarchatsland einnehmen werde und von da aus nach Italien einschleiche. Befremdend aber ist die Fürsorge des Königs von Spanien. Auch er besorgt, Görz könnte für sein Königreich ein Land der evangelischen Zurüstung und ein Einbruchsort werden und schreibt schnell einen dringlichen Brief an Karl. Mehr Sinn hat diese Sorge bei einigen benachbarten italienischen Fürsten, die auch mit beweglichen Bitten sich einstellen, und gewiß berechtigt war sie vom angrenzenden Venedig. Aber selbst reichsdeutsche Fürsten entblöden sich nicht, ihre Fürsorge dem sie nichts angehenden Görz angedeihen zu lassen. Dazu kommen noch die Bischöfe von Würzburg, Bamberg und Salzburg, die Herzoge Albrecht und Ferdinand von Bayern, schließlich der Erzherzog Ferdinand und der Kaiser selbst. Sie alle bedrängen Karl. Welch eine Sorgfalt und Einheit, das evangelische Leben schnell zu ersticken. Karl, ein schwacher, äußeren Einflüssen zugänglicher Charakter, wie er war, knickte zusammen und schritt gleich anfangs

---
[1]) Siehe Beilage B.
[2]) Siehe Beilage B, Zeile 10.

mit der größten Schärfe ein. Er läßt dem Landeshauptmanne Georg von Thurn den strikten Befehl zukommen, das Übel unbedingt zu beschränken, »das Unkraut samt der Wurzel bei Zeiten« [1]) auszureißen und der »falschen Lehre« unbedingt zu wehren. Wie dies der Fürst im einzelnen verstanden wissen wollte, erklärt Thurn den Evangelischen persönlich. Thurn ladet am 26. Februar 1579 die evangelischen Adeligen vor [2]) und gibt ihnen folgenden Willen des Fürsten unzweideutig kund: Der Landesherr sei entschlossen, keinesfalls jetzt oder in Zukunft im Lande Menschen zu dulden, die nicht der »rechtmäßigen, wahren, allein seligmachenden, katholisch-apostolischen Religion und Kirche [3])« zugetan seien; wenn sie von ihrem Glauben nicht lassen wollten, so sei der Fürst leider gezwungen, sie unverzüglich auszuweisen. In der Tat blieb Karl keine andere Wahl, als auf die Ausrottung der Ketzerei bedacht zu sein, wollte er nicht Blut vergießen. Man drohte ihm nämlich von seiten des Papstes und Venedigs mit kriegerischem Einmarsche in Görz. Wenn der Landesherr die Macht nicht über die Evangelischen hätte, so wären diese Mächte kurz entschlossen, ungefragt ihm zu Hilfe zu kommen, »die Ketzer unter dem Schwerte hergehen zu lassen« und die »Sektierer auszurotten«. Natürlich konnte man nicht erwarten, daß der Fürst dem Einfalle mit Waffengewalt begegne, um seine Landesherrlichkeit gegen fremde Eingriffe zu schützen; denn damit hätte er doch gegen seine bessere Überzeugung sich zum Schutzherrn der Evangelischen aufgeworfen. Es hätte auch ein stärkerer Geist, als Karl es war, diesem von allen Seiten, in sowie außer Haus und dem Reich geübten, mit Schwertgeklirr verbundenen Drucke nur schwer widerstehen können. So war er denn mit aller Kraft für seine Evangelischen darum bedacht, »ihrer Seelen Seligkeit zu retten und zur Erhaltung ihres Heiles sie zur heiligen römischen Kirche als der von Anfang an rechten« in Gehorsam und Treue zurückzuführen. Nicht bloß dem angedrohten Kriege auszuweichen, sondern wohl auch um die Härte zu vermeiden, läßt er durch Thurn »ernst und eindringlich« sie ermahnen, nicht »widersinnig zu bleiben, sondern von ihrer verführerischen Lehre zu lassen«. [4]) Man ersieht

---

[1]) Siehe Beilage B, Zeile 14.
[2]) Beilage B.
[3]) Siehe Beilage B, Zeile 24 f.
[4]) Beilage B, Zeile 32 f.

aus diesem Zusatze, wie gewiß nicht leicht im Grunde ihm seine Härte wurde. Auch Thurn, der einst Truber freundlich begegnet war,¹) war es gewiß nicht leicht gefallen, den vorgeladenen Evangelischen klipp und klar anzukündigen, daß sie im Falle des »Beharrens« beim evangelischen Bekenntnisse hart und kalt »mit Weib und Kind ausgetrieben« werden sollten.²)

Ewig denkwürdig und für immer mit schwarzen Lettern in der Geschichte unseres Ländchens eingetragen bleibt dieser 26. Februar 1579, dieser Tag der ersten Gewaltandrohung gegen die Evangelischen in ganz Innerösterreich. Denkwürdig aber auch in einem anderen Sinne; denn er war durchaus nicht ein Tag des Niederganges im evangelischen Bekenntnisse seitens der Bedrohten, vielmehr richteten sie sich auf zur heiligen Entschlossenheit, mit aller Macht ihr Glaubensgut zu verteidigen. Der Geist Luthers: »Gut, Ehr, Kind und Weib« daran zu setzen, um den Glauben zu behalten, lebte in ihnen, und die offene, unzweideutige Antwort des Andreas von Attems, unter allen Umständen evangelisch zu bleiben, beweist, daß, wenn das Evangelium in diesem Ländchen damals zuletzt doch unterlag, dies gewiß nicht die Schuld seiner Vertreter, die mit äußerster Zähigkeit das heilige Gut verteidigten und voll ihre Schuldigkeit taten, sondern ein Triumph roher Gewalt, wie überall damals in Österreich, war.

Attems, der Mund der Bedrängten, man kann sagen ihr geistiger Führer, war durch seine Vergangenheit wie geschaffen, ein treuer Wegweiser auf der Bahn unentwegten Bekenntnisses zu sein. Bereits 1574 war er von dem Grafen Thurn vorgeladen worden, »seiner Religion wegen«.³) Er hatte nämlich die Kommunion unter beiderlei Gestalt begehrt, und man hatte dies, trotz des fürstlichen Befehles von 1566, so verwunderlich gefunden, daß man ihn deswegen vor eine Kommission zitierte, die aus dem Grafen Thurn und dem Bischof zu Laibach bestand; gleichzeitig rief man auch andere Adelige vor diese Kommission, damit sie eine Religionserklärung abgeben; da erklärte nun Attems, sein Verhalten sei nicht wunderlich, entspreche vielmehr seiner evangelischen Erziehung von Jugend auf,⁴) woraus man also sieht,

---

¹) Elze, Briefe, S. 366.
²) Beilage B, am Ende.
³) Beilage C₁, Absatz 2, anfangs.
⁴) Beilage C₁, Abs. 2, Zeile 22 f.

daß schon seine Eltern dem Evangelium zugetan waren. Er sei durchaus der Augsburgischen Konfession zugetan. Das habe er lebenslang gehalten. 1575 wurde er Regimentsrat und bei der Amtsübernahme neuerlich nach der Religion gefragt;[1]) wiederum legt er ein offenes Bekenntnis zur Augsburgischen Konfession ab. Seine unbedingte Treue zum Evangelium aber verband er mit einem durchaus friedvollen Verhalten gegen anders Denkende.

Seither war er nämlich beschuldigt worden, einen Prediger gehalten zu haben, »der mit aufgetanen Fenstern gepredigt habe«, wodurch viele Menschen »geärgert« und »verwirrt« worden seien.[2]) Verstärkt hatte man die Klage noch dadurch, daß man behauptete, er habe am offenen Platze mit Leuten über die Religion diskutiert, habe heimlich antikatholische Versammlungen veranstaltet. Endlich kam man nach alter jesuitischer Praxis mit der Verleumdung und behauptete kühn ohne Beweis, er habe einen ärgerlichen Lebenswandel geführt. Entrüstet weist er diese Anschuldigungen zurück, vergißt es aber nicht, seinen Feinden in Liebe zurückzuzahlen und ihnen in seinem Bekenntnisse ausdrücklich zu verzeihen. In diesem seinen Bekenntnisse, das er 1579 für »sich und alle anderen« abgelegt, wiederholt er neuerlich, daß er mit Weib und Kind, wie schon zweimal gesagt, der evangelischen Lehre zugetan sei. Diese Erklärung gab er, wie die beiden anderen Male, auch diesmal mündlich und schriftlich.[3]) Er fügt bei, er könne nicht anders, um der Wahrheit und der Furcht Gottes Willen; etwas anderes wäre gegen sein Gewissen, und er wolle gewiß nicht seiner Seelen Seligkeit verlieren.[4]) Die Liebe dieses ergreifenden Bekenntnisses wetteifert mit dem Appell an das Christengefühl des Fürsten, ihn und alle anderen im Gewissen nicht zu bedrängen. Er scheut sich auch nicht, den Fürsten daran zu erinnern, daß er die angedrohte Härte der Ausweisung gewiß nicht verdiene, weil es bekannt sei, daß er nun dreiunddreißig Jahre dem hohen Hause Österreich Gehorsam und Treue gehalten und gar wertvolle Dienste geleistet habe,[5]) so in den Feldzügen gegen die Türken in Ungarn, gegen Frankreich, in Italien und dabei aus seinen Taschen seine Kriegs-

[1]) Beilage C_1, Absatz 2, am Ende.
[2]) Beilage C_1, Abs. 2, am Ende.
[3]) Beilage C_1 und C_2.
[4]) Beilage C_1, Abs. 3, Zeile 4 f.
[5]) Beilage C_1, Abs. 3, Zeile 13 f.

leute ausgerüstet und mit ihnen unverzagt Leib und Leben gewagt habe. Man sollte glauben, daß ein Landesherr diese Dienste doch in Anschlag brächte und das Wohlverhalten seiner evangelischen Landeskinder nicht mit einer Verfolgung und Vertreibung aus dem Vaterlande, dessen Erhaltung er doch nur solchem Opfermute dankt, belohnen würde. Auch Attems erwartete dies und betont neuerlich, daß er auch in Zukunft jederzeit dem Fürsten, als seiner rechtmäßigen Obrigkeit, schuldigen und billigen Gehorsam zeitlebens treu und willig leisten wolle. Niemals aber könne er ihm sein Bekenntnis geben. Endlich finden sich im Bekenntnisse auch menschlich rührende Töne. Er schreibt, daß es ihm als alten Diener schwer fiele, mit Weib und Kind in seinen hohen Jahren nicht länger unter dem Schutz und Schirm seines geliebten Landesherrn zu leben, und wenn schon sein Herr ihn nicht in Görz lassen wolle, so möge er ihm einen Ort anweisen in Kärnten oder Krain[1] und er werde gewiß nicht ermangeln, seinem Heiland Jesus und Gott nicht minder wie dem Landesfürsten anzuhangen. Dies Bekenntnis übergibt Attems am 2. März 1579 in Graz selbst, nachdem er Thurn vorher gebeten, seinen Fürsprecher zu machen.[2] Diesem Einzelbekenntnisse schließt sich ein Kollektivbekenntnis, von den vier ebenfalls mit Austreibung bedrohten görzischen Adeligen verfaßt, an. Es sind dies Leonhard und Friedrich von Orzan, Erasmus von Dornberg und Posch von Vigaun. Es trägt das Datum 25. März 1579.[3] Auch sie waren von Thurn vorgeladen und am 26. Februar 1579 im Namen des Fürsten zur Rückkehr zur katholischen Religion aufgefordert und im ablehnenden Falle mit Ausweisung bedroht worden. Dies Bekenntnis ist kürzer als das des Attems, aber an Dringlichkeit und an evangelischem Bekenntnis ihm durchaus gleich. Auch sie wünschen nichts sehnlicher, als alle Zeit gehorsame Untertanen des »hochlöblichen Hauses Österreich« zu bleiben und in Ruhe in der Grafschaft Görz zu wohnen. Sie sind bereit, für die kurze ihnen noch bevorstehende Lebenszeit[4] alle untertänige Treue und »menschlich möglichstes Gehorsam« als rechte Untertanen und Lehensherren dem Fürsten immer zu erweisen, so weit es sich um das Zeit-

---
[1] Beilage C$_2$, Zeile 18.
[2] Beilage C$_2$, am Ende.
[3] Beilage D.
[4] Beilage D, Zeile 20 f.

liche handelt; aber da es in dem fürstlichen Befehl sich um das Ewige dreht, so geben sie die gehorsame Erklärung ab, daß sie gänzlich Willens seien, bis zum Lebensende bei der Augsburgischen Konfession zu bleiben. Traurig ist es, zu konstatieren, daß auch sie, um die Härte einer **religiösen** Verfolgung zu verschleiern, eines angeblich ärgerlichen Lebenswandels verklagt worden waren. Man fühlt das Unrecht und sucht darum nach einem Schein der Berechtigung zur Verfolgung. Sie weisen diesen Vorwurf ernst zurück und empfehlen sich im übrigen der Gnade des Fürsten.

Diese schriftlichen Äußerungen blieben ohne Eindruck auf den Fürsten. Im Gegenteil, er erläßt neue, schärfere Befehle. Der Landeshauptmann muß weiter spüren nach Ketzern, und er fing in der Tat zwei neue evangelische Adelige: Scipio Attems, den Bruder des Georg, und Gregor Kumar.[1]) Eine neue Religionskommission tritt zu ihrem Verhör zusammen. Der Erfolg dieser Spürarbeit eifert Karl an, die Schnüffelei nach Sektierern auf das eifrigste weiter zu treiben. Diesmal war der Kommissionsvorsitz einem mit Namen nicht genannten »Erzpriester«[2]) anvertraut. Warum man ihm Thurn entzog, ist nicht gesagt. Die Kommission läßt sich diese Arbeit recht angelegen sein. Der Erfolg bleibt nicht aus, und man spürt wirklich noch viele andere auf. Die Protokolle der Kommission sind nicht vorhanden; aus dem neuen Befehle des Fürsten 8. Mai 1579,[3]) der auf die Erfolge dieser nun geistlich geleiteten Kommission Bezug nimmt, ersieht man aber, daß die Herren Kommissäre gute Arbeit taten. Alle Aufgespürten werden verhört und mußten eine strikte Erklärung in Religionssachen abgeben, welche der Sekretär der Kommission, Paul Zobel, aufschrieb.[4]) Schade, daß die Namen der Betroffenen nicht vorliegen. Die Kommission muß auffallend viel Arbeit vorgefunden haben, denn Karl geht in seinem Befehl einen Schritt weiter als im Zitationsschreiben vom 26. Februar. Dort sagt er, ihm solle von Fall zu Fall über die Ketzer berichtet werden, deren Bestrafung und Ausweisung er sich selbst vorbehält. Hier aber gibt er der Kommission die freie Vollmacht, ohne weiteres die Halsstarrigen auszuschaffen. Das Melden und Antworten brauchte offenbar

---

[1]) Beilage E, Zeile 10 ff.
[2]) Beilage E, Zeile 28.
[3]) Beilage E.
[4]) Beilage E, Zeile 29 f.

viel Zeit, die man für die wichtige Inquirierung der Eingezogenen viel besser verwenden konnte. Außerdem konnte es dem geistlichen Vorsitzenden der Kommission nur angenehm sein, ohne besondere fürstliche Einzelkontrolle doch im landesherrlichen Namen Ketzergericht zu halten. Wie wenig dabei die Betroffenen zu hoffen hatten, konnte von vornherein klar sein. Das fühlen auch einzelne Betroffene und suchen darum, sich dem Fürsten direkt zu nähern. So unter anderen Leonhard von Orzan, welcher die Charge eines Gardeleutnants bekleidete[1]) und, wohl auf seine militärische Stellung trauend, ein direktes Bittgesuch beim Fürsten einzubringen suchte. Karl läßt aber kurz sagen, das sei umsonst, und als dann Formentini eine Audienz erbittet, da läßt er ihm deutlich und ungnädig melden, es wäre schade, wenn er sich bis Graz bemühen möchte.[2]) Er nehme keinerlei Entschuldigungen oder Ausflüchte entgegen, er begehre unbedingte Unterwerfung oder es bleibe ohne Schonung bei der Landesverweisung. Er sei mehr als je entschlossen, die »alte wahre, nur allein seligmachende katholische Religion zu dulden und zu erhalten«.[3]) Er scheint dies auch dem Landeshauptmanne, als er vor dem 8. Mai bei ihm zum Vortrage erschien,[4]) besonders eingeschärft zu haben. Eine Konzession gewährt er aber doch und schließlich siegt doch auch eine mitfühlende Erwägung. Er gibt nämlich eine Frist von vier Wochen bis zum 8. Juni zur Ordnung der Privatangelegenheiten. Nach diesem Termin mögen sich die Nichtbekehrten einen anderen Ort als Wohnung suchen.[5]) Außerdem wurde Orzan abgesetzt und Jakob Fontana wird in der Garde als Leutnant ernannt.[6]) Aber auch ein außer Görz wohnender Privatgehilfe wird von diesem Befehle betroffen, der schon genannte Verwalter des Attems in Heiligenkreuz. »Er sei sofort abzuschaffen.«[7]) Überhaupt steckt sich Karl in diesem Befehle energischer als früher das Ziel, das ganze Ländchen Görz-Gradiska und »unter den Erzpriester von Görz gestellten Kreis Wippach« von Evangelischen zu säubern.[8]) Alle von der Kommission entdeckten und vorge-

[1]) Beilage E, letzte Zeile.
[2]) Beilage E, Zeile 22 ff.
[3]) Beilage E, anfangs.
[4]) Beilage E, Zeile 14.
[5]) Beilage E, Zeile 20.
[6]) Beilage E, am Ende.
[7]) Beilage E, am Ende.
[8]) Beilage E, Zeile 34, am Ende und Beilage F.

ladenen Dienstleute lutherischen Glaubens seien strengstens zu behandeln. Er hoffe, daß, wenn ihm ausführlich »mit Anmerkungen« die einzelnen Namen und sonst Bemerkenswertes mitgeteilt werde, die Aufgezählten schon längst abgeschafft seien, was er »heiß und eifrig wünsche und fordere«.[1])

Auch an den Dompropst zu Gurk, als geistlichen Oberherrn der Wippacher Gegend, geht getreu dem schon mitgeteilten Vorsatze von Karl ein Befehl, unverzüglich eine eifrige Nachschau in Wippach, und zwar »nachdrücklich und sofort behufs Einführung von katholischen Reformen«, zu halten. Besonderes Augenmerk aber solle der sofortigen Besetzung der Pfarre mit einem ordentlichen Pfarrherrn geschenkt werden, denn es seien ganz sonderbare Nachrichten über Wippach zu ihm gedrungen. Drei Pfarrer sollten geradezu evangelisch predigen und wirken, und wo sie schon zur alten Lehre hielten, da, so sagt Karl, führten sie einen so schlechten Lebenswandel, daß niemand sie respektiere, sie also dem Katholizismus mehr schadeten als nützten.[2]) Diesen Befehl hatte der Landeshauptmann nach Gurk zu übersenden. Es ist auch hier der alte, damals überall angetroffene Notstand. Die Geistlichen führten ein Leben voll Ärgernis und ließen Mißbräuche einreißen, so daß den Gläubigen die Augen geöffnet wurden. Der Befehl nach Gurk trägt das Datum des 8. Mai.

Die Gegenarbeit setzt also nun auf allen Seiten zugleich ein. Aber trotzdem geben die Evangelischen ihre Sache noch immer nicht verloren. Kommission und Abweisung des Fürsten schrecken sie nicht. Wieweit die Kommission Austreibungen vorgenommen hatte, kann im einzelnen nicht konstatiert werden. Entschieden war ihre Arbeit nicht erfolglos. Dies ergibt sich aus einem Schreiben des Fürsten vom 10. Juni 1579 an Thurn, worinnen der Fürst über die geschehenen »exequier und verichtung« die besondere Zufriedenheit ausspricht.[3]) Eine besondere Belobung konnte nur durch besonders gute Arbeit begründet sein.

Wer immer auch die Ausgetriebenen waren, unsere zunächst schon genannten Adeligen waren es nicht. Sie hatten ein zähes Leben; noch am 30. Juni 1579 senden sie ein neues Bittschreiben nach Graz, dessen Erledigung sie also gewiß noch in der Heimat ab-

---

[1]) Beilage E, Zeile 35.
[2]) Beilage F.
[3]) Beilage G.

warten.¹) Man hatte sich doch offenbar gescheut, rohe Gewalt gegen diese Träger klangvoller, bedeutender Namen anzuwenden, vielleicht auch, weil man immer noch auf gutem Wege eine »Bekehrung« hoffte. Leicht muß es dem Grafen Thurn nicht gefallen sein, über das einstweilige Bleiben der sechs Adeligen und ihr Festhalten am Evangelium am 24. Mai 1579 nach Graz zu berichten. Von was für Verfolgungen und Austreibungen mußte aber wohl da Thurn trotzdem berichtet haben, wenn der Fürst so sehr zufrieden war und ihn auffordert, »nur so fort zu fahren«.²) Soviel kann von nun an als gewiß angenommen werden, daß ein guter Anfang in der Gewalt gemacht worden war. Die sechs jetzt noch Trotzenden, durfte man hoffen, würden doch über kurz oder lang folgen, um so sicherer, als ihre Hoffnung auf eine Änderung des Sinnes ihres Landesherrn ja doch vergeblich war. Immerhin schien es, als wollte Karl doch etwas milder werden, indem er nicht früher die Austreibung der Adeligen trotz des verstrichenen Termines durchführen läßt. Im Lichte der späteren Ereignisse aber, die an Härte nichts zu wünschen übriglassen, kann dies Zaudern nicht als Ausfluß einer milderen Regung, sondern nur als Diplomatie, seine Härte vor der Welt etwas weniger schroff erscheinen zu lassen, taxiert werden.

Es wird nun ein anderer Weg seitens der Bedrohten versucht. 30. Juni 1579³) senden Andreas Attems, Scipio Formentini Friedrich von Orzan, Erasmus von Dornberg, Gregor Cumar und Posch von Vigaun ein dringendes langes Schreiben an die evangelischen Stände Steiermarks, das als die einzige uns mit den Unterschriften und Siegeln originaliter erhaltene Urkunde besonders wertvoll ist und als letzte Petition, die auch dem Fürsten übergeben werden sollte, schon um seines ergreifenden Tones willen, abgesehen von ihrer trotz aller Ehrerbietung daraus sprechenden Entschlossenheit, eine ausführlichere Inhaltsangabe rechtfertigt. Die Petition beweist etwas breit, daß die schon bekannte Veranlassung zur Verfolgung, nämlich die päpstliche, von vielen Fürsten unterstützte Kriegsdrohung vom Fürsten zu hoch eingeschätzt worden sei. Denn einmal könne man nicht sofort erwarten, daß die angedrohte Austreibung die schon bezeugte, unentwegte, entschiedene

---

¹) Beilage H.
²) Im Belobungsschreiben des Fürsten ist der leider nicht erhaltene Bericht Thurn vom 24. Mai zitiert.
³) Beilage H.

Anhänglichkeit an die Augsburgische Konfession erlahmen machen würde. Ferner seien sie doch in einem über hundertjährigen Besitze unangetastet zu lassen. Es sei unerhört, wenn sie, weil nur um jeden Preis die päpstliche Zufriedenheit vom Fürsten erworben werden müsse, daraus sollten vertrieben werden. Es könne darum unmöglich grausamer Ernst sein, wenn ihnen gesagt wurde, der Fürst sei absolut nicht gesonnen, jetzt oder in Zukunft auch nur einen Menschen in der Grafschaft Görz zu dulden, der nicht der römisch-katholischen Religion und Kirche zugetan sei, daß der Fürst eigentlich anders gar nicht könne, als die »sektische, lutherische, falsche Lehre« und Religion nicht weiter gewähren zu lassen und das »Übel mit der Wurzel ausrotten« müsse, wozu ihn nicht weniger als zwölf geistliche und weltliche Fürsten zwängen. Ihren heimatlichen Boden hätten sie doch mehr als einmal gegen alle Feinde verteidigt und möchten auf ihm auch weiter ihrer durchaus nicht »verführerischen« Lehre leben und könnten nun einmal von der Wahrheit des Evangeliums und christlichen Augsburgischen Konfession nicht abgehen, weil sie sonst ihr Gewissen beschweren müßten. Man erfährt hier nebenbei, daß zwei verschiedene Pfleger die Austreibung androhten, einmal Thurn und das zweitemal Franz von Dornberg, der ihnen einen Monat zur Überlegung gab.[1]) Unerschrocken bemerken sie, es wäre unerhört, sie als immer treue Diener und Untertanen, in diesem Lande geboren und erzogen, darin alt geworden, um des Glaubens willen zu verjagen, um so mehr als es auch ihre Voreltern in Darreichung von Gut und Blut für Land und Herrscher alle Zeit rühmlich und ehrlich gehalten haben. Sie beweisen weiter, daß ihr evangelisches Bekenntnis niemand gestört habe; alles andere, wie es dem Fürsten gemeldet worden war, sei eine Verleumdung. Im Gegenteil könnten sie ferner beweisen, wie sie in christlicher Bescheidenheit still und ruhig gelebt hätten, Maß und Ordnung innehielten und jeden anders Denkenden in seiner Meinung unangetastet gelassen hätten. Dies ihr einwandfreies Verhalten ermutige sie, nicht mehr zu bitten, als was ihnen des Fürsten Vater, Seine kaiserliche Majestät, schon gewährt habe, Religionsfreiheit für die Bekenner der Augsburgischen Konfession in allen seinen Landen. Obwohl kein Freund der Evangelischen, sei er niemals in so scharfer Weise vorgegangen und habe ausdrücklich versichert, daß in seinem Gewissen niemand

---

[1]) Beilage I₁, Abs. 2., Zeile 5.

der Religion wegen belästigt oder beschwert sein solle.¹) Karl sollte dies Beispiel seines Vaters, so bitten sie weiter, um so mehr nachahmen, als er mit der Vertreibung der Görzer einen verhängnisvollen Bruch und unrühmlichen Anfang gegen die väterliche Tradition mache und treue Untertanen für deren Anhänglichkeit an das Haus Österreich, durch Jahrhunderte bezeugt, ganz gegen sein eigenes und das Interesse des Landes, verliere. Sie könnten unmöglich erwarten, daß der Fürst sich so ins eigene Fleisch einschneide und sind darum der frohen Hoffnung, daß sie unbetrübt im Vaterlande bei Haus und Hof mit Weib und Kind verbleiben könnten. An untertänigem Gehorsam, schuldiger Ehrerbietung, christlicher Sanftmut, friedlichem und stillem Verhalten gegen andere würden sie es auch weiter nicht fehlen lassen, auch ihre Kinder als getreue Landleute und Untertanen, aber auch wahrhafte Anbeter Gottes erziehen. Solch Wohlwollen würde auch der Allmächtige dem Fürsten in einer langen gesegneten Regierung, aber auch im Hause durch Gesundheit lohnen.

Historisch wird Ferdinands Edelmut gegen die Evangelischen allerdings mit Unrecht als beispielgebend hingestellt. Tatsächlich hatte er scharfe Edikte gegen sie erlassen, aber infolge der ewigen Türkennot, welche ihn auf die Hilfe der evangelischen Stände anwies, nicht ausführen können und wider den Willen des Fürsten hatten die Evangelischen wirklich Gewissensfreiheit. Den Tatsachen widersprach also das Gesagte nicht. Trotz des ersten vergeblichen Versuches ordnen sie nochmals den degradierten Orzan als Deputierten ab, damit er mit der Petition in der Hand an die Gerechtigkeit des Fürsten appelliere,²) senden aber gleichzeitig eine Abschrift an die Grazer evangelischen Stände,³) damit sie nicht bloß Orzan zur Audienz verhülfen, sondern auch seine Sache mit ihrer Fürsprache stützten. Auch den Landesständen von Krain⁴) senden sie ihr Bittschreiben zu. Weil Orzan die Petition mündlich übergeben soll, ist sie von ihm nicht unterschrieben. Sie erwarten von den Grazern, daß sie nach den Verhältnissen den besten Weg zum gewünschten Ziele einschlagen.

In Graz gab es nun lange Beratungen, die den ganzen Monat Juli hindurch dauerten. In dieser Zeit scheint Orzan nicht vor

---

[1]) Beilage I₁, Zeile 35 ff., I₂, oben.
[2]) Beilage H, Abs. 4 anfangs.
[3]) Beilage I₁ und I₂.
[4]) Beilage K₁ K₂.

den Fürsten gekommen zu sein. Man scheint entweder in Graz nicht viel Hoffnung gehabt zu haben oder, was wahrscheinlicher ist, man unterschätzte die Görz drohende Gefahr. Hatte es ja noch nirgends eine Protestantenverfolgung gegeben; warum sollte also in Görz so unvermutet ein rücksichtsloser Anfang gemacht werden? Vielleicht auch, daß die Intervention vergeblich war. Kurz, sie beschränken sich in ihrer Antwort vom 1. August 1579[1]) gegenüber den Görzern auf eine Versicherung ihres Mitgefühles und sind gewiß, wenn sie ausharren, wird das teure Evangelium, das ja immer das Kreuz mit sich bringt, nicht leiden. Jedenfalls war mit dieser papierenen Unterstützung nicht geholfen. Für die Görzer bedurfte es nach all dem Gesagten keines besonderen Hinweises darauf, daß die hereingebrochene Betrübnis sie noch mehr den Namen Gottes solle ehren lehren. Ebenso war die in der Grazer Antwort ausgesprochene herzliche Teilnahme und die frohe Hoffnung, daß der allmächtige Gott ohne Zweifel sein Wort werde gegen das Wüten und Toben der höllischen Mächte zu schützen wissen, gewiß recht ergreifend, aber für die Erfolglosigkeit ihres Eintretens nur zu deutlich. Schneller als die Stände, die im ganzen Monat Juli manches zur Ruhe versucht haben mögen, ist der Fürst mit seiner Antwort fertig. Schon am 9. August[2]) ergeht sie auf die Petition. Sie ist außerordentlich kanzleimäßig und kalt gehalten, sie ist überhaupt nicht ein besonderes Schreiben, sondern lediglich in wenigen Zeilen als eine Mitteilung des Chefs der Hofkanzlei Randolf auf der Petition selbst, die man den Flehenden zurückstellt, geschrieben. Dieses Rubrum anerkennt zwar die Treue und Anhänglichkeit der Bittsteller und ihrer Voreltern und besagt mit einer beinahe hohnvollen Wärme, daß der Fürst um dieser Verdienste Willen sie eigentlich gern im Lande gelassen hätte. Aber diese Treue könnte die Gründe der Austreibung, die sie recht gut kennen, absolut nicht ändern. Nachdem sie nun einmal ihren Glauben nicht lassen, so bleibe es bei der schon ausgegangenen Verordnung.

Auch Orzan hat also, wenn er überhaupt zur Audienz kam, nichts ausgerichtet. Schließlich konnten die Bittsteller noch froh sein, wenn sie trotz des schon einmal unzweideutig ausgesprochenen fürstlichen Willens nicht härter behandelt wurden und mit der

[1]) Beilage L.
[2]) Beilage L, am Ende.

kalten Kanzleiabfertigung davonkamen. Das Menschenmögliche war geschehen, aber des Fürsten Herz war nicht erweicht; sein starker Katholizismus ließ eine mildere, menschlichere Regung nicht zu. Ihr fiel auch der schon einmal dem Fürsten nahegelegte Wunsch, die Austreibung nur auf die Stadt Görz zu beschränken, zum Opfer; schließlich war diese Konsequenz des Fürsten begreiflich. Vom Land aus, wo sie auf ihren Gütern unangetastet gesessen wären, hätten die Begnadigten immer wieder in die Stadt hinein gewirkt. Selbst wenn sie es nicht gewollt hätten, wäre die Stadt Görz vom Evangelium, das sie unbeschränkt außerhalb Görz ausübten, nicht verschont geblieben. Hiemit wäre auf Unwegen praktisch die Austreibung selbst illusorisch gemacht worden und seinen Willen, nur die katholische Religion zu erlauben, konnte Karl solcherart nicht selbst in das Gegenteil verkehren. War er in seinem antievangelischen Willen auch nur ein Werkzeug in der Hand seiner Gattin und ihrer Hintermänner, so war er doch stark genug, nicht selbst in seinem ausgesprochenen Herrscherwillen vor den Evangelischen zu kapitulieren.

Diese Bitte lediglich eines Umzuges in die Umgebung von Görz vertritt Leonhard von Orzan in einem an den Fürsten gerichteten Schreiben ohne Datum,[1]) das jedesfalls auf den 9. August oder 10. August anzusetzen ist, weil es eingangs auf den schon erwähnten in Rubrumform ergangenen abschlägigen Bescheid des Fürsten Bezug nimmt und die wieder in Rubrumform gekleidete Erledigung das Datum vom 10. August trägt, Namens des Fürsten wieder von Randolf. Schnell hatte Orzan gehandelt, einmal weil er seine persönliche Anwesenheit ausnützen wollte, zum andern, weil um so weniger Hoffnung auf Gewährung dieser gering scheinenden, tatsächlich aber das ursprüngliche Ziel auf Hinterwegen geschickt anstrebenden Bitte blieb, je mehr man dem Fürsten Zeit ließ, die klug eingeleitete Überraschung zu durchblicken. Daß auch trotz aller aufgewendeten Diplomatie der Versuch einer Überrumpelung erfolglos war, kann bei Karls entschiedener Abneigung gegen irgendwelche Zugeständnisse nicht wundernehmen. Orzan baut dieser Enttäuschung auch insofern vor, als er in seinem Schreiben um Erleichterungen für den Auszug bittet.[2]) Es solle wenigstens die Frist des Abzuges bis zum neuen Jahre ausgedehnt werden,

[1]) Beilage M.
[2]) Beilage M, am Ende.

damit sie ihn besser vorbereiten könnten. Wirklich wird der Bescheid gegeben, daß bezüglich des Termins dem Herrn Verwalter von Görz noch eine gnädige fürstliche Resolution zukommen werde.[1])

Bis zum 31. August 1579, dem Datum des letzten vorhandenen Aktenstückes,[2]) ist die angesagte Entschließung des Fürsten bezüglich des Auszugstermines noch nicht herabgelangt. Vielleicht antwortet er deswegen nicht mehr, weil die vom 26. Februar 1579 ursprünglich laufende und dann immer ein wenig verlängerte Frist ohnehin schon gewaltig überschritten war. Und so ließ man stillschweigend die Verfehmten ihren Abzug vorbereiten. Als Gewißheit kann es gelten, daß der Verwalter in Görz die wiederholt streng anbefohlene Austreibung sicher nicht über den von den Betroffenen erbetenen Termin hinaus verzog. Rührend ist dies letzte Aktenstück deswegen, weil die Vertriebenen den Grazern neben dem Dank für ihr tröstliches Schreiben und die wohlmeinenden, treuherzigen mündlichen Worte, die der mittlerweile heimgekehrte Orzan ihnen von den Grazern brachte, ihren »Mut und Entschlossenheit« melden, sich dieses christlichen Mitleidens würdig zu zeigen und unter Stärkung des heiligen Geistes das Kreuz, welches sie in bezug auf die allgemeine Sündhaftigkeit ein »wohlverdientes« nennen, auf sich zu nehmen und die bei den armen Görzern angefangene Verfolgung dem Herrn zu befehlen, »damit seine Ehre« auch in dieser schweren Zeit von ihnen »verherrlicht werde«.[3]) Welch eine ergreifende Unterwerfung unter Gottes Willen! Keine Spur also von Wankelmut nun, wo es die bittere, schwere Entscheidung galt! Welch eine echt evangelische Stärke im Bekennen! Nicht der geringste Ansatz, ihre heilige Überzeugung irgendwie zu ändern! Sie bleiben, was sie sind, nicht bloß äußerlich, sondern wahrhaft auch innerlich durch das Evangelium geadelte Adelige, unbeugsam und fest, auch mit Wanderschuhen angetan, nachdem, wie sie den Grazern vermelden, was diesen sicher nicht unbekannt war, Orzan »nichts fruchtbares ausgerichet«. Sowie die fürstliche Entscheidung käme, würden sie nicht versäumen, sie davon zu verständigen. Inzwischen — und dies ist der Hauptzweck des neuen Schreibens an die Grazer — sollten sie alles daran setzen, ehestens mit den Ständen von Krain und Kärnten in Religions-

---

[1]) Beilage M.
[2]) Beilage N.
[3]) Beilage N, Zeile 19 ff.

sachen zusammenzutreten und namens dieses Landtages beim Fürsten volle Religionsfreiheit und damit auch die Zurückziehung des Görzer Austreibungsbefehles zu erlangen trachten.[1]

Ihre Sache sollte also zur Reichssache gemacht werden. Warum dieses sonderbare fortwährende Anklammern an eine nun schon gründlich vergebliche Hoffnung? Dieses Verhalten wird erklärlich, wenn man bedenkt, daß ja erst ein Jahr seit der Religionspazifikation von Bruck vergangen war und man an den bitteren Ernst des fürstlichen Wankelmutes zu glauben, um es milde auszudrücken, sich nur schrittweise entschließen konnte. Überdies können sie in ihrer Unschuld neuerlich in dem Schreiben betonen, daß sie lediglich durch »heimliche Practigen«[2] der Görzer katholischen Adeligen bei Hof verleumdet worden seien. Die Erwartung, daß dieser böse, fortdauernde, aus der Religionszwiespältigkeit entsprungene Einfluß doch noch überwunden werden könne, war denn doch begreiflich. Geradezu zum Heroismus erhebt sich die Gesinnung der Vertriebenen, wenn sie am Schlusse ihres Schreibens sagen, die Grazer sollten doch wenigstens dafür sorgen, daß diese starke nun angefangene Verfolgung und Ausschaffung nicht auf andere übergreife und bei ihnen angefangen und vollendet bleibe. Mit Opferbereitschaft stellen sie sich gern in die Bresche, wenn nur alle übrigen in Innerösterreich hiedurch gerettet werden. Würdig reiht sich diese Treue bis zum Ende anderen ähnlichen Beispielen aus der evangelischen Geschichte Österreichs an.

Unsere Akten berichten nichts mehr. Aus der Geschichte wissen wir freilich, daß eine Änderung seitens des Fürsten nicht eintrat und daß die Görzer nur den Anfang im großen Reigen der aus dem ganzen Reiche Vertriebenen bildeten. Das Neujahr 1580 sah unsere Verfolgten nicht mehr in Görz. Wir haben keine Nachrichten, wohin sie sich wendeten. Die noch vorhandenen Vertreter dieses Namens unserer Stadt, Orzan, Cumar, Formentini und Attems, haben keine Tradition über ihre großen evangelischen Vorfahren, wissen auch nichts von deren evangelischem Bekenntnisse. Orzan z. B. sind die Nachkommen der katholischen, aus dem Friaul bei Udine stammenden Linie. Wären unsere Bedrängten rekatholisiert worden, so wäre dies dem Fürsten gewiß

---

[1]) Beilage N, Zeile 28 ff.
[2]) Beilage N, Zeile 38 ff.

gemeldet worden. Ein solches Schreiben liegt aber nicht vor. Tot war aber trotz allem, wie wir noch sehen werden, das evangelische Bekenntnis nicht. Von der vorstehenden Vertreibung sagt Czoernig [1]) nur so viel, daß auf Veranlassung des görzischen Oberdiakons Tautscher sechs Personen ausgetrieben wurden. Unsere Papiere nennen uns diese, dem Landeshistoriographen unbekannten Personen, wissen aber nichts von Tautschers Mithilfe. Jedesfalls war dieser nur ein heimlicher Schürer, ein von der Geistlichkeit vorgeschobener Posten, dessen Tätigkeit nach außen nicht bemerkbar war und unseren Vertriebenen, die ihn anderenfalls gewiß genannt hätten, verborgen blieb. Übrigens konnte er sein Talent, aus dem Hintergrunde ins Feuer zu blasen, noch manchmal üben, denn die Tradition berichtet, daß am Platze viele evangelische Bücher verbrannt wurden, wobei auch er vielleicht nicht unbeteiligt war. In einer kleinen Schrift »Die Erbauung und Einweihung der evangelischen Kirche in Görz« (1865) findet sich auf Seite 6 der Vermerk, daß drei adelige Familien standhaft bei ihrer evangelischen Überzeugung blieben und um diese Zeit das Vaterland verließen. Andere, die nicht die Kraft hatten, Glaubensflüchtlinge zu werden, aber auch ihre religiöse Überzeugung nicht preisgeben wollten, umgaben sich mit dem Scheine, vom Irrtum zurückgekehrt zu sein, oder übten die Vorsicht, vor der Welt zu verbergen, was sie innerlich dachten. Dies behauptet nämlich Morelli in seiner Geschichte »Die Grafschaft Görz-Gradiska« (Band 1, Seite 297). Es ist zu bedauern, daß Morelli den dokumentarischen Beleg für diese Nachricht nicht bietet. Die Dokumente mögen im fürsterzbischöflichen Archiv (oder im Landhause?) von Görz liegen. Wie sehr auch das evangelische Glaubensleben erstickt wurde, immer wieder fand man neuen Anlaß zum Einschreiten. Auf dem natürlichen Wege über das Isonzo- und Wippachtal gab es immer wieder Zuzug aus den umgebenden stark evangelischen Ländern Kärnten und Krain und es war einfach unmöglich, zu verhindern, daß die Ketzerei immer wieder eindrang. Von einem gänzlichen Ausrotten war vorläufig keine Rede. Der Einfluß von draußen stärkte das vorhandene Schwache stets neu. Gewiß blieben die alten Drohungen aufrecht, wonach offene Bekenner die Wahl hatten, das Land zu verlassen oder der päpstlichen Kirche neue Treue zu schwören, aber sie waren unzureichend, die religiöse

---

[1]) Seite 889.

Bewegung endgültig abzustoßen und die Gemüter zu beruhigen. Der fortgesetzten Wachsamkeit des einen oder anderen eifrigen Priesters gelang es darum immer wieder, neue Anhänger der evangelischen Lehre zu entdecken, nicht bloß zu Görz, sondern auch in Canale, Tolmein usw. und in allen gegen Kärnten gelegenen Pfarren. Die Verbannung hatte zwar den Bekennern die mutigsten Vorkämpfer entzogen, aber das schreckte die Gebliebenen von der gleichen Überzeugung nicht ab. Immer wieder fielen neue Herzen dem Worte Gottes zu. Das machte Karl schwere Sorge, und als im Jahre 1583 der Bischof Paul Bisanzio aus Cattaro die Grafschaft bereiste und in einem Berichte an den apostolischen Nuntius die Gefahr als immer noch sehr drohend schilderte und Karl zu schärferen Maßregeln drängte, war die Folge davon ein Befehl des Fürsten an den Gerichtsherrn Freiherrn Lorenz von Lantieri in Wippach, der selbst stark evangelisch schillerte und darum von Truber »ein Nikodemus« genannt wird,[1]) bei 1000 Dukaten Strafe diejenigen seiner Untertanen, die sich zur »evangelischen Sekte« bekannten, entweder zur Rückkehr zum katholischen Glauben oder zum Verlassen des Landes zu verhalten. Daraufhin erschienen, von ihm vorgeladen, am 21. März 1584 im Palais Schönhaus des Lantieri am heutigen Antoniusplatz in Görz 26 Personen aus der Wippacher Gegend, welche jener »Sekte« angehörten. Drei von ihnen kehrten in den Schoß der katholischen Kirche zurück, die 23 anderen aber verließen mit Weib und Kind das Land. Der denkwürdige Akt des Anfanges der Wippacher Gegenreformation hatte sich so in Görz abgespielt. Die nächste Folge des neuen, von Bischöfen beeinflußten schärferen Kurses waren Kirchenvisitationen. Aus diesen regelmäßigen Visitationen erwuchsen anderwärts die berüchtigten Reformationskommissionen. Die ständigen Untersuchungskommissionen in Görz hatten, unterstützt vom weltlichen Arm, bei verdächtigen Bürgern Hausdurchsuchungen gehalten und die stets wiedergefundenen gedruckten Boten der neuen Lehre fleißig verbrannt. Bedenklich war, daß trotzdem das Land immer noch Ketzer beherbergte. Das Protokoll einer solchen Visitation von Bartholomäus di Porcia [2]) vom Jahre 1594 erliegt in der k. k. Studienbibliothek in Görz.

---

[1]) Kostrenčić, Seite 205.
[2]) Ein nicht unbegabter, 1574 zum erstenmal in Augsburg zur Schlichtung von Streitigkeiten zwischen den Patriziern und Jesuiten als

Es beweist, wie die Funken im Geheimen noch fortglimmten. Porcia klagt nämlich, daß die Ketzerei noch unglaublich tief und weit verbreitet sei. Wie sehr das Land noch verseucht war, zeigt sich daran, daß er es für nötig hielt, dem Papste selbst über die traurigen Zustände Bericht zu erstatten und die Einführung der vollen Inquisition für Görz anzuraten. Sogar also für römisch-katholische geistliche Ketzergerichte glaubte Porcia hier Arbeit zu finden. Wie sehr die öffentliche Meinung im Görzischen noch mit evangelischem Geiste durchdrängt war oder wenigstens mit der evangelischen Gesinnung liebäugelte, beweist die unerhörte Konzession, welche er bei seiner Visitation im stockslowenischen Dorfe Kamnje machte, indem er — ich entnehme diese Nachricht einer in einem Missale romanum mit glagolitischer Schrift enthaltenen Marginalnote des Pfarramtes Černizza — beim Visitationsgottesdienste die Messe in slowenischer Sprache las, was gewiß tief blicken läßt.

Aber trotz alledem scheint sich die Bewegung noch ausgebreitet zu haben. 1595 finden sich in der Totenmatrik von Reifenberg noch drei als Ketzer Verstorbene und abseits Begrabene eingetragen, und zwar: sub Nr. 14: »Hieronimus Fabris mortuus est 29. Martii 1594, sequenti vero die sepultus est extra coemiterium uti plublicus Hereticus«; sub Nr. 82: »Sebaldus Khroatha, obiit Die 7. octobris 1596, extraque coemiterium sepultus est propter suam heresiam«; sub Nr. 88: »Augustina mortua est Pezenkhoviza, die 19. dezembris 1596 extraque Ecclesiam uti heretica sepulta est«[1]) Dies Immerwiedervorkommen der Evangelischen erklärt auch die scharfen Maßregeln des Erzherzogs Ferdinand in Görz, die sonst überflüssig gewesen wären. Im Jahre 1596 zur Regierung gekommen, ließ er seine Vorgänger Karl, Ernst

päpstlicher Nuntius verwendeter Kleriker, der trotz mancher Begabung und viel Umsicht den päpstlichen Stuhl vor Niederlagen doch nicht bewahren konnte, auch bei seinen Bekehrungsversuchen an Kurfürst August v. Sachsen kein Glück hatte. (Nuntiaturberichte aus Deutschland von Schellhass, IV. Band: Die süddeutsche Nuntiatur des Grafen Barth. von Porcia, Berlin 1903. CX. XLV. LXXIX. CL.) 1578 erscheint er als Helfer gegen Übergriffe der fürstlichen Beamten für Aquileja, allerdings auch hier ohne Erfolg. Schon in Augsburg war er Visitator, auch in dieser Stellung aber ebensowenig vom Glücke begünstigt wie im Görzischen, wo trotz seiner Visitation von 1594 noch lange danach Evangelische aufgespürt wurden. (CVII.)

[1]) Kroatha = Croata = Hrvat = der Kroate. Pezenkhoviza = Pečenkoviza die Pečenko = Gemahlin von Pečenko.

und Max in seiner Abneigung gegen die Evangelischen bekanntlich weit zurück, wiewohl auch diese in Steiermark, Kärnten und Krain das Gewicht ihrer Herrschaft und ihre Unversöhnlichkeit mit den Ideen der Reformation fühlen ließen. Ferdinand trug sich mit der Absicht, die Ketzerei in seinen Landen auszurotten. Demgemäß verfuhr er auch und suchte zunächst die evangelischen Prediger als die Führer der Gläubigen, in der richtigen Meinung, daß die Herde ohne Hirte ohne Einhalt verloren sei und dann um so leichter überwältigt werden könne, unschädlich zu machen. Mit dem Befehl vom 13. September 1598 wies er sämtliche evangelische Prediger seiner Staaten aus. Auch in Görz wurde dieser Befehl publiziert. Es gab also vielleicht auch hier in dieser Zeit noch — oder wieder? — evangelische Prediger, über die wir leider Näheres nicht wissen; nicht einmal ihren Namen kennen wir. Vielleicht war aber die Veröffentlichung der Prädikantenaustreibung auch hier nur eine scharfe Warnung an evangelische von anderwärts kommende, auf der Flucht und Auswanderung begriffene Prediger, die Grenzstadt ja nicht als ein Refugium zu benützen. Immerhin aber muß Görz von der Anwesenheit evangelischer Prediger nicht frei oder von deren längerem Durchzugsaufenthalte bedroht gewesen sein; denn im nächstfolgenden Jahre, am 12. November 1599, wurde der Befehl unter Androhung der strengsten Strafen gegen verborgen gehaltene Prädikanten wiederholt. Daß aber auch diese Maßregeln in den Gemütern die Liebe zum Worte Gottes noch nicht ganz unterdrückten, wenn sie auch durch die Predigt desselben nicht mehr genährt werden konnte, beweist die Einführung der Jesuiten 1615 nach Görz. Sie waren überall das letzte vom Papste warm empfohlene Mittel, durch ausdauernde Kleinarbeit die Gemüter von der Teilnahme an der »lutherischen Sekte« abzuschrecken und für die römische Lehre wieder zu gewinnen. Wie lange also haben die Evangelischen hier unter dem Drucke außerordentlicher Verhältnisse ausgehalten, wenn diese Pioniere römischer Bekehrungspraxis noch anfangs des zweiten Jahrzehnts des 17. Jahrhunderts Arbeit fanden! Wie zähe hatten die Bekenntniskräfte des Evangeliums die Nachkommen der Bedrängten gemacht, obschon sie eine lebendige Fühlung mit Gotteswort lange nicht mehr hatten. Welcher Segen wäre auf das Land übergegangen, wenn die im Worte Gottes schlummernden Kräfte ein freies gottergebenes Leben für Volk und Vaterland in seinen Bewohnern hätten schaffen dürfen. Die Jesuiten waren in unserem Ländchen die Totengräber der deutschen Reichs- und Einheitssprache. Sie brachten mit und förderten das Italienische und ihnen dankt es unser Staat, wenn er seine Italiener in patriotischer Beziehung nicht immer als einwandfrei glaubt ansehen zu müssen. Wie in Steiermark, Kärnten und Krain, so haben die Väter des Jesuitenordens, wenn auch langsam, aber doch unaufhaltsam und sicher so gründlich mit dem Protestantismus in der Grafschaft Görz-Gradiska aufgeräumt, daß von seinem einst so vielversprechenden Leben, das als zarter Sprosse für eine schönere Zukunft gekeimt, auch nicht eine Spur übrigblieb und die evangelische Predigt für zwei Jahrhunderte verstummte, bis sie erst wiederum ertönte, als in der Mitte des vorigen Jahrhunderts unsere kleine evangelische Gemeinde entstand. Namentlich dem slowenischen Volksstamme, der mit großer Begeisterung das Werk der Reformation in Angriff genommen hatte, ist jede Erinnerung an die auch seiner Sprache und Literatur so förderlich gewesene religiöse Bewegung des 16. Jahrhunderts abhanden gekommen.

Es muß weiteren Entdeckungen in den mir leider nicht zugänglichen bischöflichen Archiven zu Görz und Triest, vielleicht auch Publikationen in den noch ausstehenden Bänden der schon zitierten »Nuntiaturberichte«, deren vorliegendes Material einstweilen nichts für unsere Gegend enthält, sowie in den einzelnen Pfarrarchiven unserer Grafschaft vorbehalten bleiben, die Lücken dieses Geschichtsausschnittes zu füllen.

Bellagen.

A.

Erzherzog Carl II. etc. an den Erzpriester Mathias Merzina in Görz, 8. Januar 1566.

Erwarer Lieber Andächtiger, wir haben dein vnttertheinig schreiben vom 20 dezembris negsthin Empfangen, vnd Inhalts verstanden. Souil nun graf Georgen vam Thurn, vor dieser Zeyt bestellten Sectischen predicanten belangt, weil er dauon ist, so bleib es darbey, Aber wier beuelchen hiemit genediglich vnd wellen, das du furbarse kein solchen einkhomen lassen: vnd da du es nicht whören machtest vnns vmb einsehung hilf ersuechest,

So ist ferner vnnser genediger beuelich, das du vnns inspedie vnd mit namen lhenigen anzeigest, so die Benefitia Ihrer Lehenschaft, In dieser vnnser frl: graf: Görz, der gebur nach nit verleyhen, Also auch was die Jenigen sein, so Ihre habenden Caploneijen pershonlich nit versechen sondern andern vertrauen. damit wir nottwendige wendung thuen Mögen.

Was dann die Ihenigen Pershonen antrifft, so das Sacrament vntter beijderleij gestallt von dir begern dieweill noch weillandt Ir Khey: M: etc. Hochlöblichster gedechtnus solche Dispensation. für alle Ire Lande. von der vorigen Bab: Hey: erlangt dieselb auch allenthalben gehalten wurtt vnd wir vor guetter Zeijt die Erzpriester allenthalben ersuecht, das sie es anrichten sollen vnnd es aber in dieser vnnser Stat bishero nit beschehen, das vnns dar nit wenig befrembt, so ist hiemit vnser Ernstlicher buelch an dich das du solche Comunion vnder beijderleij gestalt niemant waigern sondern andechtiglichen vnd willig wie es an andern ortten vnd vnsern Landen beschicht, In christlicher Ainigkeijt, wers nur begert raichen wollest daran erstattestu, vnnsren gefelligen willen, vnd entliche ernstliche Mainung. Geben in vnser Statt Graz

       Carolus

           Admandatum Domini
Dem Erbarn vnnseren lieben an- Ar: proprium
dächtigen Mathias Morzina Pfarrern Caspar Preiner
 In vnnser Statt Görz.   Hanns Khowenzl

B.

Graf Geörgen Von Thurn vnd Zum Creuz etc. Mündtlicher füertrag in Religionßsachen den 26 Februarij 1579.

Die fürstl. Durchl: Erzherzog Carl zu Österreich etc. vnser gnedigster Herr etc. haben von der Bäb: Heijl: Kunig aus Hyspanien vnnd in gemain von Wallischen füersten, fuernemblich aber von vnnsren nägsten Nachpern denen Venedigern, Ernstliche ermanungs schreijben empfangen, Nachdem Sij durch den Patriarchen von Aglern warhafftig verstannden, daß Sich die Sectisch luterisch vnnd NeuEuangelisch lehr, vnnd falsche Religion, in der frstl. Graffschafft Gorz Ihe lenger Ihe weitter einreist, dardurch zu besorgen dieselb mechte in khuerzer Zeit. ins Patriarchen von Aglern lanndt. vnnd dann weiter in Italien einschleichen, damit aber solchem Vbl vnnd falscher lehr gewehrt vnnd das vnkhrautt, sambt der Wuerzl zeitlichen ausgerott werde, haben ihre frstl: Drchl: mier durch beuelch ernnstlich auferlegt vnnd gebotten, Euch dits orths fuer mich zuerfordern. vnnd solche Ier Drchl. entliche mainung hiemit zu enteckhen, das höchster: Ier Drchl: etc. kaines weeges gemaint, ainichen menschen alhie in der Graffschaft Whonen. Vil weniger khunftiger Zeit einkhumen zulassen so nicht Ierer frstl: Drchl: etc. alß der rechten wahren allein Sölligmachenden Catholischen Apostolischen vnnd Römischen religion vnnd Kirchen zuegethon, wie dann Auch Ier frstl: Drchl: nit allein von obbemellten Pottentaten. Sondern auch durch die Geistlichen Chur- vnnd andern fuerssten im Reich etc. als durch die Bischoff von Wierzburg, Bamberg, vnnd Salzburg, benebens von den herzögen von Soffeij herzog Albrecht vnnd Ferdinanden auß Baijern vnnd Schließlich durch meinen gnedigisten herrn Erzherzog Ferdinanden von Österreich Zuförderist daß Ich Eendter anzaigen sollen, durch Ire Kaij: Mt: zum öfftermalln, aniezo aber schließlich ganz Treulich ermant worden, die Luterischen strackhs aus der Graff: zuschaffen, wo aber Ire Drchl: solches nit ins werckh richten. vnnd die Khezer darauß schaffen wollten wäre die Bäb: Heij: vnd herrschaft Venedig. beraith dahin deliberiert, die Graff: mit khrieg zu yberfalln, vnnd die Sectierer vnndter dem Schwerdt here geen zulassen, Damit aber durch Euch vnnd annder Ire Drchl: nithe vrsach gegeben, Dero lanndt vnnd leutt in gefär Zu sezen Sonndern Vill mehr Zu erhaltung Euerer Seelen hail vnnd Sälligkeit, aller gehorsamb gelaistet werde, So Erman in namen Ier fur: Drchl: Ich Euch daß Ier der Heijligen Röm: kirchen gehorsamb laistet vnnd Zu dero als von anfang gerechten. mit treuen herzen Kheret, vnd schließlichen Ier Drchl: Religion an Euch nemet, Jee mehr als Eurer veruierischen lehr glaubet, wo Ieer Euch aber wie bißhero widersinnig erzeigen vnd der Kirchen gar nicht gehorsamb laisten wolt. habt Ier annderst nichts Zu wartten, dann daß Ier vnd alle der Euan: Religion mit weib vnndt khinndt aus der Graff: derowegen Ier Euch in einem vnnd dem andern darnach zurichten. vnnd hierinnen Euer besstes füerzunemen wissen werdet.

C_1.
Andreas von Attems Religionsbekenntnis an Graf Georg von Thurn.
2. März 1579.

Wohlgeborner Graf gnäd. Herr Auf der: Fürstl: Drchl: etc: meines genedigisten herrn vnnd Lanndtsfürsten An Euer gnaden

Ausgangen beuelch Mich alspalt fier Zufordern Augspurgerischen khonfession vnnd diser meiner Mainung verharen vnnd ich mich nit widerumen Zu der Alten Catholischen Rö: Khirchen begeben werde das Ir: fürstl: Drchl: etc: Alberait Entschlossen, mich vnnd Alle die Jenigen so gedachten Irer: Fürstl: etc. Catollischen Relligion Zu wider oder derselben nit aller dings Anhangig auß disser Ir Fürstl: Drchl: etc. graf: Görz Zu schaffen darinnen lenger nit zu gedulden oder werblaiben Zu lassen vnnd was Euer gnad: Sunsten mit mier in Sonderheit Mündlchen geret hab Ich Alles mit aller gehorsamb angehört vnnd verstanden.

Darauf Herr graf E: gna: dragen sunders Zwiffel, noch guet wissen was sich in verschinnen 1574 Jars Eben Auch in Religions sachen, vnnd fürnemblichen der Comunion halber begeben, das Ir Fürstl: Drchl: etc. mein genedigister Herr destwegen dem hochwierdigen fürsten vnnd herrn herrn khuenraten Bischoffe Zu Laibach in Gott sällig khlich Ruendt, vnnd Euer gnad: Zu Comissarien hierinen genedigist verordent haben etc. Allso haben damalls die von Adl in diser graf: ein iet weder Innsonnderheit sich erclart welcher religion Er seij, wie auch ich das Erste Mall alls ich ersuecht worden mich erclardt das ich der augspurgerischen Confesion bekhantlichen vnnd binn auch Also von Jugent auf gelernt vnnd Instituiert worden Dan aber des 1575 Jars hernach bin ich als ein vnnwierdigen dienner Auf erfordrung der Fürstl. Drchl: meines gnäd: herrn Meinem Zuesagen noch in derselben hochLoblichen N: o: Regierung Khuemen dasselbst war mier Irer Fürstl: Durchl: etc. Instruction Zu vber Lessen Zuegestellt darinen ein Artigcl der Religion halben eingeleibt das sich ein Jetweder Angeunder Regiments Rat Erclarn solle, was Religion er seij Allda er Zum andermall offentlichen vor högst gemellten n. o. Regiements Ratten mich zu der Augspurgerischen Confession bekhendt, vnnd weil dann Ja nit weniger das Ich Allso in dieser Religion won Jugent auf erzogen vnndt gelernet bin hab ich auch billichen vnnd göttlichen dieselb offentlich bekanndt, hab mich auch in Zeit meines Leben der massen dabeij verhalten das ich gott. lob niemalls mit wissen khainen ainigen Mennschen weder wenig noch uill geergert oder Perturbiert hab, wie vnnd Alls man mich hiezt beij Irer Fürstl: Drchl: etc. meinem gn. herrn vnnd Lantsfürsten wider Gottes Ere vnnd Recht vnnschuldigkhlichen dargeben, als hette ich in meinem Hauß mit aufgethonnen fennstern den Leiten gebredigt auf offnen Plaz dispudiert vnnd andere Conueticela gehalten, Allso vnnd der gleichen gar ergerlichen gelebt, das ist nun nit vnnd wierdt sich auch in Ewigkhait nimer allso gestaltsann mit khainer Personn mit wahrhait bezeugt oder befunden will aber alls ein Rechter Crist dessen alles, Ich mich weder in ainem oder anndern, wenig noch vill nit schuldig waiß diser inzicht vnnd gegrundes Angeben dem Gotlossen verlembter hiemit verziechen dan in der Zeit der lezten belaunug wiert Gott der Aller hogste der ein erkhenner Aller herrzen ist disse Iniuria an meiner stat woll straffen, vnnd Zurechnen wissen,

Vnnd weill dan gn. graf. wie obuermelt Ich mein Religion bekhanndtnus Zu Zwaijen mallen in schrifft vnnd mit dem Mundt Ausgesprochen vnd am tage geben, So khan ich in wahrheit vmb der forcht Gottes willen vnnd beij verlierung meiner armen Sell, Auch Zu wider meineß gewissens von disser meiner hieoben Zu Zwaien mallen bekhanndten Religion nicht weichen Sunder ich trau Gott meinem himblischen vatter Erlösser vnnd sailligmacher die: fürstl: Drchl: etc. meinem genedigen herrn vnnd Lanndtsfürsten werden mich Zu wider meinem Gewissen nicht trinngen auch wmb disser meiner Religion bekhanntnus willen auß disser Irer fürstl: Drchl: etc. graf: Gorz nicht ausschaffen, dan vmb meiner Langwierigen gehorsamiste Treu, vnnd hochfleissigiste gethone dienstwegen Ich dergleichen Ausschaffen nicht verdient, dan ich nun in die 33 Jar her dem hochlöblichen hauß osterreich, An Allen Ruem Zu melden diennen thue, vnnd Also in etlichen Ansehlichen feltZugen Alls in vnngarn wider dem Erfeint vnnd in Itallien wider dem Khunig auß frankhen Reich wie wissentlichen Mein leib vnnd Leben vnuerzagt neben andern Ritterlichen vnnd Erliebenden Kriegsleiten gewagt, danneben auch zu Eren meines habenten beuelch Alle Zeit nur von haimbt gelt genumen, vnnd verzert das Alles Zubedenkhen Schmerzt mich nit wenig das ich Also meines woluerhaltens wegen ich vnuerdient vnnd wmb der warhait willen Auß meinem vatterlant verschafft werden solle wils also dem Lieben treuen Gott

C_2.

beuelchen, vnd da Je mein gn. herr vnnd Lanndtsfürst vmb disser meiner Cristlichen bekhanntnus willen mich auß disser Irer Drchl: grafsch: Gorz auszuschaffen genedigist bedacht ist So bin ich Jeder Zeit Irer Fürstl: Drchl: etc. genedigisten willen vnd mainung in underthenigister meiner Cristlichen gehorsam Treuherzig vnnd willig in allem Zuuolziehen gar vnnd mit nichte Zu wider, dan ich allezeit vnnd mit sonndern vleiß Alls vill mier Menschlich miglich gewest, Zu erst Gott dem herrn vnnd der weltlichen obrikhait die schuldige Recht messige, vnnd Pilliche gehorsam gelaist vnnd noch Liebts Gott in Zeit meines Leben Zu thuen Ich mich schuldig erkhene vnnd Allso gehorsamlichen laisten will. Da Entgegen so Zweiffelt mier auch nicht mein gnäd: herr vnnd Lanndtsfürst wiert mich armen Allten dienner mit weib vnd khindt nicht so gar ausstillgen Sunder mich noch Lenger Vnder Irer Fürstl. Drchl. etc. Schuz vnnd Schermb genedigist Erhalten damit Ich nit vnder anderer frembten vnnd weide herrschafften gerathe Sunder mier vnnder dem Erzherzogthumbs khernten oder fürstenthum Chrain, vnd wo es mier an disser Zwaien Orten Zu vberziehen Am bequemblichisten sein wiertet, genedigist willigen vnd Zuegeben, vnnd wil gleich Allso in dem lieben namen Jesu Gott dem herrn, vnnd Irer Fürstl: Drchl: meinem genedigisten herrn vnd Lantsfürsten mich sambt vnnd khindern ganz vnnderthenigistes Gehorsamistes höchstes, vnnd treues, dienstliches vleiß Zu gottlicher vnd Landtfürstl: genaden beuelchen hieneben E. Gn. gehorsambs vleiß Pittent dise mein vnnderthainigist Resolution Irer Fürstl: Drchl: etc. meinem genedigisten herrn Auf derselben genedigst begern gehorsamist Zu vber schikhen, vnnd ob es mueglichen vnnd thuenlich So bit ich in sonder hait Euer gn. Neben dem Allem bei Irer Fürstl: Drchl: mich vnderthainigist Zu Recomantiern Solches Auf den von E. gnad. mier erlassnen Fürstl: beuelch, vnd auf derselben mündliches Fürhalten, hab ich gehorsamblich in disser von mier begerten schrifftlichen Antwort E. Gn. nit wellen verhalten vnd thue allso Für Gn. mich gehorsamb dienstliches vleiss zu gn. beuelchen.

D.

Vier Adelige an Thurn vom 25. März 1579.

Wolgebornner herr Graff, genediger vnd gebietunder herr Haubtmann, alweil auf beuelch vnd in namen der fürstl: Drchl vnsers genedigsten herrn, vnd Landtsfürsten, Eur gn. vns hochst ernenter Ir fürstl: Drchl: beuelch in causa Religionis erstlichen mündlichen fürgetragen dann hernach auch schrifftlichen verlesen, das wer vndter Ir fürstl: Drchl: etc in diser fürstl. Graffschafft

Görz, als regierenden herrn vnd Landtsfürssten schuz vnd schirm wohnnen, sich aindtweder hochsternenter Ir fürstl: Drchl: vnsers genedigsten herrn Religion Accomodiern, oder aber Im widrigen faal dises gwiß gewarttundt sein solle, das Ir fürstl: Drchl: Ine, aus ernenter Grafschafft schaffen, denn er hochstwolernenter Ir fürstl: Drchl: khaines weegs gemaint, von aines oder des andern weegen Ire landt vnd leuth in eüseriste gefahr Zusezen, mit merern etc. haben wier hieunden verzaichende Iero fürstl: Drchl: vndtern hochloblichen hauß von Österreich, gebornen getreuen, vnd in diser Irer fürstl: Drchl: fürstlichen Graffschafft Gorz mit rukhen wonende vom Adl ganz gehorsamblich verstanden, darauf wolten wir vns ausser der Ewigen seligkhait nichts angenemers wünschen dann das Ir fürstl: Drchl: wier die claine Zeit vnsers beuorsteunden lebens als Ir Drchl: getrew vndterthanigste dienner vndterthanen vnd lehens leüth alle menschliche müglichiste gehorsam laisten möchten, weil es aber hierinen nicht vmb das Zeitlich sondern ewig Zuthuen, So volgt hierauf vnser gehorsame erclärung, das bej der Augspurgerischen Confession, wir biß auf vnnser ennde, ganzlich willens Zuuerharen, Eur Gnad. ganz vndterthanigkhlich bittendt, weil vor Ir fürstl. Durchl. wir mit vngrundt angetragen, als ob wir Ergerlich lebten ctc. Eur gn. wollten, als die das widerspil erfarn, vns bej Ir. fürstl. Drchl: mit allen gnaden Recomendiern, damit Ir Drchl: vns nochmallen In vnsern Vatterlandt gnadigist verbleiben lassen wolte. Welche vnser vndterthanige gehorsame schuldige vnd willige schrifftliche antwort Eur gn: wir auf dero erfordern, undter vnser aignen handtschrifft gehorsambsvleiß vbergeben, vnd Irer fürstl: Drchl: vnsers gnedigisten herrn Vätterlichen mülden Resolution in vndterthanigisten gehorsamb gewarttigsein wöllen, gehorsamist erbiettig, Ir Drchl: beuelch so hieruber eruolgt vnderthanigist Zuuolziehen, beneben Eur gnaden vns vnderthanigs vleiß beuelchendt,

      E. Gn.
   vnderthanig gehorsame

         Leonhardt von Orzan,
         Erasm von Dornberg,
         Friedrich von Orzon,
         B. Posch von Vigau,

E.

Karl II. an Thurn betreffs der Abschaffung vom 8. Mai 1579.

Getreuer Lieber, Nachdem wier vnns mit wolbedachtem Zeitigen Rath ainmal für alzeit entlich dachin Resoluiert vnd entschlossen, in disem vnserm f. Grafsch. Görz, khein andere, als vnser Alte ware vnnd allein selligmachende Catholische Religion zu gedulden vnd Zuerhalten, wie wier dann solicher vnser genembne genedigiste Resolution vnserm haubtman alda, vnnd dier hieuor genedigiste angedeüttet, vnd daneben auferlegt haben, alle die yhenigen so sollicher alten Catolischen Religion in einem oder dem andern Zuwider als Namblichen anderen von Attimiß Scipion Formenti Lienhardt vnnd Friedrichen von Orzan, Erasm von Dornberg Bartlmeen Poschen, vnd Gregorn Comär hinwekh Zuschaffen weil aber solliches biß dato nach nit beschechen Sonder die sachen yezo bemelten Personen durch Ime haubtman, als Er Jüngstlich alda gewest in vnserm Namen allein also angedeütet vnd für gehalten worden, So ist demnach vnnser genediger vnd ganz ernstlicher Beuelch an dich, daß du imer daß werkh selbs fürhanden nemben vnd nemblichen ernenten Landtsassen auf Ir beschechne erclarung von vnsertwegen mit allem Ernst auflegen vnnd gebietten wellest Sich Inner Monatsfriste nach Fürhaltung diß anzuraitten auß diser vnser Grafschafft gewislichen fuerzuziehen vnd Ir gelegenheit mit wonung andern ortten zu suechen also auch dem Fermentin in sonderhait Anzuzeigen das Er Sich Seinen vorhaben nach entschuldigung halben hieher zu vns nit tarf verfüegen, dann wier one allene verschonung gegen einen vnd den andern, So wier berüert vnserer Catolischen Religion nit zu gethan, oder verwandt sein, mit solicher ausschaffung fürzugehn gedenkhen, Inmassen wier dann auch dem Erzbriesster alda hieneben Anbeuolchen ainer Ersamen Versamblung Secretarien Paul Zobel mit Seiner weittern erclarung Zuuernemben, vnnd allenthalben in gemein vleissige guette achtung auf die Sectischen Zu geben, vnnd dier dieselb anzuzaigen darauf du Sij dann gleichermassen als dann strakhs weckh zu schaffen wessen wierdest deßgleichen vns Leittenandt ambt in der Gwärdi nach deß Orzan so wekh Ziechen mit Jacoben Fentana (wie dann vnnser sonderlicher Beuelch ist Zuersezen vnnd vnns neben dem ain speceficierte lauttere Verzaichnus welche dienstleuth den Sectischen wesen anhengig seyen Zuüberschikhen mit gnaden vernnemet daß du die sachen dißfals also wie es die notturfft in albeg erfordert heyß und Eyfryg angelegen sein vnd vns volgents deiner verichtung Relation mit ehisten zuekhumen lassen wöllest daß Sich etwan ainer der ander disen vnser genedigisten verordnung Zuwider vngehorsam Zuuerweisen vndersteen wurde wie wier dann dem haubtman Selbs gleichsfals anbeuolchen seinem Pfleger Zum Creuz weil Er auch Sectisch sein solle auß der Graf Strakhs wekh Zuschaffen, deßgleichen der Pfarr wippach erformierung halben dem Thuen Pepsten Zu Gurkh als Lechens herrn die Notturfft vermüg inligunder Copi Zuegeschriben dardurch Verschaffentlich der sachen auch geholfen vnd Rat geschafft sein wierdet an dem Beschicht vnnser gefelliger auch ernstlicher entlicher willen vnd meinung.

 Caroluß.   Ad mandatum Archiducis
 Wolfgang Schranz D: Domin: proprium.

F.

Karl an den Domprobst zu Gurk vom 8. Mai 1579.

Nach dem wie vnns fürkhumbt die Pfar wippach Lechenschafft welche mit einer grossen Pfar meing versechen deinem Stifft Zuegehörig vnd Sich daselbst, daß Sectißch wesen auch etlicher massen erzaigen, Sonderlich aber beij der geistlichkheit aller hanndt Ergerniß vnd mißbrauch einreisen sollen, also daß in alweg Ich vonnethen dergegen Zeittliche einsechung vnd wendung fürzunemben wie wier dann vnsers thails Entlich dachin entschlossen, vnd alberaith dise Ernstliche verordnung gethan haben alle die Ihenigen so vnserer alten Alten waren Catolischen Religion Zuwider sein der enden nit Zu gedulden sonder dieselben in bestimbter khurzer Zeit aus der Grafschafft Görz Zuschaffen, derhalben beuelchen wiero dir hiemit genedigclich vnd wellen, daß du als Lechens herr berüerter Pfar wippach icht vndterlassest Sondern one verzug all mitl vnd weeg bedacht, seijest. soliche Pfar in Einem vnd dem andern der gebüer vnd notturfft nach, zu Refermiern vnd die eingerißne Mengel, daselbst abzustellen sonderlich aber mit echisten ainem tauglichen geschikhten Exemplarischem Pfarherr alß an deme daß maiste gelegen Dachin Zuuerordnen, der alle sachen in guetten wesen Erhalten vnd vor weitterer verderblichen Zerrittung verhüetten müge da auch dier oder Ime darundter was beschwarlichs Zuesten oder begegnen wurde solle auf dessen anbringung vnd Erinderung an vnserer Landtsfürstlichen hülf vnd

Zuethuen gleichfals khain Mangel erschinen allein lasse dier darundter an deinen meglichisten vleiß vnd eijfer mit welichen du beij vnns beriembt, nichts ermüden sonder dier die befuederung vnd wolziechung dere sachen Zum besten angelegen vnd beuolchen sein Als wier dann in khainen Zwifel stellen vnd Es beschicht vnser gnediger Gefelliger Ernstlicher willen vnd meinung.

G.

Karls II. Antwort auf Thurns Bericht über das Geschehene vom 10. Juni 1579.

Getreuer Lieber. wir haben dein vntterthenig relation schreiben die Anbefolchne Ausschaffung der Sectischen Pershonen in diser vnnser fürstl: Graf: Görz belangens von 24 negst verwichen woll empfangen, vnd seines Inhalts nach lengs angehört und verstanden, wie wir dan auch mit deiner beschechner exequir vnd verrichtung genedigist wole Zufriden, vnd wellen vnß in allweg verstehen, du werdest in dem vbrigen deinem gehörsamisten erbieten gleichfals furderlich vnd wurkhlich nach Zu khomen nicht vntterlassen.

Was dan Ir etlicher begerten Termins verlengerung belangt wan einer oder der ander sich darowegen beij vnns Sup: an melten wurtt, so wellen wir vnnß also, das darundter nach gelegenheijt, der vrsachen, so einer oder der ander für Zuwenden genedigister gebur entschliessen wolten wier dier Zum recipise nicht verhalten. vnd sein dir mit gnaden wolgenaigt

W. Schranz Doctor   Admandatum Dñi
                                                           Arch: etc.

H.

Bitte von sechs Adeligen an die steirischen Stände um Hilfe zur Rücknahme der Austreibung vom 30. Juni 1579.

Wollgeborn Edl vnnd Gestreng sonnders günstig herrn, Eur Gnad. sein vnnser willige Diennst vngesParts vleis Jeder Zeit Zuuor berait.

Die fürstl: Drchl: Erzherzog. Carl Zu Österreich etc. vnser genedigister Landtsfürst, vnnd herr, haben Ire Jüngst abgeloffnen Monat Maij, dem herrn verwalter diser Graffschaft Görz Ernstlich anbeuolchen, weillen wier nicht Irer fürstl. Drchl. Religion wärn, sonder der Augspurgischen Confession sich erclärt hetten, das wir vns derwegen, nach fürhaltung desselben beuelchs, Inner Monats frist aus diser Irer fürstl. Drchl. Graffschaft Görz Ziehen vnnd vnnsere whonungen an andern ortten vnnd enden suechen sollen, dan Ir fürstl. Drchl. etc ain mall für alzeit entschlossen, khainen der nicht derselben Religion ist, In diser Graffschaft Zu gedulden mit mererm etc.

Wann wier vnns aber in diser vnnserer Confession vnnd hiewhonen ganz beschaiden, vnnd vnergerlich verhalten, auch khain Predicanten, herein gefuert, oder vnnser Khirchen aufgericht noch mit Jemanden vill oder wenig in glaubens sachen disPutiert ainer den Andern weder verschmecht noch angetast sonnder mit meniglichen ganz freundtlich Nacherlich fridlich Ruebig vnnd ainig gelebt vnnd Inn Suma vnns der massen eingezogen vnnd christlich verhalten dadurch wir khainen Zu aincher befuegter beschwar geursacht, noch sollich niemandt der gebur nach vnnd mit grundt der warhait. Irer Fürstl. Drchl. wider vnns schreiben oder anzeigen hat khünnen, allein das wir durch etliche haimbliche vngüettiger weis beij Irer fürst: Drchl. angeben sein worden, das wir offentlich Predicten, Conuenticula hielten, in Religions sachen dissputiertn vnnd dardurch an diser venedigischen Graunz ain Pesen aingang machten vnnd dergleichen.

Demnach wir angeregter außschaffung wegen, verursacht Irer fürstl. Drchl: vnnser vnschuldt vnnd vnuerdiennen Supplicando gehorsamist fürzutragen, vnnd etlich vrsachen benebens mitlauffen Zu lassen, worummben Ir fürstl. Drchl. vnns auß gedachter Graffschafft nicht außschaffen solle, mit bite vnns also noch hiefür, wie bißher in gehörtter Graffschaft genedigst verbleiben Zu lassen, vnnd den vorsteenden beuelch widerumb aufzuhöben Mit merem Inhalt etc. wie solliches alles Eur Gn. von weiser dises dem Edlen vnnd Ernuesten Herrn Lienhardten von Orzon der desthalben in vnnsern Namen hinauß Zu Irer fürstl. Drch: Raist merers Mündtlichen günstlichen vernemen, auch die Supplication ausgangne beuelch vnd dero wegen einkhombne schrifften sechen werden mügen.

Weillen wier nun Zu Eur. Gnd. vnnser vertrauen, vnnd dise hoffnung haben, die werden vnns dits orts was hier Ine beij Irer fürstl. Drchl: mit dem aller diemuettigisten vnnd gehorsamisten gliePhen Zuerhalten vnnd Zuerlangen sein, alle guete weegweisung vnnd Rath mitthaillen, So haben wir ernenten Herrn von Orzoner

Petten, das er also an vnnserer stat vnnd in vnnsern Namen, den Handl E. Gn. Mundlichen mit mererm treuherzig endteckhen Comuniciern, vnnd derselben getreuen Rath Rath Phlegen welle, was doch etwo am Pesten bilchweiß fürzukheren wäre damit wir vnnser flechen beij höchsternennter fürstl. Drchl. vnnderthanigist erlangen, vnnd also in dem geliebten vatterlanndt beij vnnserm Patrimonio vnuertriben mit Rhue gelassen werden möchten.

Derhalben ist an Eur Gn. vnnser ganz vleissig anlangen vnnd bite, die wöllen angezeigten Herrn von Orzon also die verlangte treuherzig, vnnd wolmainende weegweisung vnnd Rath auß christlicher Bruederlicher Liebe mit thaillen, Wie vnnd waßmassen er vnnser obligen vnnd beschwär am Pesten Irer fürstl. Drchl: etc. schrifftlich fürtragen, auch wo vonnetten widerumb RePliciern khüne, das beij E. Gn. sein wier auß christlichen mit leiden Zuerlangen getröstunndt, Solliches auch vmb. E. Gn. wo vnns müglich widerumb Zuuerdiennen geflissen sein wöllen deren wir vnns hieneben ganz vleissig thuen beuelchen,

(Orig. Unterschriften):
Dienstgeflißne

A. v. Attems m. p.   Friedrich von Orzon m. p.
Scipion Frumentün m. p.   Erasum v. Dornberg m. p.
                            B: Posch v. Vigaun m. p.
                            Gregor Comär m. p.

J_1.

Bitte an den Fürsten. Beilage zum vorhergehenden Schreiben vom letzten Juni 1579.

Durchleuchtigister ErtzherZog.

Genedigister Landtsfürst vnnd herr. Eur. fur: Drchl: Rath vnnd Haubtmann der Furstl. Graffschafft Görz. der wolgeborn herr herr Graue vnnd Freijherr vom Thurn vnnd Zum Creuz, hat vnns Vnnlangst maists thails fur sich erfordert. vnnd in Eur fur: Dur: Namen vnns mit sonndern Ernst vnnd Außfuerung fur gehalten, wie daß Eur. fur: Dur: von der Bäbstlichen Heijlligkheit Khünnig aus Hispannien, vnnd in gemain von den wellischen, Sonnderlich aber von den Venedigern, Ernstliche Ermanung schreiben EmPhangen hetten. Nach dem Sij von den Patriarichen von Aglern, Bericht, das sich die Sectisch Lutrisch Lehr vnnd falsche Religion in der fürstlichen Graffschafft Görz JeLenger Je weitter

Einreissen, vnnd also besorgenlich in Italiam einschleichen mecht, derowegen disem öbl. vnnd falsche Lehr, Zu whern vnnd das Vnnkhraut sambt der Wurzen, Zeitlich AußZureijten, hete Eur fur: Dur: Ime herrn Haubtman Ernstlich aufgelegt vnd gebotten vnns fuZufordern vnd Zuend dekhen, das Eur. fur: Dur: khaines weegs gemaint, Ainichen Mennschen in der Graffschafft wohnen, vil weniger khunfftiger Zeit einkhomen Zulassen, so nicht der Romischen Religion vnd Khirchen Zuegethan, wie dan destwegen Eur für: Dur: Auch durch die Geistlichen Chur vnnd anndere fürsten im Reich als den Bischoue von Wierzburg, Bamberg vnnd Salzburg, Benebens von den Herzogen von SaPheij, Herzog Albrecht vnd Ferdinanden aus Payrn vnd Zu Fordrist von Irer Röm: Khaij: Mt: etc vnd Erzherzog Ferdinanden von Osterreich. Zum Offtermal Ermandt weren worden, die Lutrischen strakhs aus der Graffschafft zu Jagen. vnnd da es nit beschehe die Bebstliche Heylligkheit, vnd herrschafft Venedig berait vnd dahin deliberiert, die Graffschafft mit Khrieg Zu überfallen, vnnd die Sectierer vnndter dem Schwerdt herghen Zulassen, das wier derowegen der Romischen Khirchen gehorsamb laisten, Ja mehr als vnnserer verfuerischen Lehr glauben geben vnnd dj Römische Religion an vns nemen, one daß wier mit weib vnd Khindt aus der Graffschafft geschaffen werden sollen,

Hierauf vnnd weil wier vnns von der Ainmal Erkhendten vnnd bekhenndten warheit, des Heijlligen Euangelj, vnnd Cristlichen AugsPurgerischen Confession nicht begeben, noch vnnser gewissen damit beschweren khünnen Sein wier hernach, durch den herrn Verwalter franzen von Dornberg widerumben erfordert, vnd ist vnns auferlegt worden, In Monatsfrist der bewissten Religion halben, vnns aus der Graffschafft wekhZuZiehen vnd vnnsere whonungen, anndern Orth vnnd Enndt Zusuechen, wie es den die wort mit merern mit sich gebracht etc. Wie nun vnns, dises gannz schwerlich betrüebt, vnd bekhumerlich anzuhören gewest, das haben Eur für: Dur: genedigist vnnd sonnst menigclich wol Zuerwegen das wier derselben als gethreuiste Landtleuth. diener Ambtleuth vnd vnndterthannen, sollicher vrsachen wegen, aus den Lanndt geschafft, darInnen wier geborn. Erzogen Numehr maistes theils daß Zimbliche Alter Erraicht, vnnd daß so vnnsere liebe Vor Eltern, mit darstrekhung vnnd Aufsezung Leib gewalts vnnd Pluets, Erlich vnd Ruemblich erhalten, sambt vnnsern weib vnd Khinden verlassen sollen, Weil wier vnns kheiner sollichen verwierkhenden verschuldung nit Zuerlnern haben, vnnd wissen, vnnd daß vnns sonderlich auch neben dem Zuegemessen wirdt, Als ob wier verwierer gemaines fridens vnd vrsacher sein sollen, Anndere Potentaten fürsten vnnd herrn, das Lanndt vnd Graffschafft, mit Khrieg Zu überfallen dauor vnns Got der Almechtig behuetten wolle, Dan ob wier wol von den gnaden Gottes vnns Zu der Cristlichen AugsPurgischen Confession bekhennen, So khündten wier vnns doch nit mit dem wenigisten berichten das wier etwan Jemandt damit Perturbiert, Angefochten oder in was weeg es vnns Zuegemessen worden, oder wier von Eur für: Dur: angeben sein mechten Jemandt betruebt hetten, wie es dan versehenlich, auf vnns auch nicht dargebracht werden khan, Sonnder haben, vnns in Diemueth, aller Cristlichen beschaidenheit verhalten maß vnd Ordnung geben, Stil vnnd Ruebig verbliben Niemandt Ain Jeden in seiner Religion vnueracht Vnangetastet, vnd vnuerkhleinert verbleiben lassen, wie es sich, ob Gott weil, also vnd nit annders erfinden solle, daheer vnns dann wie ob steeth, Zum hechsten gannz bekhumert vnnd von Herzen schmerzlich felt, das vor Eur für: Dur: als vnnsern genedigisten herrn vnd Landtsfürsten, wier etwan dermassen angeben sein, darüber ain sollche Ausschaffung für die hannd genumen worden. Nun wissen wier Je in diser vnnser betrüebnus vnnd schweren Sentenz, khein Zueflucht annders wo, sonnder eben bei Eur Für: Dur: etc. Zusuechen, wie wier dan dieselb gewißlich vnnd vnZweiffenlich Zufinden, vnns vnndtertheniglst vnd diemuettigist getresten, Derowegen wier dan, vnnsern mituerwandten, Lionhardten von Orzon, hiemit diser vnnser gehorsamisten SuPPlication vnd daß er auch dieselben. Mündlich diemuettigist ersuechen solle, Zu Eur für: Dur: Abgeferttigt. Vnnd weil dan nit allain Eur für: Dur: sonder noch die in Got Ruende Röm: Khaij: Mt. etc. Ferdinandus, hechstlob, vnd selligister gedechtnus, derselben geliebster herr vnd Vatter, aller gist vnd genedigist bis heer vnns so wol, als die Anndern Lande, vnnd derselben Inwonner, so sich Zu gemelter AugsPurgischen Confession Erkhenndt, nit allain in lrem gewissen vnbetruebt gelassen, sonnder Niemals

J₂.

khein sollche, vnnd scharffe Priuat Ausschaffung furgenommen, vnnd sonderlich Eur für: Dur: mermals sollche genedigiste Vertröstung gethan, das Sij niemandt wider sein gewissen, beschwären, oder beschweren lassen wolten, So ist demnach an Eur für: Dur: etc. vmb der Ehre Gottes willen, vnnser vnndterthenigiste gehorsamiste, diemuettigiste vnd flechenlichiste bit, die wolten es noch alles genedigist vnd vätterlich erwegen, Zu herzen vnd gemueth fueren wie schwär vnnd ganz hechst bekhumert, es vnns hier Innen beedes, in Geistlichen vnd Leiblichen fällen thuet, vnnd daß gleich eben wier die Ersten sein, so dises fals so starkh angegriffen werden. Das wier vor den Anndern Lannden, eben allain, vmb der Cristlichen AugsPurgischen Confession vnd bekhandtnus willen, ohn all annders Verschulden. sambt weib vnndt Khindt aus den Lanndt geschaffen, vnnser vatterlandt vnd Erb so vn̄ser Liebe vnnd geehrte Voreltern Mistes theils von etlich hundert Jaren heer besessen, vnnd sich gegen dem hochlöblichisten Hauß von Osterreich Eur für: Dur: aller Ruemblichsten vor Eltern mit vnndterthenigisten getreuesten diennsten erZaigt, Leib vnnd guet für sie dargestelt, welliches auch noch wier heuttigs Tags nit annders gesinnet, gehorsamist berait, vnnd willig sein Verlassen, vnd daurn begeben sollen. derowegen hier Innen Ir vor haben genedigist miltern, vnns so wol hinfüro als bißheer In vnnsern Cristlichen gewissen, nit allein vnbetrüebt sonnder auch in Vatterlandt Vnaußgeschafft, beij Hauß vnnd hoff sambt vnnsern weib vnd Khinden verbleiben lassen, daendtgegen wier des vnndterthenigisten vnnd schuldigen erbietens sein, vnns auch nit weniger füro hin, aller Cristlichen sanfftmuettigkheit, fridlich vnd Still, gegen aller Menigclich Zuuerhalten, Sonnderlich aber gegen Eur für: Dur: In wellichen so woll als vnnsere vor Eltern gethan, mit getreuisten gehorsamisten diennsten, dermassen ZuerZaigen, vnnd vnsere Khinder auch dahin Zuweijsen, vnnd ZuZiehen, das Eur für: Dur: etc daran genedigist bewuegt sein sollen, wie nun wier es alles mit hechster beZeugnus Gottes als getreue Lanndtleuth, dienner, vnnd vndterthannen, gegen Eur fur: Dur: Rechtes herZens gethreuist vnd guet Mainen, vnns auch dise Ausschaffung herzlich vnnd schmerzlich ebliegt. Also getrossten wier vnns hinwider beij Eur. für: Dur: sollicher genedigisten erledigung, das wier vnnd vnnsere betrüebte weib, vnd Khinder, vnns dessen von Herzen Zuerfreijen, vnd Zuergezen haben wie wier dan auch vmb solliches, dem Almechtigen Got Zu dannkhen, vnd für Eur für: Dur: vnnd der selben geliebste gemahl, vnd Junge ErzherZogin, Langwierigen gesundt, fridliche Gott sellige Regierung, Zu bitten Nimer vergessen wellen, vnd thuen Eur für: Dur: etc. hierüber vnns sambt weib vnnd Khindt Zu Lanndtsfürstlichen gnaden, diemuettigist beuelchen.

Eur Für: Dur: vndterthenigiste Gehorsamiste.

Fridrich von Orzan.
A. von Atthems.   Erasum von Dornberg.
Scipian Frumentin.   B: Posch von Vigaun.
Leonhardt von Orzan.   Gregor Cumär.

Antwort des Fürsten auf diese Bitte vom 9. August 1579.

Ir für: Dur: seijen den Supplicanten von irer voreltern vnd Ires selbs getreuen woluerhaltens wegen, mit gnaden gleichwol genaigt, vnd hetten Sij noch genedigelich gern leñger diennen in Irem Vatterlandt gesehen, weil sij aber hieuor die Vrsachen Verstanden, warumben es Ir für: Dur: nit thuen khöndten, So lassen sij es bei der beschehnen verordnung gnedigist verbleiben.

A. Randolf.

K_1.

Durchleüchtigister Erzherzog.

Genedigister Landtsfürst vnnd herr, Eur für: Dur: Rhat vnd Haubtmann der Fürstlichen Grafschafft Görz, der wolgeborn herr, Herr Georg Graue vnd Freyherr vom Thurm vnd zum Creütz, hat vnnß vnlangst maistes thails für sich erfordert, vnnd in Eur für: Dur: etc. Namben vnnß mit sonderm ernst vnd außfierung fürgehalten, wie daß Eur für: Dur: von der Bäbstlichen hailigkhait, Khünig auß hispanien vnd in gemain von den welischen Fürsten, Sunderlich aber von den Venedigern Ernstliche ermanung schreiben empfangen hetten, Nachdem sij durch den Patriarchen von Aglarn bericht, daß sich die Sectisch Luterisch Lehr vnnd falsche Religion in der fürstlichen Graffschafft Görz ije lenger ije weiter einrijß, vnd also besorgentlich in Italiam einschleichen möcht. Derowegen disem öbl vnnd Falschen Lehr Zuwehren vnd daß vnkraut, sambt der Wurzen Zeitlich außzureiten, hetten Eur für: Dur: Ime herrn haubtman ernstlich aufgelegt vnnd gebotten, vnns für zufordern vnd Zuenteckhen, das Eur für: Khaines weegs gemaint, ainichen menschen in der Grafschafft wonnen, vil weniger khünfftiger Zeit, einkhomen, Zulassen, So nicht der Römischen Religion vnd Kirchen zugethon, Wie dann deßwegen, Eur für: Dur: auch durch die Geistlichen Chur- vnd ander Fürsten in Reich, Als dem Bischoue von wierzburg, Bamberg. vnd Salzburg, benebens von den Herzogen von Saphoi, Herzog Albrecht vnd Ferdinanden auß Bairn, vnnd zu vorderist von Irer Röm: Kaij: Mt. etc. vnd Erzherzog Ferdinand von Osterreich Zum offtermallen ermant weren worden, die Luterischen strackhs aus der Grafschafft Zuiagen, vnnd da es nicht beschehn die Päbstliche heij: vnd herrschafft Venedig berait vnnd dahin Deliberirt, die Grafschafft mit Khrieg Zuüberfallen vnd die Sectierer vnder dem Schwerdt heergeen Zulassen, daß wir derowegen der Römischen Kirchen gehorsamb Laisten, Ir mehr, als vnserer verfüererischen Lehr, glauben geben, vnd die Römische Religion an vnnß nemen, ohne daß wir mit weib vnd Khindt, auß der Grafschafft, geschaffen werden sollten, Hierauff vnd weil wir, vns von der einmal erkhenten vnd bekhenten wahrhait deß haijligen Euangelj vnd der christlichen Augspurgischen Confession nicht begeben, noch vnsere gewissen damit beschweren Khünnen, Sein wir hernach durch den herrn verwalter Franzen von Dornnberg. widerumb erfordert vnnd ist vnns auferlegt worden, in Monatsfrist der bewussten Religion halben, vnns auß der Grafschafft wegkZuZiehen vnd vnnsere .wohnungen ander ortten vnd enden Zuesuechen, wie es dann die wort mit mehrerm mit sich gebracht etc. Wie nun dises vnnß ganz beschwerlich betrüebt vnd bekhommerlich anZuhören gewesst, daß haben Eur für: Dur: gnedigist vnnd sonst allermenigclich wolZuerwegen, dass wir Alß derselben getreuiste landtleüt, diener Ambtleüt vnd vnderthonnen, solcher Ursachen wegen, auß dem Lant geschafft, darinnen wir geborn erZogen nunmehr maistes thails, das Zimblich Alter erraicht, vnd daß so vnsere Liebe Vor elltern mit dar streckhung vnd aufsezung Leib guets vnd bluets, ehrlich und rühemblich erhalten, sambt vnsern weib vnd khindern verlassen sollen, weil wir vnns Kheiner solchen verwürckhenden verschuldung nit Zuerinnern haben, vnd wissen, vnd daß vnns Sunderlich auch neben dem Zugemessen wirdt, Alß wir verwüerer gemaines fridens vnnd vrsachen sein sollen, Andere Potentaten Fürsten vnd herrn daß Landt vnnd Grafschafft mit Khrieg Zuüberfallen, Daruor vns Gott der Allmächtig behüetten wölle, Dann Ob wir wol Von den Gnaden Gottes vnns Zu der christlichen Augspurgischen Confession

Bekhennen, So khünden wir vnnß doch, mit dem whenigisten nit berichten, das wir etwan ijemandt damit betriebet, angefochten, oder in was weg es vnnß Zuegemessen werden,

K₂.

oder wir von Eur für: Dur: angeben sein möchten, ijemandt betrüebt hetten, wie es dann versehentlich auff vnnß auch nit dargebracht werden Khann, Sonnder haben vnnß in diemuet aller christlichen beschaidenhait verhalten ijemandt maß oder Ordnung geben, still vnd ruhebig verbliben, ain ijeden in seiner Religion vnueracht, vnangetastet, vnd vnuerkhlainart verbleiben lassen, wie es sich, ob Gott will also, vnd nit anders erfinden solle, Dahero vns dann wie obstet Zum höchsten ganz bekhomert vnd von herzen schmerzlich felt, das vor Eur für: Dur: als vnnserm gnedigisten herrn vnnd Lanndtsfürsten, wir etwan dermassen angeben sein, Darüber ein solche außschaffung für die hand genomen worden,

Nun wissen wir aber ije in diser Vnnser betrüebnus vnd so schwer Sentenz khain Zueflucht anderstwo, sonder eben beij Eur für: Dur: Zuesuechen, wie wir dann dieselb gewißlich vnd Vnzweifenlich Zufinden, vnns vndertthänigist vnd diemüetigist getrösten, Derowegen wir dann vnnserm Mituerwandten Leonhardten von Orzan hiemit diser vnser gehorsamisten Supplication vnnd das er auch dieselben mundtlich diemutiglich ersuechen soll, zu Eur für: Dur: abgeferttigt, Vnnd weil denn nit allain Eur für: Dur: sonder noch die in Gott ruhende Röm: Kaij: etc. Ferdinandus höchstlob- vnd Gott säligister gedächtnus derselben geliebster herr vnd Vatter allergnädigst vnd gnedigist bißher vns so wol, als die Andern Lande vnd derselben Innwoner sosich Zugemelter Augspurgischen Confession erkhent, nit allain in Iren gewissen Vnbetrüebt gelassen, sonder niehmalß khain solche Scharpfe Priuat außschaffung fürgenumen, vnd sonderlich Eur für: Dur: mehrmals solche gnedigiste Vertrösstung gethon, daß sij niemandt wider sein gewissen beschwärn, oder beschwärn lassen wollten, So ist demnach an Eur für: Dur: vmb der ehr Gottes willen, vnnßer vndtertthänigiste gehorsamiste, Diemüettigiste und flehenlichiste Pitt. Die wollten es alles noch gnedigist vnd Vatterlich erwegen Zu herzen vnd gemuet füeren, wie schwär vnd ganz höchst bekhommert es hierinnen vnnß beedes in Geistlichen vnd Leiblichen fallen thuet, vnd das gleich eben wir die ersten sein, so dises Fahls so starckh angegriffen werden, das wir vor den andern Landen, eben allain vmb der Christlichen Augspurgischen Confession vnd bekhantnus willen, ohn all anders verschulden, sambt weib vnd Khindt auß dem Landt geschaffen, vnnser Vatterlandt vnd Erb. so vnnsere Liebe vnnd geehrte voreltern maistes thails von ettlich hundert Jaren herobesessen, vnd sich gegen dem Hochlöblichisten Hauß von Ossterreich Eur für: Dur: aller ruhemblichisten voreltern mit vnderthanigisten getreuisten diensten erzeigt, Leib vnd guet für sij dargestellt, Welches auch wir noch heutiges tags nit anders gesinet, gehorsamist berait vnd willig sein, verlassen vnd dauon begeben sollen, Derowegen hierinnen Ir vorhaben gnedigist miltern vnß so wol hinfüro, alß bißheer in vnsern christlichen Gewissen nit allain vnbetrüebet, sondern auch Im vatterlandt vnaußgeschafft beij hauß vnd hof, sambt vnsern weib vnnd Khindern verbleiben lassen, Daentgegen wir deß vnderthänigisten vnd schuldigen erbietens sein, vnns auch nit wheniger fürohin, aller Christlichen Sanfftmüetigkhait fridlich vnd still gegen allermenigclich Zuuerhalten, Sonderlich aber gegen Eur für: Dur: in weltlichen so wol alß vnsere Voreltern gethon, mit getreuisten gehorsamisten diensten dermassen Zuerzaigen, vnd vnnsere Kinder, auch dahin Zuweisen. vnd Zuziehen das Eur für: Dur: etc. daran gnedigist be-

K₃.

gnuegt sein sollen, Wie nun wier es Alles mit höchster beZeugung Gottes als getreue Landtleut, Diener vnnd vnderthonen, gegen Eur für: Dur: Rechtes herzens getreuist vnd guet mainen, unß auch dise Außschaffung herzlich vnd schmerzlich obligt.

Also getrösten wir vnns hinwider beij Eur: für: solcher gnedigisten erledigung daß wir vnnd vnnsere betrüebte weib vnnd Khinder vnnß dessen von herzen Zuerfreuen vnd wider ZuerseZen haben, wie wir dann auch umb solches dem Allmächtigen Gott Zudanckhen vnd für Eur für: Dur: vnd derselben geliebste Gemahl vnd Junge Ertzherzogin Langwirigen gesund fridliche vnd Gottselige Regierung Zubitten nimmer mehr vergessen wöllen, vnd thuen Eur für: Dur: etc. hierüber vnß sambt weib vnd Khindt Zu Landtsfürstlichen gnaden diemüettigist beuelchen,

E: Für: Dur: vnderthänigiste Gehorsamiste.

N: die Landtleut Diener vnd vnderthonen in der Grafschafft Görz der Augspurgischen Confession verwante.

L.

Antwort der steirischen Stände an die sechs vertriebenen Görzer Adeligen, ausgenommen Friedrich v. Orzan, vom 1. August 1579.

Wir haben Eur schreiben am datum den letzen Junij von herrn Fridrich von Orzan wol emPfangen, daraus auch, wie suñsten die in Vermelten schreiben begriffne sach, geschaffen, müntlich mit merern vmbstanden vernumen, Nun tragen wier ob solchem Euch Zuegefuegten Creuz ein treulichs vnd Christlichs mitleiden, haben auch derogleichen Verfolgung mit betruebnus angehört, Aber wie Euch ganz wolbewusst das das liebe Wort allemal solches Creuz mit sich bringt Also werdet Ir dasselb, durch des heiligen Geistes stärckh hilff vnd beystant also Zu tragen wissen, damit Ir Gottlicher name hiedurch nuer dessto mer geehrt vnd geheijligt, vnd nit weniger auch Ir im glauben vmb souil bass gestärkht werde muget, Im wenigisten nit Zweifelent, der allmechtig Gott werde Sein Wort auch wider der hellischen Pfortten wûetten vnd toben wol Zu erhalten wissen. was wier also aus nachPerlicher vnd schuldiger liebgedachten von Orzan in diser sachen Euer muntlichen bschaid geben das wiert Er Euch on Zweifl Zu wissen machen, wier aber wollen Euch Zu Christlichen trosst souil auf dizmal nit verhalten, denen wier auch Zum bessten ieder Zeit willig vnd beraith sein. vns alle der barmherigkhait vnd beystant des lieben Gottes beuolchen.

M.

Bitte des Leonh. von Orzan um Fristverlängerung der Austreibung, ohne Datum (vom 9. oder 10. August 1579).

Durchleüchtigister Ertzherzog, Hochgeborner Fürst.

Genedigister Herr. Ob wier bei Eur für: Dur: etc. vmb Zuelaß vnnd bewilligung, das wier in der Graffschafft Görz hieumb wie bißheer bescheen, vnuerhinderlich whonen mechten, vnndterthenigist gebetten, vnns aber solches begern abgeschlagen worden. Mit vermelten sij vnns gleichwol mit gnaden gnedigist genaigt. Aber diser sachen, wegen, es beij voriger dero gnedigist Resolution verbleiben Zulassen gedacht, Darwider wier Zu streitten nicht gesinnet, sonnder vil mer vmb erweijsung diser gnadt Zu bitten, vnns (Im fal es in der Stat Görz ie nicht gesein khan.) doch nur Ausserhalb der Stat auf vnnsern Höffen oder gründten, Da solches beij Eur Für: Dur: wider vnnser vnndtertheniges verhoffen, auch nit verfenkhlich sein welte, Daselbs bis aufs Neue Jar: hinaus, Mitlerweil wier vnns Zu dem Abzug, desto besser Zurichten hetten, Zu wohnen gnedigist frist Zuertheillen, Das wellen vmb Eur Für: Dur: wir der Zeit vnnsers Lebens vnndterthenigs Zuuerdiennen vnns befleissen

    Eur für: Dur: Vnndterthenigister Gehorsamister.

                                          Leonhardt von Orzan.

    Antwort des Fürsten auf diese Bitte vom 10. August 1579.

Ir Für: Dur: lassen es nochmals beim gestrigen beschaid beleiben, Aber des Termines halber wellen Er Für: Dur: dem Herrn Verwalter Zu Görz Ir gnedigiste Resolution Zueschreiben

                                                 A. Randolf.

N.

Antwortschreiben der Vertriebenen an die steirischen Stände vom 31. August 1579.

Wolgeborn Gestreng Edl Ernuest sonnders gunstig herrn, Den herrn sein vnnser Alzeit beflissen gannz guetwillig diennst Zu dero befelch, Vnnd haben der herrn Andtwordtschreiben vom Ersten nach lauffenden Monats durch herrn Leonhardten von Orzan Wellicher in vnnserm Namen an Ir Dur: hoff gewesen, woll EmPfangen, Also auch der Herrn mündlichen Treuherzig vnnd wolmeinenden beschaid, alles auf vnnser dero Zuegethan bitlichs schreiben die bewüst Religions Ausschaffung betreffend, Ausfuerliches Inhalts vernomen, Gedannkhen vnns darauf fürs erste der herrn diz Orths gehabten mhue, vnnd das sie ein treulich vnnd Cristlich mitleijden destwegen mit vnns tragen, gannz hoch vnd vleissig, nemen auch dero ferner gunstige erbietten vnd Trost schraiben Zu sonndern gefallen an, Wollen auch solch woluerdientes Creuz, durch sterkhung des heilligen Geistes guet willig tragen, vnnd solliche an vnns Armen Görzern angefangen Verfolgung dem Allmechtigen (.vmb dessen Eerre will daß beschicht.) heimbsezen Was aber ermelter herr von Orzan an vnnsern stat auf Abschrifft beiliegender Supplication bei Ir für: Dur: vnnsern gnedigisten Landt Fürsten vnnd herrn für bescheid erlanngt, Das haben die herrn aus den darauf erfolgten Ratschlag Also auch wider aus der rePlic Decret gunstigclich Zusehen, Das er nichts fruchtbares außgericht, allein daß vnns eines Termins halben, Zu hannden vnnsers Verwalters Ir Dur: mainung Zuekhumen solle, wellicke fürstliche Resolution auf dato noch nicht erfolgt, wan aber dieselb alhero gelanngt, Wellen die herrn wier JederZeit Ausfuerlichen berichten, Mit gannz dienstlicher vleissiger bithe, Alweil die Herrn neben dennen Lannden Khärnndten vnd Crain abgestandten eben in Causa Religio: für sich selbs schierist Zusammenkhomen sollen. Die wolten vnnser beij lerer für: Dur: samentlich günstiglich Ingedenkh sein, vnnd ein sollicke Cristliche fürbith. für vnns thuen, Damit wier wie bis an hero vnuertriben Vnnsers Vatterlandts, Auch haab vnnd guets ruebig alda in der Graf: beleiben mögen, vnnd weillen wier alhie von vnnsernselbs befreundt vnnd mitglidern diser für: Graf: Görz, so der Römischen Khirchen Vnndterthenig, meistes theils durch heimbliche Practikhen bei hof angetragen, vnnd darüber verfolgt hiedurch auch nichts guets, weil wier in Religionssachen zwisPaltig, versehen khomben, Dadurch das auch niergendt anndere Rath schaffen oder Zueflucht haben khönden (bei Ir. Dur: milderung vnd einstellung Zu finden.) Dan durch der herrn mitl. Zweiffelsfrej si werden vnnser neben denen andern Landen diz Orts in khein vergessenheit stellen, Hierinnen alle müglichst glimPfen bei Ir für: Dur: Pitweist fürzukhern, auf daß, do le bei hechsternenter Ir Dur: diz Orts mit dem wenigisten Zuerhalten, dise starkh angefangene Verfolg: vnd Ausschaffung nicht weitter dan an vnns angefanngen, vnd auch vollendet werde, Thuen dennen herrn vnns benebens gannz vleissig, neben der bewharung des hechsten treulichen beuelchen.

VI.

Beiträge zur Geschichte des Protestantismus auf dem oberen Murboden.

Von Karl Reissenberger.

Das steiermärkische Landesarchiv bewahrt unter seinen Handschriften eine Darstellung des Religionszustandes in der Pfarre Stadl, vorzugsweise während der siebziger Jahre des 18. Jahrhunderts. Es wird uns dadurch von einer Persönlichkeit, die den Verhältnissen nahe stand, Einblick in den schonungslosen Kampf der staatlichen und kirchlichen Organe gegen das unter dem Landvolke jener Gegend kräftig gedeihende Luthertum gewährt. Denn der Verfasser, Matthäus Gletler, war von 1773—1790 Pfarrer und in der Zeit des Kampfes Missions-Superior zu Stadl. Gletlers Chronik scheint mir deshalb geeignet, hier veröffentlicht zu werden, wenn sie auch vom Standpunkte des katholischen Parteimannes aus geschrieben ist, wenn auch manches darin für uns belanglos ist, anderes notwendiger Ergänzung bedarf. Denn über Persönlichem, Unwesentlichem, das den Schreiber offenbar sehr interessierte, hat er mitunter Allgemeines, Wesentliches versäumt, anderseits ist der vorsichtige, von Staat und Kirche ausgezeichnete Mann über wichtige Tatsachen mit vollständigem oder teilweisem Stillschweigen hinweggegangen, weil er in dem zwischen den beiden obersten Autoritäten bereits beginnenden Konflikte sich nicht bestimmt äußern wollte.

Die Handschrift besteht aus 26 Folioseiten mit je 26—28 Zeilen. Die Schrift ist klein, aber deutlich,

Der Text wird von mir hier nach Sprache und Schreibung genau wiedergegeben. Bloß die in der Handschrift mangelhafte Interpunktion ist verbessert und konsequent durchgeführt.

Die dem Texte nachfolgenden »Bemerkungen« suchen die Lücken der Chronik teils durch den Hinweis auf das, was über die Gegenstände bereits gedruckt vorliegt, teils durch neues Material aus den Aktenbeständen des Archives der k. k. steiermärkischen Statthalterei (ohne daß diese Quelle jedesmal angeführt wird) auszufüllen, übrigens auch sonst Erläuterungen zu bieten.

Nachricht
von dem religions-Zustand in der Pfarr Stadl (1), so angefangen worden zu beschreiben im Jahre 1774.

So viel man in den pfärrlichen und anderen Urkunden sich ersehen, muß der Glaubens-Irrthum (2), wenn er nicht gar mit dem Lutherthum selbst seinen Anfang genohmen, wenigst vor 150 Jahren allhier seyn eingeführet worden, indeme man lutherische Bücher zu Handen bekommen, in welchen der Nam des Lorenz Reitter am Taninger Gut de Anno 1620 eingeschrieben war und aus gedruckten authentischen Werklein entnohmen, das unter anderen Orthsschafften Steyermarkts, welche zu den Zeiten der Erzherzogen Oesterreichs Caroli und Ferdinandi I circa annum 1600 mit der Kezerey angesteckt waren, auch Stadl einbegriffen gewesen seye. Man untersuchte auch damahl diesen Ort, wegen Menge aber der inficirten Gegenden Konten sich die damahligen Herren Commissarii, worunter (Titl) Herr Martin Fürst und Bischoff zu Seggau war, nicht lang Verweilen, sondern nachdem alle damahlige Sectarien von ihrem Irrthum abzustehen versbrochen, zogen dieselbe von hier wiederum ab.[1])

Was nach dieser Untersuchung sich weiterhin ereignet, ist nicht ausfindig zu machen. Nur vom Jahr 1680 ist eine schriftliche Verordnung vorfindig, in welcher von einem hochfürstlich-Salzburgischen Consistorio dem dissortigen Pfarrer Nicolaus Styer von Neidheim aufgetragen wird, gemeinschaftlich mit der weltlichen Obrigkeit angezeigte lutherische Bücher zu erheben und dann das weitere nach Salzburg einzuberichten.

[1]) Ich hab über eine Zeit Urkunden in die Hand bekommen, vermög welchen sich der Glaubens-Irrtum schon um das Jahr 1542 allhier ausgebreitet hat und die Historia reformationis religionis in Styria excerpta ex Marci Hansizii Germania sacra Tomus 3 meldet, daß zu Stadl und Althofen, einer Filial nach St. Peter am Kamersberg, Bethäuser (fana recens exstructa) (3) gewesen seyen, welche anno 1600 den 6ten April von den landesfürstlichen Commissarien zerstöhret worden. So war auch vom Jahr 1582 bis 1600 Jakob Stoll Pfarrer dahier allem Anschein nach der evangelischen Religion zugethan. Von einem in älteren Zeiten hier in Stadl gestandenen Bethauß der Irrglaubigen thut auch Meldung die Geschichte der Religions-Reformen unter dem hochwürdigsten Bischof von Lavant Georg Stobäus.

Um das Jahr 1750 muß sich der Irrthum mehrers geoffenbahret haben (4), zumahlen dazumahl ein eigener Landesfürstlicher Commissarius Herr von Pichlhofen etc. nach Murau abgeschicket worden. Seiner Hochwürden Herr Erzpriester zu Pölß Franziskus Freystädter wurde als Religions-Superior aufgestellet und ihm Herr Helmreich, Pfarrer zu St. Jörgen ob Murau, subordiniret. Die Untersuchung währte gegen zwey Jahr, es wurden zu Stadl und Predlitz 5 Missionarii[1]) aus dem Stüfft St. Lamprecht ordinis Sancti Benedicti angestellet, das Vikariat-Haus zu Predlitz errichtet, Viele Bücher erhoben, einige hartnäckige nach Siebenbürgen abgeschickhet (5), andere, deren Namen in dem pfarr Stadlischen Protocoll zu ersehen, wegen anscheinender Bekehrung zur Ablegung des Glaubens-Bekantnus gelassen.

Man erfuhr aber mittler Zeit, das wenig aus all diesen sich wahrhaft bekehret, die meiste ihren Irrthum sowohl als Ketzerische Bücher immer beybehalten, oder doch bald wiederum in die vorige Ketzerey zurückgefallen seyen. Durch diese nun wurden wieder ganze Familien angesteckt, dazu kamen noch einige herumschwärmende Kezer, welche heimlich hereingeschlichen, zerschiedene irrige Bücher ausgetheilt, die gute verkehrt, und die verkehrte noch mehr gestärkt haben. Unter solchen seynd sonderheitlich merkwürdig Martin Zechner aus Kärnthen (so nachmahlen Anno 1774 im Monath Julius in den Gräzerischen Zuchthaus reumüthig gestorben) und Georg Prugger, ein Schneider-Gesell. Der erste gab sich für einen Arzten aus, besuchte unter diesem Vorwand die Häuser und wo er Gehör fand, hielt er seine lutherischen Zusammenkunfften und Lehren, namentlich bey dem Krenn im Stein, Johann Stelzl, Hans auf der Wisen, Johann Schitter, Johann Wiser auf der Wiser-Keuschen an der Stadler Auen, Edenbaurn Bärthlme Stromayr und bey der Anna Oberreiterin, einer Krummen Naderin auf der Sandkeuschen in der Pöll. Der Georg Prugger[2]) stund in der Condition bey Hans Pirker, Schneidermeister allhier, hatte also desto mehr Gelegenheit, sein Kezer-Gifft auszustreuen, da er bey der sogenannten Stehr (6) -Arbeit die Ge-

---

[1]) Diese Lamprecterischen Missionarii waren P. Mathias, P. Rudolph P. Rupert, P. Leopold und P. Innocenz.

[2]) Dieser Georg Prugger ist nachmals Thurner oder Thurnwachter zu Oedenburg in Hungarn worden und als solcher 1782 nach Stadl gekommen, seine guten Freund zu besuchen.

müther der Leuth leicht ausforschen konte. Was fernerhin der religion sehr nachtheilig gewesen, war die Communication mit dem anliegenden Salzburger Gebiet, als woher sich bey der daselbstigen berühmten emigration 1732 mancher Kezer heimlich hereingeflüchtet, das hin und herziehen der Weber-Knappen in das inficirte Ensthall, besonders nach Haus und Schladming, wessentwegen auch fast alle hiesige Weber zugleich Kezer waren, das angränzende Ober-Kärnthen, wo fast alle mit der Irrlehre angesteckt gewesen und dann der Abgang genugsamer Geistlichkeit, indeme ein einziger Priester (dann gemeiniglich war nur der Pfarrer allein ohne Kaplan) unmöglich in einer so weitschichtigen Pfarr hinlängliche Aufsicht tragen konnte.

Es wurde aber dennoch bey vermerkten religions-Gebrechen auch vieles angewendet, denselben abzuhelffen. Seine Kaiserliche Königliche Apostolische Majestät Maria Theresia stiffteten schon im Jahre 1764 einen eigenen religions Kaplan, welcher nebst dem Pfarrer zur Austilgung der Kezerey arbeiten sollte, Seine Hochfürstliche Gnaden Josef Philipp aus dem reichsgräfflichen Haus von Spaur, Fürst und Bischoff zu Seggau, legten zur Unterhaltung des zweiten Kaplans anno 1774 aus eigenem Säckhel 4000 f. bey der Landschaft in Steyer an. Es wurde statt des Messners ein Schullmeister angestellt, eine Orgel eingeschaffet, der Chor erweitert, damit auch Music in der Kirch eingeführt und die Schullen besser versorget wurden; man errichtete die Bruderschaft von dem schmerzhaften Scapulier, welche mit vielen Gnaden und ablassen versehen worden.

Ungeachtet dessen glimmte das Kezerfeuer immer fort und ware das schlimmste, das niemand seinen Irrthum einbekennen, alle sich für Katholisch ausgeben wollten. In dieser Gleysnerey verblieben sie solang, bis man endlich im Jahr 1772 angefangen, die der Kezerei leicht zu überweisende, id est, de quorum heresi certitudo stricte moralis exstabat von der Beicht und Communion Zulassung zur Gevatterschaft und Häuserkauf, auch Christlicher Begräbnis (wan sie nicht vorher wahre Kennzeichen ernstlicher Busse äusserten) auszuschlüssen. Dieses einzige Mittel machte sie rege, theils weil sie sich verrathen sahen, theils weil sie andurch sich prostituirt befanden. Hier war nun ein unglaubliches Getös, wüten und Toben: einige wanden sich zur Christlichen Obrigkeit und nachdem sie auch dort kein Gehör gefunden, nahmen sie ihre Zuflucht zur Landes-Fürstin.

Ein Herumlauffer, der sich für einen Studenten oder Schullmeister ausgab, diente ihnen zum Werkzeug[1]). Dieser gab vor, als ob er in Wien die beste Bekanntschafft hätte, und alles auszuwürken vermöchte.

Dadurch täuschte er die Häupter der Kezerey, als den Mathias Feyel am Hartlain Gut, Josef Oberreiter am Gröschl Gut zu Einach, Peter Spreizer am Peter auf der Pezen Gut, Paul Steller, Müllner in der Pöll, Mathias Wassermann am Oberkreiterbaurn Gut nebst mehr anderen, das sie ihn mit notwendiger Reis-Zöhrung versehen und nebst dem Georg Reitter, einem ledigen Knecht, vulgo Schottenwascher genant, und dem Urban Rieberer am Strohschneider Gütl zu Einach in der ersten Fast-Wochen 1772 über Waidhofen nach Wien abgeschickt und durch ein schriftliches Libell, welches erdridter Vagabund verfasset, um die Beicht-Annehmung und religions-Fried bitten lassen. Ihr ganzes vorhaben aber wurde damahl vereitelt, weil erstgemeldter Schullmeister zu Waidhofen sich unsichtbar gemacht und von den übrigen 2 Reisgefährten abgesönderet hatte. Nach welcher Zertrennung dann letztere ihren Weg nicht weitergenohmen, sondern unverrichteter Dingen nach Haus gekehret.

Als nun dieser Streich nicht gelungen, die Geistliche aber indessen immer fortfuhren, wider die Kezerische Lehr zu predigen, die Bücher auszuforschen, den Irrglaubigen die heiligen Geheimnussen wie auch die Ehe-Velobnussen zu verweigern, giengen diese neuerdings zu Rath, wie dem vermeinten Übel abzuhelffen, und entschlossen sich, eine zweite Gesandschaft nach dem allerhöchsten Hof abzusenden. Die dazu erwählte waren Josef Oberreiter am Gröschl Gut zu Einach, Peter Spreizer, vulgo Peter auf der Pezen, und Simon Schalch am Schalch Gut in der Pöll. Im Monat May 1772 tratten diese ihre Reis nach Wien an, fanden auch alldort bald jemand, der sich ihrer annahm, und ihnen ein Memorial verfasste, nämlich einen gewissen Hof-Kriegs-Agenten von Matalay-Zolnai (7).

Ihr Bitt bestund in folgenden Puncten 1mo das sie andere Geistliche bekommen, 2do ihre religion frey ausüben, 3^{tio} auf ihre Kosten einen Prädicanten wenigst einmahl im Jahr beruffen

---

[1]) Dieser Vagabund machte ihnen auch vor, Herr Kaplan Michelitsch hätte 500 Stadler dem Pabst zu Rom verkauft, der sie nächstens würde abhollen und auf die Galeeren schmieden lassen.

därfften, und 4to sie und ihre Kinder zu den Bauern-Gründen und Eheverlobnussen, auch Gevatterschaften gelassen oder 5to im verweigerungs-Fall ihnen das beneficium transmigrationis gestattet werden sollte. Die Verbschaidung auf diese Bittschrifft war, das sie sich indessen nach Haus begeben sollen, und man die Sach schon werde untersuchen lassen.

Es ergieng dann von Hof aus der Befehl an Herrn Karl Rauch, Oberverwalter der Herrschaft Murau und angestellten religions-Commissarius, fördersamst den Zustand der religion zu erforschen und an höchste Gehörde einzuberichten. Die Untersuchung geschah, die Verdächtige wurden nach und nach verhört, einige Verschmitztere laugneten noch alles, andere aber aus Hoffnung, eine grössere Anzahl gleichgesinter wurde ehender etwas erwürken, gestunden ihre Glaubens-Maynung offenherzig, ja eyferten auch noch mehrere an, das sie sich öffentlich für die Evangelische religion erklären solten, welches auch geschehen, und kamme mit Einbegriff der Kinder von der Stadler und St Jörger-Pfarr eine Summa zusamm von 380 Köpffen (8).

Der Kaiserliche Königliche Hof hatte nicht sobald davon Nachricht erhalten, als höchst selber eine local-Commission nach Stadl abgeordnet. Geistlicher Seits wurde abgeschicKet Titl. Herr Josef Haan, der heiligen Schrift Doctor und Dechant zu St. Ruprecht ausser Gräz im Vorauer Viertl, nachmals Dechant zu Judenburg, weltlicher Seits aber Seine Excellenz Herr Wolf Graf von Stubenberg Kaiserlicher Königlicher Geheimer- und Gubernial-Rath, welchem letzteren Herr Karl von Haibe, Gubernial-Secretar, qua Actuarius beygegeben worden.

Ihre Ankunfft in Stadl war den 11ten 9^{ber} 1772, der erstere wohnte im Pfarrhof, der zweyte im Amthaus und der drite bey dem Stränerwirth. Die Commission dauerte bis 24ten Februar, Ende des Faschings 1773 (9). Alle als erklärte oder als verdächtig angegebene wurden sonderheitlich einberuffen und inquiriret; was jeder derer für eine Antwort gegeben, ist aus dem 2ten religions Protokoll zu ersehen. Im mittelst wurde General-Pardon für alle jene vermeldet, welche ihre Kezerischen Bücher binnen 3 Monathen eigenmüthig einbringen würden, nach dessen Verlauff aber auf ein jedwederes Kezerisches Buch 18 f Straff bestimmet, welches dann viele bewogen, das sie einige Bücher ausgeliefert, die mehreren blieben aber doch im Hinterhalt.

Nach geschlossener Commission wollte man diejenige aus den Irrgläubigen von den übrigen absöndern, welche die hartnäckigste und schädlichste waren, man machte dann eine Auswahl und schickte 18 derselben nach Judenburg, in das eigentlich dazu vermiethete Conversions-Haus, stellte ihnen einen weltlichen religions-Commissarius zu in der Person des hochfürstlich Salzburgischen Hauptmans Herrn von Edlingen und einen Jesuiten, Nahmens Ignaz Schwarzleitner, p. t. Sontag-Predigern, zu einen Missionarium. Die Arme wurden von dem Kaiserlich Königlichen Aerario erhalten, die übrige mussten die Verpflegung bezahlen. Nach Stadl Kammen 4 Missionarii als Herr Adam Eywögger, Kaplan in Eisenärzt, Herr Georg Dibattistis, Kaplan zu Fonstorff, Herr Anton Korman, Kaplan zu St. Leonhard ausser Gräz, und Herr Franz Müllner, Kaplan in Trafeyach. Die erste zwey wohnten anfangs im Schlos Goppelsbach, hernach Herr Eywögger im Weishof, Herr Dibattistis im neuerbauten Schullhaus, der dritte wurde ad interim nach St. Ruprecht und der 4te nach Predlitz abgeschickt. Der damahlige Pfarrer, Johann Baptist Möder, resignirte wegen Gewissens-Aengsten bey einer so verkehrten Pfarrgemeinde seine 2 Jahre verwaltete Pfarr Stadl und kamm nach Trautmanstorff in Untersteyer, an dessen Stell aber trat ein in festo Sancti Georgii ich Matthäus Gletler, vorhin Beneficiatus Curatus zu St. Johann am Rothenmanner Thauern. Im Monathe 8[ber] zog auch ab Matthias Cajetan Michelitsch, religions-Kaplan, welcher fast das meiste pro religione gearbeitet und eben darum bei den Kezern sehr verhast war und Kamm dafür an Anton Schopff, Kaplan zu Fonstorff. Ungeachtet all dieser angewandten Mitteln blieben doch sowohl zu Judenburg im Conversions-Haus als zu Stadl die meiste in ihrem Irrthum erhartet und steiften sich immer auf die trostreiche versicherungen des obermeldten Hof-Kriegs-Agenten von Matalay, welcher sie durch Brieff versicheret, das alles zu ihren Gunsten ablauffen werde, ja sie sammleten schon würklich Geld zusamm, um einen eigenen Tempel auf der Stadler Auen bauen zu Können (10). Sie hielten ihre Zusammenkunften, Lesungen und Berathschlagungen, unterliessen den Gottesdienst und thaten, was sie wollten. Unausbrechlich ist anbey der Muthwillen, welchen diese Leuth getrieben und die Versbothungen, so sie wieder den Katholischen Glaub und dessen Anhänger ausgestossen. Den Glaub nanten sie den Keuschler-Glaub, weil nur Arme und Keuschler ihm zugethan wären, das Scapulier ein Roskummet, so der Teufel brauchte, die Leuth in die Höll zu ziehen, den Rosenkranz eine Spöhr-Ketten, so den Eingang in den Himmel versböhrte, die Mutter Gottes eine Winkel Lainerin, ein Abwisch Weibel, die Zimmerman-Maidl, in öffentlichen Wirtshäusern tranken sie die Gesundheit: Gesund des Pabst S. v. posteriora, bey der Wandlung, bey öffentlichen Seegen mit dem Hochwürdigen Gut stunden sie aufrecht da, ohne demselben die mindeste Ehre zu bezeugen. Wer es nicht mit ihnen halten wolte, der war ein Pfaffen-Schörg, ein Schlepp-Sackh der Geistlichen, von aller Hülff ausgeschlossen. Man begegnete ihnen zwar mit aller Sanftmuth und Gelassenheit, fand aber nur bey wenigen ein Gehör.

Den 6ten Weinmonaths 1773 Kamme Seine Excellenz Graf von Stubenberg wiederum hier an (11) und vermeldete vermög seines Auftrags l^{mo} das der Pfarrer zu Stadl Matthäus Gletler (welcher schon vorhin von Seiner Hochfürstlichen Gnaden Bischofen zu Seggau qua Vicario Generali als Missions-Superior zu Stadl, St. Jörgen, Murau, Ränthen, St. Peter im Kammerberg, Oberwölz und den dazu gehörigen Vikariaten ernennet war) von Seiner Kaiserlichen Königlichen Majestät in diesem Amt bestättiget und ihm bis zur anderweitigen Verbesserung der Pfarr aus der religions-Cassa jährlich 300 f. als eine Zulaag angewiesen seyen, 2do das auch zum bequemeren Unterstand der Missionarien der Pfarrhof aus dem religionsfundo soll erweitert werden, 3^{tio} seye statt des Oberverwalters zu Murau als religions-Commissarius angestellt worden Herr Franz Karl von Praitenau, welcher in Stadl wohnen und nebst 3 beygegebenen Polizey-Aufsehern, so von den dreyn morosen und zur Beybehaltung besserer Zucht und religion saumseligen Herrschafften, Murau, Goppelsbach und Gros-Lobming zu unterhalten wären, den üblen Sitten und der Religion invigilieren sollte, 4to wäre allerhöchsten Orts noch eine Gnadenzeit bis 6ten Jener anberaumet, nach dessen Verlauff alle, die sich nicht ernstlich bekehren wurden, nach Siebenbürgen abgeschickhet werden, indeme Se. Kaiserliche Königliche Apostolische Majestät nicht gesinnet wären, einen Irrglaubigen in Höchst Dero Erblanden zu gedulden.

Weitershin untersuchten hochgedachter Herr Graf auf landesfürstlichen Befehl auch die Schullen und nachdeme ich die Vorstellung gethan, das die Kinder eifriger zum Schullgehen sollen angehalten, zu ihrer bessern Beförderung aber dem Schullmeister ein Cantor beygegeben werden, wurde dieser Vorschlag ad protocollum genohmen, auch vom Kayserlich Königlichen Hof so gestalt placitiret, das nicht allein den Schullmeistern zu Stadl und St. Jörgen ob Murau für Haltung eines Cantors jährlich 60 f. aus der religions Cassa zugetheilet, sondern auch zu Predlitz, St. Ruprecht, und im Turach eigene Schulmeistere mit 120 f. Gehalt aufgestellet, die Ober-Aufsicht aber über ein so andere dem Missions-Superior und Pfarrer zu Stadl und Herrn religions Commissario übergeben worden, mit welchen dann den 1ten May 1774 der Anfang gemacht wurde.

Den 13ten 9^{ber} 1773 geschah die Ankunfft des neu angestellten Herrn religions-Commissarii von Praitenau nebst den 3 Polizey-Aufsehern und da sonst nirgend eine Wohnung war, nahm selber das sogenante Seppenhaus in Steindorff in Bestand. Dessen Ankunft und die bald darauf eingetriebene Strafen wegen verhählten Büchern machte die Kezer etwas gelassener, aber nicht viel biegsamer. Einige wollten zwar dem Schein nach umkehren, wenig aber ernstlich. Das beschwährlichste war, ihre noch nicht erklärte Glaubens-Genossene, bewusste oder selbst eigene Kezerische Bücher herauszubringen.

Im Konversions-Haus zu Judenburg ereignete sich das nämliche. Nachdem in eben diesem Monath November die perjuri oder relapsi in das Zuchthaus, die übrigen aber von den daselbst verwahrten 18 Kezern ins Siebenbürgen abgeschickhet worden, wüssten Anna Oberreiterin, eine Krumme Naderin, und Maria Kerschbaumerin am Tschaubeckh Gut den dortigen Missionarium Schwarzleitner, den Stadtkaplan Rautter und Herrn Dechant Josef Moog so künstlich zu hintergehen, dass sie von ihnen zur Glaubens-Bekantnus approbiret, aus dem Conversions-Haus entlassen und nach Stadl zurückgeschickt worden, professionem fidei abzulegen, man erkante aber bald dahier den Betrug und bemerkte ihre Falschheit, berichtete demnach solches dem Kaiserlich Königlichen Gubernio und der Actus professionis blieb unterwegen. Statt der entlassenen 18 Köpffen rückten abermahl 20 andere im Conversions-Haus ein; allein man sah keinen bessern Frucht als bey den ersten wie in seinem Ort ausführlicher zu ersehen.

Indessen gieng die bestimmte Gnadenzeit, der 6te Jenner 1774, zu Ende, die betreffende Herrschaften fiengen an, die Güter der

hartnäckigen zu inventieren und zu verkauffen und mit Anfang des Frühjahres wurde alles zur Transmigration (12) veranstaltet.
Der 15te Merz und 1te April war schon zum Auszug bestimmet, Titl. Herr Graf von Stubenberg kamm das drittemahl nach Stadl, alles in Richtigkeit zu bringen, als ganz unverhoft vom Kaiserlich königlichen Hof per estafetta die Nachricht eingeloffen, Höchst Selber wäre nicht gesinnet, eine so große Menge der Leuthen aus dem Land zu schickhen, die Geistlichkeit soll alles mögliche anwenden, die Leuth zum wahren Glauben zurückzuführen (13). Demnach aber hocherwähnter Herr Graf eine triftige Gegenvorstellung gethan und die unbewegliche Halsstärrigkeit der Leuthen durch einen wohlgesezten Bericht angezeiget hatte, wurde endlich bewilliget, die nicht zu bekehrende den 15ten und 25ten April nach Siebenbürgen, die relapsarios aber wiederum in das Zuchthaus abzuschickhen, welches auch geschehen. Mit den Kindern (14) der Kezern wurde sehr gut Anstalt getroffen: die unter 7 Jahre waren, wurden gut katholischen Haus-Vätern zur Erziehung übergeben, die von 7 bis 15 Jahr in das Gräzerische Waysenhaus geschickt und nur jenen zu emigriren gestattet, welche das 15te Jahr Complirt hatten und freywillig den Aelteren nachfolgen wolten. Überhaupt aber musten alle ledig- oder uneheliche Kinder denen verdächtigen Zuchtvätern abgenohmen und an sichern Orten angedinget werden. Gleichwie aber keiner aus allen jenen verschicket worden, welche den katholischen Glaub anzunehmen versbrochen, also blieb anoch eine große Anzahl und über 200 Kezer in der Stadler und St. Jörger Pfarr zurück. Diese machten den Geistlichen neue Mühe und waren um so gefährlicher, je verschlagener sie gewesen. Zu einer Erleichterung wurden nach dem zweiten Transport ins Siebenbürgen mehrmalen 19 davon nach Judenburg in das Konversions-Haus abgegeben; um damit sie nicht mehr so leicht die Geistliche verblenden solten, wurde Herr Georg Dibattistis, welcher als Missionarius hier gestanden, und ihre Arglistigkeit, Falschheit und verstelltes Wesen schon eingesehen, ihnen alldort zugestellet.
Der modus procedendi mit den hiergebliebenen Kezern war nachmahlen dieser: wann die Geistliche durch ihr Zusprechen jemand zur Aufrichtigkeit nicht vermochten oder sichere Anzeige verborgener Bücher hatten, wurde er bey den Polizey-Schüzen in die Verwahrung gegeben, unter dieser Zeit von mir qua Pfarrer

und Missions-Superiorn, dann dem religions-Commissario conjunctim examiniret und dises solang fortgesetzet, bis er endlich aufrichtig worden und man eine ernstliche Besserung hat verhoffen können. Alsdann wurde er erst des arrests entlassen, von 2 oder 3 Missionarien lange Zeit unterwiesen und geprüfet und wenn endlich gar kein Anstand oder Bedenken de fallacia vel relapsu mehr obwaltete, zur Glaubensbekenntniß gelassen, welches bey manichen bis in das 3te und 4te Jahr verschoben worden.

Im Frühling 1775 wurde das religions-Systema wiederum in etwas abgeändert (15). In der vorlezten Fastwochen kamm abermahl an Titl. Herr Graf von Stubenberg und bracht mit, das Herr religions-Commissarius von Praitenau als adjungirter Kreis-Hauptman zu Judenburg gnädigst resolvieret worden und der kaiserliche königliche Hof alle Zwangs-Mittel im religions Weesen beyseytigen wolle, welcher Ursachen wegen und dann auch um Ersbahrung grossen Aufwandes sogar das Konversions-Haus würde aufgehoben werden. Es wurden zwar dagegen am kayserlich königlichen Hof von Seiner hochfürstlich Bischöfflichen Gnaden die triftigsten Vorstellungen gemacht, aber nichts erwürket. Herr von Praitenau zog würklich den 21ten July von hier ab nach Judenburg und den 2ten July vorhero ist das daselbstige Konversions-Haus dissolviret, die 4 erklärt hartnäckigen Kezer (de quibus —) in die Klöster verleget, die übrige alle aber nach Stadl samt ihrem Missionario Dibattistis zurückgeschickt worden.

Auf viele Vorstellung sowohl des Titl. Herrn Grafen Wolf von Stubenberg als auch des Herrn von Praitenau wurde doch endlich dieses vom allerhöchsten Hof noch zugestanden, das 1mo die 3 Polizey-Schützen annoch allhier ihr Verbleiben (16) hatten und das Herr Musmann, Verwalter zu Goppelsbach, qua substituirter Commissarius hier angestellet worden, welcher dann die in religions und Polizey-Sachen vorfallende Gebrechen Conjunctim mit mir Missions-Superiorn und Pfarrern allda untersuchen, die speciem facti an das Judenburger Kreisamt zur weiteren Inquisition abgeben und überhaupt über die religion und gute Sitten wachsames Auge tragen solte.

Den 1ten Sontag des Monaths 7^{ber} kamme hier an Seine Excellenz Herr Alosius Graf von Podztazky, Gubernial Praesident in Graz, und Titl. Herr Graf Anton von Juzaghy. Derenselben Auftrag war zwar eine allgemeine Landesbesichtigung, immittelst erkundigte sich Herr Praesident auch sorgfältigst um den religions-Zustand und Schullweesen und geruhete das Mittagmahl im Pfarrhof allhier einzunehmen, auch alle Zufriedenheit über die Missions-Verfassung zu bezeigen.

Es hatten auch Seine kaiserlich königliche Mayestät zur grösseren Aneiferung deren Missionarien denen selben zerschiedene Gnaden angedeyen lassen. Anno 1774 geruheten Höchst Selbe 2 Predigten zum Druck zu befördern, wovon eine der Missionarius Anton Korman am Fest aller Heiligen, die 2te Anton Schopf, religions Kaplan allhier, am Tag aller Seelen hier vorgetragen und einen jeden von diesen Priestern mit einer goldenen Denkmünz im Werth von 12 Dukaten zu remuneriren (17).

Anno 1777 liessen Allerhöchstgedacht Seine Mayestät den 4 Missionarien jedwederen 50 f. ex fundo religionis anweisen, auch durch ein hochansehnliches Gubernium intimiren, das derjenige Missionarius, welcher seine aufhabende Pflicht vollkommen erfüllet und nach seiner Kräften-Maas nicht mehr diesem beschwehrlichen Missions Amt, wohl aber einer Pfarr vorzustehen die erforderliche Fähigkeiten besitzet, vorzüglichen zu einer erledigten Landesfürstlichen Pfründe in Vorschlag gebracht werden möge, zu welchen Kaiserlichen königlichen Gnadenbezeigungen Seine hochgräfliche Excellenz Herr Wolf Graf von Stubenberg das meiste beygetragen.

Eodem anno 1777 wurde vom allerhöchsten Hof entschlossen, das auch im Ennsthal zur Verbesserung der Religion und der Sitten solle geschritten werden. Es wurde dahero der oberwähnte Kreis-adjunkt Karl von Preitenau mit 900 f. Gehalt zu Schladming angestellet, um zu Vollziehung des vorgenohmenen Werks zu schreitten. Er betratt seine Station den 12ten 9^{ber} ejusdem anni als adjungirter Kreishauptman und zugleich als religions- und Polizey-Commissarius, erhielt auch den Auftrag, an der Stell Seiner Excellenz Herrn Grafen von Stubenberg jährlich in hiesiger Gegend die Schulvisitation vorzukehren. Hiesige Gegend belangend, wurde verordnet, das in Zukunft die Religionsbericht noch fernerhin an das Judenburger-Kreisamt, die Schulbericht aber an obgedachten Herrn von Praitenau sollten eingesendet werden. Im Mai 1778 wurde Herr Martin Gassner, Kaplan allhier, ein sehr eifriger Priester, auf Veranlassung unseres gnädigsten Fürstens-Bischoffs und Einstimmung des Kaiserlichen königlichen Hofs nach Schladming mit 260 f. jährlichen Gehalt abgeordnet, um alldort auch von Seiten der Geistlichkeit den allhier üblichen modum procedendi cum hereticis einzuführen, die zu Schladming befindliche 2 cooperatores wieder nach Salzburg zurückberuffen und an deren Stelle Herr Nowack, Kaplan zu Murau, und Herr Hössel, Kaplan zu Judenburg, als Kaplän daselbst angestellet. Anfangs 7^{bris} ejusdem anni erhielt ich von einem hochansehnlichen Kaiserlichen königlichen Inner-Österreichischen Gubernio eine goldene Denkmünz pr 24 Dukaten, womit mich Seine Kaiserliche königliche Apostolische Mayestät unsere gnädigste Landsfrau Maria Theresia, obschon unverdient, zu beehren geruhete, nebst einer huldreichsten Belobung auf die gesammte diesortige Geistlichkeit ihres bezeigten Fleises und Eifers halben.

Nächst deme geruhete zu gleicher Zeit die hocherwähnte Landesstelle 400 f. mir zu überschicken, welches Geld zur Einschaffung der Paramenten und Auszierung der hiesigen Kirche verwendet werden sollte, wie es denn auch geschehen.[1])

Sub dato Gräz den 23ten Jäner 1781 wurde mir von einem hochansehnlichen Gubernio nachstehendes kaiserliches königliches Hofkanzley-Decret d. dto 13ten ejusdem intimiret: Ihro Kaiserliche Königliche Mayestät haben vermöge höchsten Hofkanzley-Decret d. dto. 13ten et praesente 21ten curr. allergnädigst zu befehlen geruhet, das bey den erfreulichen Fortgang des hierländischen Missions-Geschäftes die diesfällige Relationes künftighin nur alle 3 Monath eingesendet, in einem sich ergebenden besonderen Fahl aber sogleich berichtet werden solle. Uibrigens wären auch dem betrefenden Herrn Ordinario die in dem Stadler Bezirk sich fleissig verwendende Seelsorgere besonders anzuempfehlen, auf ihre weitere Beförderung und Substituirung eben so tauglicher Priester für zudenken und bey Erledigung Landesfürstlicher Beneficien auf diese zu Belohnung ihrer Verdienste und anderer der vorzüglichste Bedacht zu nehmen, welches also demselben zur Nachricht und weiterem Verhalten hiemit erinnert wird.

Den 13ten April hingegen ejusdem anni wurde vom gnädigsten Fürsten per rollam intimiret, Seine kaiserliche königliche Mayestät Joseph der Zweyte hätten verordnet (18), das der Namen Missions-Superior oder Missionarius niemahls mehr gebrauchet,

---

[1]) Den 29ten 9^{ber} 1780 starb die unvergessliche Kaiserin Maria Theresia und mit ihrem Tod änderte sich die ganze bisherige Religions-Verfassung.

sondern diese letztere Stations Curati oder Local-Kapläne benamset, das Volk mit unnöthigen Visitationen und Ausfragen der Kinder und des Gesindes über die Religion der Aeltern und ihrer Dienstherrn nicht belästiget und von den abgenohmenen Büchern die Namen oder Titeln allzeit an das Gubernium zu weiterer Einbegleitung eingeschicket, übrig aber die Relationen noch quartaliter fortgesezet werden sollen. Endlich sub dato Wien den 13 8^{ber} 1781 wurde denen Augsburgischen und Helvetischen Religions-Verwandten, dann denen nicht unirten Griechen das privat-Religions-Exercitium nebst Erbauung eines eigenen Bethauses unter gewissen Bedingungen schlechterdings gestattet, auch bald darauf denen ausgewanderten Irrgläubigen die Erlaubnis ertheilet, in ihr Vaterland zurückkehren zu können.

Nicht minder wurde verbothen, jemand ein Buch wegzunehmen, ohne das selbes vorhero der wienerischen Bücher-Censur vorgelegt worden, entgegen wäre die katholische Bibl all und jedem ohne Ausnahme zu gestatten.

Als diese Freyheiten sehr schädliche Folgen nach sich zogen und in verschiedenen Orten des Oberoesterreichs wie auch zu Schladming, Pichl, Ramsau, Liessinger Graben, St. Johann im Rottenmanner Thauern auf einmal ganze Schaaren sich zur evangelischen Religion bekennet, wurden selbe in etwas eingeschränket und zwar 1mo wurde verbothen, andere Glaubensgenossen aufzusuchen, 2do die katholischen Mitbürger, Eheweiber, Männer, Kinder oder Dienstleute durch Drohungen oder Verachtungen zu einer anderen Religion zu zwingen oder zu verhalten, 3^{tio} Schmähungen oder Thätigkeiten auszuüben, den Gottesdienst der katholischen Religion zu verachten, oder sich gar an Kirchen, Bildern, Statuen und andern zur Religion gehörigen Sachen zu vergreiffen, 4to in öffentlichen Wirthshäusern und Zusammenkunften von Religions Sachen zu reden. Im übrigen aber soll denen Acatholischen unbenohmen seyn, zu ihrem Gebeth zusammen zu kommen, und wenn in einer Pfarr 500 ihrer Religion seyn sollten (die Ignoranten ausgenohmen), ihr eigenes Bethaus ohne Thurn, Glocken und öffentlichen Eingang in Gestalt einer Kirche zu errichten, auch ihren eigenen Pastoren und Schulmeister, welcher doch ein Landskind seyn soll, aufzunehmen.

Hierorts erfolgte aus obiger Toleranz, das 1mo bald einige aus denen so 1774 ausgewandert, aus Siebenbürgen zurückkammen (19), benantlich Andreas Steller, vorher am Weber Annerl Gut in der Pöll, Anna Prodingerin am untern Bastl Gut im Greisberg, Katharina Ebnerin am Garaus Gut in der Pöll, Thomas Oberreiter, gebürtig am Moser Gut im Sonnberg, Simon Kössler auf der Oelbrenner Keuschen in der Stadler Au, Sebastian Reumüllner, gewester Bauer am Untersteiber Gut in Pirning, mit seinem Weib, so er in Siebenbürgen geheurathet. Auch kammen von Gräz zurück (20) Georg Stränner, vulgo der alte Maurenwürth, Thomas Kerschbaumer am Unterbergler Gut, Maria Schilcherin, des Oberbergler Schwester, und Simon Oberreiter am Glabitschker Gut im Ruprechter District, welche sammentlich zu Grätz in denen Klöstern vertheilt waren. Alle diese Sectarii (ausser den Thomas Oberreiter, der bald nach seiner Ankunft erkranket und nach einem langwierigen Bettlager auch in heresi gestorben) bestrebten sich nun allhier um mehrere Anhänger, da sie aber deren nur wenige gefunden, machten sich Katharina Ebnerin, Anna Prodingerin und Sebastian Reumüllner mit seinem Weib wieder von dannen und giengen theils in das Kärnthen, theils nach Schladming zu ihresgleichen (21). Immittelst aber haben 2do dennoch einige verstellt gewesene Katholiken den Schalk abgelegt und sich neuerdings Evangelisch erkläret, unter diesen war die erste Maria Schilcherin de qua —, dieser folgte bald ihr Bruder Joseph Schilcher am Oberbergler Gut, welche beyde dann auch den Unterbergler Georg Kerschbaumer zum Rukfall verleitet. Sebastian Reumüllner hatte mit Beyhülf der 2 Transmigrantinnen, Katharina Ebnerin und Anna Prodingerin, auch seines Bruders Sohn, ebenfalls Sebastian Reumüllner genannt, angeworben und auf ihre Seite gebracht, der aber doch anno 1785 wiederum sich eines besseren besonnen und, nachdem er neuerdings seinen Irrthum abgeschworen, als ein Katholik verstorben ist.

Anno 1787 erklärte sich ebenfalls zur lutherischen Religion Johann Reicher und Joseph Reicher am Pfeiffer Gut im Büchl, 18 jähriger Sohn, ein sehr verwegener, grober und hartnäckiger Bursche, bey dem sowohl ich als Herr Vikarius zu Predlitz Franz Philipp (22), mehrere Wochen hindurch unsere Mühe und Belehrung verschwendet.

Vide von dieses letzteren Ehweib Luzia, geborene Freyelinn, Grißnertochter, und Elisabeth Reicherin, Pfeifer-tochter.

Verzeichnis

derenjenigen, welche sich Anno 1772 öffentlich zur lutherischen Lehr bekannt haben: an der Zahl 364.

Verzeichnus

derjenigen, welche mit Anfang der Fasten 1773 die erste in das Conversions-Haus nach Judenburg und im November 1773 in das Siebenbürgen sind abgeschickt worden, außer den relapsis, welche nach Gräz ins Zuchthaus abgegeben worden und den bemerkten Conversis, welche nach Stadl zurückkammen. An der Zahl 18 (23).

Im Monath X^{bero} 1773 wurden abermahl in das Conversions-Haus geschickt an der Zahl 20. Aus diesen haben die Bekehrung fingiret 6 und dardurch erhalten, daß sie konten nach Haus kehren. Was sich weiter mit ihnen ergeben, ist an seinem Ort zu ersehen.

In der letzten Fasching Wochen 1774 ist auf wiederholten Befehl vom k. k. Hof ins Conversions-Haus geschickt worden 1.

Den 11ten Jener 1774 seynd in das Gräzerische Waisenhaus geschickt worden 11 Kinder der Irrgläubigen, von welchen 1 wegen seiner Unfähigkeit bald wieder ist zurückgeschickt worden.

In das Zuchthaus seynd den 10. Jener 1774 propter relapsum geschickt worden an der Zahl 29. Diesen hätten noch 3 sollen beygesellet werden, wegen verstelter Bekehrung wurden sie aber verschont, worauf 2 flüchtig wurden. Den 2ten May 1774 sind denen obigen 3 beygesellet worden, von welchen sich 2 zu Gräz als katholisch und unschuldig angegeben und weil man ihnen geglaubt, wurden sie eine Zeitlang zu den hh. Sacramenten gelassen, bis man von hier aus ihre Falschheit entdecket.

Verzeichnis

derjenigen, so den 15ten April 1774 nach Siebenbürgen abgeschicket worden; an der Zahl 82.

Den 25ten April ejusdem anni seynd nach Siebenbürgen abgegangen an der Zahl 73. (24)

Den 26ten April 1774 seynd in das Gräzerische Waysenhaus 24 Kinder der emigranten abgegeben worden.

Anfang 1774 seynd wieder in das Conversions Haus nach Judenburg geschickt worden an der Zahl 16.

Diesen seynd 2 beygekommen, welche unterwegs auf der Reis nach Siebenbürgen sich eines bessern besonnen und zur Bekehrung entschlossen haben.

Nach etwelchen Wochen seynd 5 nachgeschickt worden.

Verzeichnis derjenigen Irrgläubigen oder sehr Verdächtigen, welche heimlich aus der Pfarr Stadl entfohen, an der Zahl 11.

Gegen Ende des Weinmonaths 1776 sind in das Siebenbürgen abgeliefert worden an der Zahl 19. (25)

Verzeichnis

der Kezerischen Büchern, welche von der Zeit der k. k. Local-Commission, id est, ab anno 1773 mir Matthäus Gletler, p. t. Pfarrern zu Stadl, sind behändiget worden ohne Einbegreif derjenigen, so die Vicarii zu Predlitz und St. Ruprecht oder die Missionarri zurückbehalten, an der Zahl 926.

Verzeichnis

derjenigen, welche Solemniter, das ist, in Gegenwart zweyer oder mehreren Zeugen Glaubens-Bekantnis abgelegt haben, an der Zahl 272.

Verzeichnis

derjenigen, welche im Vicariat zu Predlitz Glaubensbekentnis abgelegt, an der Zahl 33.

Bemerkungen.

(1) Die Pfarrgemeinde Stadl, an der obersten Mur, nahe an der salzburgischen und der kärntnerischen Grenze gelegen, umfaßt die Ortschaften Paal (Pöll bei Gletler), Greischberg, Falkendorf, Sonnberg, Güttersberg, Einach, Pichl.

(2) Das Luthertum hielt auf dem oberen Murboden schon früher seinen Einzug. Das Visitationsprotokoll von 1528 im Sekkauer Ordinariats-Archiv berichtet nach Schuster, »Fürstbischof Martin Brenner, Graz und Leipzig 1898«, S. 135: »In der Gegend von Stadl predigte ein Prädikant Jörg Schratl gegen Papst und Kirche«, und Winklern teilt in seiner »Chronologischen Geschichte des Herzogtums Steyermark, Grätz 1820«, S. 140 mit: »Unter der protestantischen Inhaberin von Murau Anna von Liechtenstein, geb. Neumann von Wasserleonberg, vermehrten sich die Pastoren und Protestanten in dortiger Gegend sehr zahlreich zu Murau, Stadl, Ranten, St. Peter.«

(3) Die Stelle, auf die sich Gletler bezieht, steht, genau genommen, im II. Teile des zitierten Exzerptes (Klagenfurt 1769) S. 187, oder im II. Bande des ganzen Werkes, S. 730. Eine ältere

Quelle für diese Tatsachen ist übrigens »Rosolenz, Gründlicher Gegen-Bericht auff den falschen Bericht vermainte Erinnerung Davidis Rungii ... Grätz, 1607« S. 46. Den von Gletler angeführten Pastor Jakob Stoll nennt auch Schmutz, Top.-hist. Lexikon von Steiermark IV, Gratz 1823, S. 43.

(4) Über den fortdauernden Geheimprotestantismus vgl. Zwiedineck-Südenhorst, »Geschichte der religiösen Bewegung in Inner-Österreich im 18. Jahrhundert«, 53. Bd. des Archives für österr. Geschichte, und Czerwenka in diesem »Jahrbuch« I, S. 83 ff., II, S. 9 ff. Loesche, Gesch. d. Prot. in Österr., S. 101 f.

(5) In einer Resolution vom 24. März 1753 bedauert die Kaiserin, daß der Unglaube auch in der Murauer Gegend hervortrete: »Nun dringet Uns sehr zu Herzen, gegenwärtiges Religions-Übel auch in diesen Gegenden, allwo es bisher noch meistens verborgen gewesen, so tief eingewurzelt zu sehen. Wir finden aber dennoch keineswegs rathsam noch thuenlich, mit häufiger arrestierung dieser Leuthen auf einmal vorzugehen, indem ein allzugroßes aufsehen darob erwachsete, auch die transportierung so zahlreicher familien sehr beschwährlich würde und etwa gar die Feldarbeit dabei leiden könnte.« Es wurden dann im Jahre 1753 36 Personen aus der Stadler Gegend zur Transmigration nach Ungarn und Siebenbürgen verhalten. (Zwiedineck, a. a. O. S. 529.) Wie aus den Akten der Grazer Statthalterei ersichtlich ist, fanden in den fünfziger und sechziger Jahren aus dem Ennstale eine Reihe von Transmigrationen statt. Sie betrafen aber meist nur wenige Personen.

(6) Stehr-Arbeit. Stehr Stör, heute noch in Steiermark geläufig, auch bei Rosegger. Vgl. Khull, Steirischer Wortschatz, Graz 1903, S. 580, und Schmeller, Bayrisches Wörterbuch II, S. 779: »Die Stör: *a)* Strauß, den man zu bestehen hat, Mühseligkeit; *b)* die Redensart, auf oder in die Stör gen, auf oder in der Stör sein, wird auf dem Lande von Näherinnen, Schneidern, Schuhmachern, Sattlern u. dgl. Stubenarbeitern gebraucht, wenn sie gegen Kost und Taglohn ihr Handwerk treiben«.

(7) Über die Unterstützung der obersteirischen Transmigranten durch den k. k. Hof- und Kriegsagenten Johann Matholay v. Zolna vgl. dieses »Jahrbuch« II, S. 28, und Zwiedineck, a. a. O. 530 f.

Über Matholay teilt mir das k. u. k. Kriegsarchiv auf mein Ersuchen im Wege des Historischen Vereines für Steiermark das

Folgende gütigst mit: »Im Jahre 1735 erhielt Matholay, der damals schon Agent der illyrischen Nation war, auf seine Bitte das Recht der Parteienvertretung beim Hofkriegsrate, d. h. die Bestallung als Hofkriegsagent. In dieser Eigenschaft war er bis zu seinem Tode tätig und vertrat besonders Truppenkörper und Parteien aus den Ländern der ungarischen Krone. Personaldaten über ihn finden sich in den hierortigen Akten nicht, aber aus dem Umstande, daß er in den Protokollen vom Jahre 1778 an als gewesener Hofkriegsagent erwähnt wird, ergab sich die Möglichkeit, durch Nachforschungen in verschiedenen Pfarren und im magistratischen Totenbeschreibamte zu erheben, daß Johann Matholey de Zolna im Jahre 1692 oder 1693 geboren und evangelischer Konfession war, daß er in Wien, in der ehemaligen Vorstadt Jägerzeile, ein Haus, damals Nr. 15, besaß und am 17. Mai 1777 in seinem Hause, 85 Jahre alt, an der Wassersucht starb. Sein Geburtsort ist im Protokolle des magistratischen Totenbeschreibamtes nicht angegeben, nach seinem Adelsprädikate zu schließen, dürfte er wahrscheinlich aus Zolna stammen.«

(8) Nach dem Berichte des Guberniums (resp. Stubenbergs) bei Zwiedineck, S. 531, haben sich im Jahre 1772 im ganzen 387 Personen in Stadl zum Luthertum bekannt. Gletler führt die Schlauheit derselben an, daß sie meinten, eine größere Zahl werde eher etwas (d. h. das Verbleiben im Lande) bewirken, verschweigt aber, daß sie darin bloß dem Rate des Oberverwalters Karl Rauch gefolgt seien. Wie übel man diesem das bei Hofe nahm, wird nachher klar werden.

(9) Der Bericht Stubenbergs wurde von dem Gubernium unter dem 29. Mai 1773 nach Wien geleitet. Die Erledigung war von einschneidender Art (Hofdekret vom 4. September 1773): »Ihre Majestät hatten sich leider überzeugt gefunden, daß die Ursachen des dermal so weit überhand genommenen Übels und öffentlichen Ausbruchs von dem Herrn Grafen von Stubenberg ganz richtig und bescheiden (einsichtsvoll) angegeben worden seyen, welche da nebst der so schlechten Polizey und der Unbehutsamkeit des Religions-Commissarii und der Matholay'schen Correspondenz auch in dem Benehmen der Geistlichkeit und der derselben zugekommenen Bischofs-Weisung bestehen. Das Gubernium habe aber überhaupt an dem Grundsatz sich zu halten, daß der Zwang, die Schärfe der Strafen und andere ein so großes Aufsehen verursachende

Verfügungen soviel wie möglich zu vermeiden, dagegen die Irrenden vielmehr durch Vorstellungen, sorgfältig unterricht und eigene Überzeugung ihres Irrthums zu einer dauerhaften Bekehrung zu leiten seyen. Die Anstellung tüchtig und bescheidener Seelsorger seye dahero vor allem höchst erforderlich und hierauf einverständlich mit dem Fürst-Bischofen der Bedacht zu nehmen. Die Missionarii müssen von gleicher Eigenschaft ausgewählt werden. Der Religions-Kaplan zu Stadl Michelitsch seye sogleich von dem Religions-Geschäft zu entfernen«.... Den Herrschaften Murau, Großlobming und Goppelsbach »sind wegen der so schlecht bestellten Polizey die allerhöchste Unzufriedenheit und Wahrnigung pro futuro ernst gemessen zu erkennen zu geben und da der Oberverwalter Karl Rauch durch sein unvorsichtiges Betragen zur Aufschreibung so vieler leiten als Irrglaubigen Anlaß gegeben, auch mehrerer Verdächtigen und ihnen große Kosten verursacht, so solle derselbe mit einer ernstlichen Ahndung angesehen und von Besorgung des Religions-Commissariats gänzlich um so mehr entfernt werden, als er wegen Weitschweifigkeit der Herrschaft und seiner Verrichtungen diesem Amt mit Frucht ohnedies nicht obliegen kann.... Endlich werde dem Gubernio unverhalten, daß dem nun schon durch geraume Zeit arrestirten agenten Matolay über die durch das obersthofmarschallamt mit ihme vorgenommenen Untersuchung für diesmal aus allerhöchster Milde und in Ansehung seines 81jährigen Alters die criminal inquisition gegen mündlich und schriftliches Versprechen, ·sich im geringsten weder selbst noch durch die seinigen mehr einmischen noch die mindeste correspondenz oder Verständnis mit diesen unruhigen Leitten mehr pflegen zu wollen, mit der Bedrohung nachgesehen worden, daß er im ersten Betrettungs-Fall sogleich beym Kopf genommen und ohne weiters aus allen Erblanden verwiesen werden solle.« Eine Abschrift des Reverses liegt im Statthalterei-Archive der Resolution bei. Eine Skizze der ganzen kaiserlichen Willensäußerung hat Zwiedineck aus dem Archive des k. k. Ministeriums für Kultus und Unterricht auf S. 540 ff abgedruckt. Die plötzliche Entfernung des Kaplans Michelitsch erfolgte, weil er »eine förmliche Inquisition gegen die Irrgläubigen anzustellen für gut fand«. Er veranlaßte ihre Verwandten und Bekannten zu deren Denunziation und schloß dann die Beschuldigten von der Beichte aus. Das letztere geschah mit Bewilligung des Bischofs. Die Regierung mißbilligt es, Leute von dem Empfang der Sakramente auszuschließen, die darnach verlangen, und dem Fürstbischof wurde über Befehl der Kaiserin in einem privaten Schreiben des Hofkanzlers Graf Blümgen diese Anschauung nicht vorenthalten. Gegenüber dieser Einmischung des Staates in innerkirchliche Angelegenheiten vertrat der Fürstbischof freilich auch wieder seinen Standpunkt. (Zwiedineck, S. 502 f und 538 f; »Jahrb.« II, S. 28 ff.; Zapletal, Die Bekämpfung und Duldung des Protestantismus im oberen Ennsthale. Graz, 1883, S. 53 ff.) Bei Michelitsch fiel übrigens noch ins Gewicht, daß er das zudem wiederholt untersagte Beichtgeld auch von solchen nahm, die er von der Beichte ausgeschlossen hatte. Oberverwalter Rauch wurde nicht bloß, wie erwähnt, der Unvorsichtigkeit beschuldigt, sondern auch dessen, daß er ungerechte Arretierungen vorgenommen habe.

(10) Soweit ich sehen konnte, ist in den Akten bloß von einer angeblichen Sammlung zum Baue einer evangelischen Kirche die Rede.

(11) Diese Reise des Grafen Stubenberg war zunächst zur Durchführung der in dem Hofdekrete vom 4. September 1773 enthaltenen Weisungen bestimmt. Über die Ergebnisse derselben berichtet er am 31. Oktober. Davon interessiert namentlich folgendes: »Habe ich zu Stadl die erklärte Ketzer durch 2 Täge einberuffen und ihnen kundgemacht, daß kein Irrgläubiger im Lande Ihrer Majestät geduldet, dahero ihnen ein Termin von 3 Monaten zur Bedenkzeit gestattet würde, nach deren Verflüssung die in ihrem Irrthum beharrende ins Siebenbürgen auszuwandern hätten. Bey welcher Gelegenheit ich ihnen ihr ewiges Wohl und die Hülfs-Mittel, die ihnen zur Rückkehr zu dem wahren Glauben mittelst Aufstellung der Missionarien und sonsten von Ihro Majestät an die Hand gegeben wurden, nachdrucksamst vorgestellet, aber zu meiner empfindlichsten Betrubnis zur Antwort erhalten, daß sie bey ihrem Glauben verbleiben, hiemit auswandern wollten, man sollte nur wegen ihrer Güter Richtigkeit treffen.«

(12) Die Notwendigkeit einer baldigen, raschen Transmigration vertritt Gletler in zwei Berichten, die der Eingabe des Erzpriesters Krebs ddo. 19. August 1773 beigeschlossen sind. In demselben Jahre wurden am 26. November 7 Personen aus dem Judenburger Konversionshause nach Siebenbürgen abgesendet (Hofdekret vom 18. Dez. 1773). Zwei, die gleichfalls dazu in Aussicht genommen

waren, wurden vorher flüchtig und in Wien angehalten, woher sie auch nach Siebenbürgen abgeführt wurden.

(13) Unter dem 25. Jänner 1774 legte das Gubernium den Antrag des Religions-Kommissarius von Praitenau vor, 161 Irrgläubige nach Siebenbürgen zu verschicken. Damit konnte man sich in Wien nicht befreunden, wie das Dekret vom 11. Februar beweist: »Nun seye aber bisher niemalen gewöhnlich gewesen, das auf einen seuchten, einseitigen Bericht eines Religions-Commissarii auf einmal eine so beträchtliche Anzahl Menschen zur Emigration verhalten worden. Die Absendung pressiere auch nicht so sehr. Und wenn mit dem vierten Theil und den hartnäckigsten der Anfang gemachet und der Ernst, sie ausser Land zu schicken, gezeiget werde, so därften viele der übrigen, besonders wenn die Geistlichkeit es an Fleiß und Sanftmuth nicht erwinden lasset, auch auf gleichgültige Nebensachen in der Instruction nicht dringet, sich eines besseren noch begreifen, um ihren Irrthum fahren zu lassen.« Der Abschicktermin sei bis in den Monat Mai zu verschieben. Das Gubernium beharrte jedoch unter Hinweis auf »die übelsten Folgen«, die sich im Falle der Unterlassung einstellen könnten, auf der Dringlichkeit der Transmigration und ließ bloß bezüglich der Zahl eine Änderung eintreten. Da 9 den Unterricht angenommen hätten, so seien nur 152 abzusenden. Die Kaiserin versagte nun ihre Genehmigung nicht mehr und änderte bloß den Termin ab: »Da eine Bekehrung dieser Irrglaubigen nicht mehr zu hoffen stehe, sondern dieselbe vielmehr selbst auf die Auswanderung andringen, folglich ihnen ein weiterer Zwang salva Justitia nicht angethan werden könne, wurde hiemit zwar bewilliget, mit deren Absendung nacher Siebenbürgen ohne weiters fürzugehen. Gleichwie jedoch der anberaumte Abschickungstermin auf den 5. und 15. April zu kurz seyn dörfte, also solle solcher auf den 15ten und 25ten des erstbesagten Monaths festgesetzet und hiernach des weitere eingeleitet werden.« An diesen Tagen erfolgte tatsächlich die Auswanderung der obersteirischen Protestanten. Die Konsignation derselben nach Namen, Alter, Kondition, Pfarre, Herrschaft und Dienstort bewahrt das Grazer Statthaltereiarchiv als Beilage zu Stubenbergs Bericht an das Gubernium ddo. Stadl 1. April 1774. In dem ersten Transporte befanden sich 80, in dem zweiten 72. Fast durchaus waren sie den Herrschaften Murau, Goppelsbach oder Groß-Lobming untertan und Angehörige der

Pfarre Stadl, nur wenige waren aus St. Georgen oder Ranten. Während der Reise wurde auf die Beköstigung der Mittellosen täglich 6 kr. verwendet, die (110) Bemittelten mußten die täglichen 9 kr. zu demselben Zwecke aus eigenem bezahlen. Doch verfügten auch diese zumeist über geringes Vermögen. Die Reise ging von Stadl über Judenburg, Leoben, Bruck a. M., Mürzzuschlag, Schottwien, Neunkirchen nach Wien, von dort über Ofen-Pest und Temesvar nach Siebenbürgen, stets unter militärischer Bedeckung. Zwei der Transmigranten traten gleich im Anfange zurück und erklärten sich wieder für katholisch, in Judenburg der 20jährige Matthias Greiß aus Stadl und in Bruck a. M. die 21jährige Magdalena Wallnerin. Beide wurden in das Konversions-Haus nach Judenburg gebracht (Bericht des Religionskommissärs von Edlingen an das Gubernium ddo. 16. Mai 1774). Am 10. September desselben Jahres verfügte ein Hofdekret, daß beide nach abgelegtem Glaubensbekenntnisse im Lande bleiben könnten. Auch die beiden ledigen Burschen Josef Oberreiter und Matthias Unterwenger gelangten nicht nach Siebenbürgen. Sie wurden von dem den Zug führenden Offizier in Wien gelassen, da sie wieder katholisch wurden (Hofdekret vom 16. Juli 1774) und über Anordnung der Regierung zu dem Hofgärtner von Schönbrunn in die Arbeit gegeben, jedoch mit dem gemessenen Befehle, ohne Erlaubnis nicht in die Heimat zurückzukehren (Hofdekret vom 11. September 1774). Die in Siebenbürgen angekommenen Transmigranten wurden zumeist in Neppendorf, unmittelbar bei Hermannstadt, in dieser Stadt selbst und in Großpold, 13 km westlich davon, angesiedelt. Die Sterblichkeit unter ihnen war nach ihrer Niederlassung nicht gering, namentlich in Neppendorf, wo nach einem Ausweise im Grazer Statthalterei-Archive vom August 1774 bis Ende November 1775 nicht weniger als 34 starben. Über die deutsche Besiedlung Siebenbürgens durch österr. Transmigranten vgl. übrigens meinen Aufsatz in der »Zeitschrift des Histor. Vereines f. Steiermark« IV, S. 48 ff., speziell über die steirischen Transmigranten in Siebenbürgen meine Veröffentlichung im »Korresp.-Bl. des Ver. für sieb. Landesk.« 29, 129 ff., 145 ff.

(14) Daß Stubenberg über die Trennung der Kinder von ihren Eltern etwas milder dachte, als schließlich die Vorschrift ausfiel, ist aus Zwiedineck, S. 504 f., und 534 ff., ersichtlich. Die Konsignation der Kinder im Statthalterei-Archive. Dort auch ein

Hofdekret vom 27. Mai 1774, womit angeordnet wurde, daß die Kinder nach erhaltenem Unterrichte »bei wohl vertrauten Eltern« unterzubringen seien.

(15) Der neue Kurs wurde durch ein Handschreiben Josefs II. an die böhmisch-österreichische Kanzlei, ddo. 7. November 1774 eingeleitet (Zwiedineck, S. 544). Eine Übersiedlung solle glaubenshalber künftig nur in dem Falle stattfinden, wenn die Evangelischen sie selber verlangen. Auf die hiegegen erfolgte Vorstellung der Hofkanzlei vom 18. November (Zwiedineck, S. 544 f.) nahm die Kaiserin einen Standpunkt ein, der sich zwar nicht ganz mit dem ihres Sohnes deckte, aber immerhin eine Änderung in der Methode zugunsten der Protestanten bezeichnet. Ihre Entschließung vom 3. Dezember 1774 lautet wörtlich:

»Von der Röm. kaiserl. zu Hungarn und Boheim königl. Apost. Maj. etc. in Gnaden anzuzeigen: Es bestehen zwar ohnehin die maaßgebige Anordnungen, wenn und wie ein Irrglaubiger zur Transmigration nacher Hungarn und Siebenbürgen angehalten werden solle. Damit aber gleichwohlen nicht zuweilen die Sache zu leicht genommen, noch leute, die im Lande bey Haab und Gut verbleiben und auf den wahren Weeg gebracht werden könnten, zur Auswanderung angehalten und anmit Ihro Maj. zärtestes Gewissen beschwert werde, so gehet allerhöchst deroselben Willensmeynung dahin, daß nicht sogleich, als einer für einen Ketzer sich angiebt, oder betretten wird, derselbe zur Emigration angehalten, sondern vorhero mit einer mehreren Genauigkeit und Verwendung, als vielleicht in ein oder andern Fall bishero geschehen seyn mag, fürgegangen, all ordentliche und anständige geist- und weltliche Mitteln angekehret und mit aller Sanftmuth verfahren werden solle, um einen solchen von dem Irrthum auf den rechten Weg zu bringen und zugleich bey seinem Haab und Gut zu erhalten. Forderist sind die zweyerley Gattungen dieser Irrglaubigen zu kennen und wohl zu unterscheiden.

Die eine und gefährlichste sind jene, welche in dem angenommenen lutherischen Glauben gründlich unterrichtet und dabey so hartnäckig sind, daß sie keine Vorstellung noch Unterricht annehmen. Dergleichen Leute, welche sich meistens noch zu einem Verdienst rechnen, auch andere zu verführen und bey welchen eine vernünftig und geflissene Verwendung der Geistlichkeit vergeblich ist, können zwar unmöglich im Lande geduldet werden, sobald nach allangewendeter Mühe sie von dem Irrweeg nicht abzubringen sind und sie selbst die Transmigration verlangen. Jedoch ist auch mit diesen verstockten zu einer Transplantation und Verschickung eher nicht zu schreiten, als bis de casu in casum hieher die Anzeige gemacht und über den zu erstattenden umständlichen Bericht die Allerhöchste Entschließung erfolgen wird.

Von der andern Gattung sind jene unglückliche und in der That zu bedauernde, welche von der einen oder andern Religion keinen wahren Begrief haben, sondern nur jenen Lehrsätzen nachhangen, die sie aus den mit Unverstand gelesenen lutherischen Büchern gefaßet oder durch eine üble Erbschaft von ihren Eltern oder Befreundten an sich gebracht haben.

In Ansehung dieser, welche den größten Theil ausmachen, wäre unverantwortlich und sträflich, sie zu einer Transmigration zu verhalten und bey diesen kann ein Antrag zur Transmigration ganz und gar nicht stattfinden. Vielmehr solle den geistlichen und weltlichen Behörden nicht zwar durch eine förmliche Intimation dieser allerhöchsten Anordnung, sondern durch de casu in casum im allerhöchsten Namen gemessen eingebunden werden, solche materialische Irrglaubige, obschon sie durch ihre Eltern, Anverwandte oder sonst jemanden verleitet, zur lutherischen Lehre, die sie nicht einmal kennen, aus Dumheit, Unwissenheit und Mangel des Unterrichts sich wirklich erklären, dennoch keineswegs als Ketzer anzusehen, noch auf deren Transmigration einen Antrag zu machen, sondern sich vielmehr alle Mühe zu geben, damit solche Leute in dem wahren glauben gründlich unterrichtet und ihres Irrthums vollkommen überzeiget werden, welches die Hauptobliegenheit der Geistlichkeit ist. Hiernach wird also das Gubernium sich zu benehmen und in vorkommenden Fällen fürzugehen haben.«

(16) Die Polizeischützen durften laut Hofdekretes vom 26. Mai 1775 nur unter der Bedingung beibehalten werden, »das sie zwar ihre obliegende Pflichten in Anzeigung und Verhinderung der Übertrettung politischer Gesätze vollkommen und auf bescheidene Art erfüllen, alles übrige hingegen der Geistlichkeit ganz allein überlassen sollen«.

(17) Hier ist der Visitationsbericht des Grafen Stubenberg vom 29. Mai 1776 zu erwähnen. Dieser konstatiert im Sinne der herrschenden Kirche eine Besserung der Verhältnisse in Stadl. Keine Hoffnung geben jedoch Maria Schilcherin, eine etwa 40 jährige

Dienstmagd, die sich ganz ohne Scheu zur lutherischen Lehre bekenne, und die 20 in Graz befindlichen Pfarrkinder, die mit Hofdekret vom 4. September 1773 bereits zur Auswanderung bestimmt, aber nicht im April 1774 abgeschickt wurden, weil sie, »als nach vreventlich abgelegter Glaubens-Bekantnus anwiederum in ihren vorigen Irrthum verfallene Eidbrüchige zu einer vor ihrer Abschickung auszustehenden 1jährigen Zuchthaus Straf condemniret, auch dahin im Februar 1774 abgesendet worden«. Aber hier wie in den Klöstern, wohin sie nachher kamen, zeigte sich nicht der gewünschte Erfolg. Da sie nun durch mehr als zwei Jahre in ihrem Irrtume halsstarrig verblieben, so seien sie zur Transmigration als formales (haeretici) qualifiziert. Sollte man sich hiezu nicht entschließen, so würden sie aus den Klöstern zu entlassen und wieder in Freiheit zu setzen, aber von Stadl ferne zu halten sein, »inmassen es eines Theils der natürlichen Billigkeit zuwieder wäre, sie noch länger in den Klöstern oder andern Orten wider ihren Willen einzuschränken, andern Theils der Religions-Cassa, die vor die erarmte die Atzungs-Unkösten zu bezahlen hat, durch ihre längere Zurückhaltung ein beschwehrlicher Last ohne anzuhoffenden Frucht noch fernerhin aufgebürdet würde. Diesem habe ich lediglich annoch beizurucken, daß im Fall erwehnte Sectarii ohne Transmigration frey entlassen werden sollten, denenselben, da ohnedeme keiner von ihnen in der Stadl'schen Gegend ansäßig, die Zurückkehr dahin und überhaupt in den judenburger Kreis unter einer empfindlichen Bestraffung um so mehr zu verbiethen wäre, als ganz leicht vorzusehen, daß diese in die verdächtige Gegenden nach verletztem Glaubens-Eid und verachteter wahren katholischen Lehre zurückkehrende Sectarii, auf ihre Hartnäckigkeit stolz, sich vor Märtyrer ihres Irrthunbs ausgeben, andurch viele ihrer Anverwandten und Bekannten mit dem schädlichen Ketzer Gift zum Nachtheil des einsweilen von der Geistlichkeit geschöpften Seelen-Fruchts anwieder anstecken werden«. Auf die im Jahre 1774 nach Siebenbürgen Überführten kommt Stubenberg rücksichtlich der von ihnen hinterlassenen Bücher und ihrer Vermögensforderungen zu sprechen. Es hat sich »hin und wieder veroffenbahret, daß die 1774 nach Siebenbürgen transmigrirte Sectarien einigen ihrer Freunden verschiedene lutherische Bücher mit der Bitte zurückgelassen, solche ihren in dem Grazerischen Waisenhaus befindlichen Kindern, wann letztere einmals nach Stadl zurückkommen würden, als ein Andenken ihrer Eltern zu behändigen. Ob nun zwar schon mehrere dergleichen Deposita entdecket worden seynd, so scheinet doch sehr räthlich zu seyn, erwehnte Kinder, die sich jetzt in Untersteyer bey gut katholischen Haus-Vätern und Haus-Müttern in Diensten befinden, so lang es mit guter Art beschehen kan, von der stadlerischen Gegend abzuhalten, um sie andurch zu verhindern, dergleichen giftige Geschänke ihrer Eltern zu überkommen«. Dagegen äußert sich Stubenberg über die Vermögensforderungen der Transmigranten folgendermaßen: »Diese unglückliche, die ihren verderblichen Irrthum meistens mit der Mutter Milch eingesogen und derowegen ihr Vaterland, Eltern, Kinder, Anverwandte und Freunde, auch einige davon ihr Haus und Hof verlassen haben, verdienen wegen baldiger Überkommung ihres allhier noch haftenden Vermögens eine Rücksicht, die in der Menschenliebe, in der natürlichen Billigkeit und in denen Gesäzen gegründet ist.« Das Hofdekret vom 20. Juli 1776 verspricht, die Vermögensangelegenheit in den gehörigen Gang zu bringen und die Kinder der Transmigranten von Stadl ferne zu halten. Was die 20 Personen, die auf dem Irrglauben hartnäckig beharren, betreffe, so seien diese »nunmehro ohne weiterem in das Großfürstenthum Siebenbürgen zu übersetzen«. Übrigens waren es nicht 20, sondern nur 17, welche am 14. Oktober 1776 unter militärischer Führung und Bewachung von Graz aus die Reise nach Siebenbürgen antraten. Zwei blieben wegen Erkrankung in Temesvar zurück, die anderen trafen am 31. Dezember 1776 in Hermannstadt ein. **Das war die letzte Transmigration, die ins Werk gesetzt wurde.**

(18) Vgl. dieses »Jahrb.« II, S. 45.

(19) Allerdings war vorher der Versuch gemacht worden, die Stadler Transmigranten nicht heimkehren zu lassen. Am 2. November 1781 erstattete das Gubernium einen Bericht, worin die Anfrage des Fürstbischofs von Seckau wegen der translozierten Stadlschen Irrgläubigen mit dem Antrage einbegleitet wurde, diesen die Rückkehr aus Siebenbürgen in ihr Vaterland nicht zu gestatten. Das Hofdekret vom 3. Dezember gab jedoch herab, »daß ohngeachtet der Vorstellung des Fürstbischofen zu Seggau von der höchsten Willensmeinung, zu welcher alle der Religion halber übersezte Unterthanen bey der eingeführten Toleranz in ihr Vaterland zurückkehren können, nicht abgegangen werden

könne und seyen derley Revertenten durch gesetzmäßige Strafen, wann sie die allgemeine Ruhe stören und andere politische Gebrechen begiengen davon ab und in denen gehörigen Schranken zu halten.«

(20) Am 29. April 1780 stellte die Direktion der Religions-Kassa den Antrag, es seien fünf in die Klöster verlegte Irrgläubige (außer den oben folgenden vier noch Josef Aichner) nach Ungarn zu transportieren. Die Entscheidung lautete jedoch, sie seien noch ein Vierteljahr lang der Bekehrung zu unterziehen. Die Angelegenheit wird auch weiterhin noch verschleppt, bis das Hofdekret vom 31. März 1781 verordnet, »daß künftighin kein hierländischer Unterthan der Irrlehre halber mehr in das Königreich Hungarn oder Großfürstenthum Siebenbürgen übersetzt werden soll«. Als das Gubernium nun noch immer nicht weiß, was es mit den zu Luther sich Bekennenden machen soll, erfolgt am 30. Juni der Bescheid, »daß das ganze Religions-Patent von nun an aufgehoben, alle darinnen anbefohlene Ausübungen eingestellet und in keinem Stuck, außer das sie kein öffentliches Religions-Exercitium haben, ein Unterschied zwischen katholischen und protestantischen Unterthanen mehr gemacht werden soll. Dagegen seye die muthwillige Aufhetzere oder im Lande herumirrende Verführer nach den allgemeinen politischen Gesätzen einzuziehen und zu bestraffen«. Siehe die Eingabe des Dechanten Estendorfer gegen diese Verfügung im »Jahrb.« II, S. 47.

(21) Der Protestantismus ist in der Stadler Gegend nie wieder aufgekommen. Es sammelten sich um die Mitte des 19. Jahrhunderts zwar dort wieder einige Evangelische, es bildete sich auch, wie mir Herr Pfarrer Martin Modl in Bielitz freundlich mitteilt, eine Predigtstation Stadl-Murau, die 1857—1866 von Eisentratten, 1866—1900 von Feld aus geistlich versorgt wurde. Der bis vor kurzem in jener Gegend wirkende evangelische Geistliche, Herr Vikar Heinrich Göttert in Judenburg, schrieb mir jedoch (23. April 1906): »In Stadl und allernächster Umgebung wohnen jetzt ungefähr acht mir bekanntgewordene Glaubensgenossen, die, soviel mir bekannt, alle aus dem benachbarten Kärnten stammen. Es mögen, ebenfalls von dorther kommend, noch einige Holzknechte in der Stadler Gegend sich aufhalten, die mir aber unbekannt geblieben sind.« So ist es denn klar, daß von dem alten Luthertum der Stadler Gegend nichts mehr vorhanden ist.

(22) Franz Philipp ist 1790 nach Schmutz, Hist.-top. Lexik. v. Steierm., IV, S. 23, Gletlers Nachfolger in der Stadler Pfarre geworden.

(23) Daß nach Siebenbürgen im November 1773 nur neun abgeschickt wurden, ist oben unter Nr. 12 aus amtlicher Quelle angeführt worden.

(24) Am 15. April zogen, wie unter Nr. 13 bemerkt wurde, 80 und am 25. April 72 nach Siebenbürgen. Gletler irrt in seinen Angaben. Die richtige Gesamtzahl 152 hat der aus kirchlicher Quelle schöpfende Zapletal a. a. O., S. 41, Anm. Wie Zwiedineck S. 506 dazukommt, 198 Transmigranten anzugeben, ist mir nicht klar.

(25) Es waren nur 17.

VII.
Beiträge zur Familienchronik von Johannes Mathesius.

Von W. Klemens Pfau.

Obschon die Familiengeschichte von Johannes Mathesius bereits frühzeitig ziemlich ausführlich bearbeitet worden ist, kann sie doch von der heutigen Forschung noch nicht als abgeschlossen betrachtet werden. Bei näheren einschlägigen Untersuchungen drängt sich bald die Vermutung auf, daß diese alten Familienberichte zum guten Teil auf Grund mündlicher Überlieferung niedergeschrieben und deshalb nicht immer einwandfrei sein dürften. Ein Hauptmangel der frühesten aus dem Anfange des 18. Jahrhunderts stammenden Familienaufzeichnungen besteht zweifellos darin, daß sie in keine Erörterung über den Namen der Familie, welche stets, schon seit dem Ende des Mittelalters, nur Mathesius geheißen habe, eingetreten sind.

Leider haben sich in der sächsischen Geburtsstadt unseres Johannes Mathesius keine Bürgerverzeichnisse aus der ersten Hälfte des 16. Jahrhunderts erhalten; die vorhandenen beginnen mit 1559 und sind überliefert in den Amtsrechnungen, welche der Rochlitzer Geschichtsverein besitzt. Über frühere Verwandtschaftsangelegenheiten des berühmten Joachimsthaler gibt hauptsächlich das mir erst neuerdings zu Gesicht gekommene Amtshandelsbuch von 1513 im Amtsgerichte zu Rochlitz manche Andeutungen.

Die Bürgerverzeichnisse in den Rechnungen kennen einen Familiennamen Mathesius zunächst noch gar nicht. In den ältesten Niederschriften dieser Art von 1559—1565 kommt nur die Benennung Mats, Matz vor, welche auch denjenigen, die als Glieder der Familie Mathesius von der Chronik aufgeführt werden, beigelegt wird. Seit 1566 tritt neben dieser Bezeichnung Matz, allerdings noch ziemlich selten, die Form Matteß auf. In der Rechnung von 1566 wird ein Ilgen Matteß, auch Ilgen Methaii (wohl Schreibfehler für Mathaei?) bezeichnet. Zweifellos enthalten diese Bürgerverzeichnisse die ortsübliche ungelehrte Familienbenennung. Da sich auch in den Niederschriften des Gerichtsbuches der Name Mathesius nicht findet, so dürfte es nicht zu rechtfertigen sein, wenn der Vater von Magister Johannes Mathesius in den ältesten Familiengeschichten, auch in H e i n e s Rochlitzer Chronik, Wolffgang Mathesius genannt wird; er hieß offenbar Wolf(gang) Matz oder ähnlich. Die Sippe Matz blühte das ganze 16. Jahrhundert in Rochlitz und besonders stark war sie hier vertreten zur Zeit, als der berühmte Joachimsthaler Pfarrer starb. Es lassen sich zahlreiche Rochlitzer Bürger des Familiennamens Matz nachweisen, die augenscheinlich alle zu den besseren, zum Teil zu den ersten Kreisen gehörten. Ob sie sämtlich untereinander verwandt waren, wird vielleicht die Untersuchung des jetzigen Familienverbandes Mathesius, der sich mit Sippengeschichtsforschung beschäftigen will, dartun.

In jeder Rochlitzer Amtsrechnung wird ein und derselbe Bürger regelmäßig an mehreren Stellen namhaft gemacht, je nachdem er Holz im Amtswald, Mehl in der Amtsmühle kauft, Pachtgelder zahlt u. dgl. Die Rechnung von 1565—1566 schreibt nun einmal Melchior Mats, ein anderesmal Melchior Matteß, Wolf Mats — Wolf Matteß, Jacob Mats — Jakob Matteß, Hans Matz — Hanß Matteß(e), Nickel Mats — Nicoll Matteß, Adrian Mats — Adriann Matteß, Mats, der Forster-Matteß der Forster. Wolf Mats war Ratsherr, wird auch Bürgermeister genannt, obgleich ihn Heines Chronik als solchen nicht anführt. Melchior Matz, † 1568, war nach Heine ebenfalls Bürgermeister. Michel Matz kommt nur bis 1563 in den Rechnungen vor; nach Heine bekleidete Michael Mathesius das Stadtschreiberamt.

Ganz besonders häufig tritt in den Amtsrechnungen Wolf Matz auf, der sehr oft Bauholz auf dem Amtswalde kauft und wahrscheinlich, wie der Vater, eigentlich Bauhandwerker war,[1]) nebenbei auch Landwirtschaft trieb, eine Eigenheit, die in der Rochlitzer Geschichte nicht auffällt, da bis in das 19. Jahrhundert Rochlitzer Handwerker, zumal Bauleute, regelmäßig zugleich Landwirte waren. Wolf Matz hatte viele Jahre, nachweislich von 1559 bis zu seinem Tode um 1566, eine Scheune an das Amt

---

[1]) Vgl. meine Geschichte des Steinbetriebes auf dem Rochlitzer Berge, S. 86.

zur Aufnahme des Zinsgetreides verpachtet, wofür er jährlich 33 gr erhielt. Trotzdem lebte er offenbar in mißlichen Verhältnissen. Nach der in den Amtsbüchern jedes Jahr beigehefteten Rechnung der Kirche zu Breitenborn hatte Wolf Matz bei der Kirchenkasse zu Breitenborn 2 Schock Groschen geliehen, welche bereits 1559 gebucht sind, aber bei Wolfs Tod noch nicht zurückgezahlt waren. In der betreffenden Kirchenrechnung von 1573 findet sich schließlich folgender Eintrag: »12 gr Wolf Matteßen Erben zu Rochlitz alte Schuld erlassen, die sie nicht erlegen konnten«.

Auch Melchior Matz hatte Grundbesitz inne. Welche Liegenschaften er in der Stadt besaß, konnte ich nicht nachweisen, da die städtischen Handelsbücher fehlen. Verschiedene seiner Besitzungen lagen im Gebiete des Rochlitzer Amtes. Sie wurden von den Erben angenommen; da die darauf bezüglichen Niederschriften Andeutungen über Melchiors Nachkommenschaft geben, seien diese Buchungen aus der Amtsrechnung wörtlich angeführt:

»45 gr Herr Baltasar, Diacon zu Rochlitz, von dem Underteil des großen Ackers am Kalgberg, so ehr von seinen Vater Melcher Matteßen seligen ererbt und auf 15 n. Sch. wirdig geachtet, entrichtet. 16. April 1569.

45 gr Wolf Kerstann zu Rochlitz, Burger, von dem ober Teile des großen Ackers am Galgberge, so ehr wegen seines Weibes von Melcher Matteßen seligen ererbt und auf 15 n. Sch. wirdig geacht, erlegt, uts.

24 gr Bartolomeus Hentze auch zu Rochlitz Burger, von anderthalben Scheffel Feldes am Kalgberg gelegen, auf 8 n. Sch. angeschlagen und mit seinem Weibe, Melchior Mattesen seligen hinterplieben Widwen bekomen, zu Lengeld ins Ampt vergnugt. uts.

15 gr Her Baltasar Mattes von einem Scheffel Feldes, der Kramer Acker genannt, so er auch durch todlichen Abgang seines Vatern Melchior Matteßen ererbet und auf 5 n. Sch. angeschlagen, endrichtet. den 16. Aprilis.

15 gr Wolf Kersten zu Rochlitz, Burger, von einem Stücklein Acker, der Kramer Acker auch genand, erlegt, welcher ihme in seines Schwiegers Melchior Matteßen Erbschichtung umb 5 n. Sch. angerechnet, den Tag uts.

1 Sch 39 gr der junge Balthasar Matts von einem Acker am Galgberg, der halbe lange Acker genant, erleget, welchen er von

seinem Vater des Nahmens ererbet und ihme uff 33 Sch. angeschlagen.« (Rechnung 1578—1579.)

Der Name Mats neben Matteß kommt in den Rochlitzer Archivalien noch das ganze weitere 16. Jahrhundert vor; wenn in einer Amtsrechnung gelegentlich die Form Matteß überwiegt, so ist dies offenbar auf ein Gutdünken des Amtsschreibers zurückzuführen.

Als Grundform für den Namen Matz wäre Mathaeus anzusetzen. Nach altem Brauch konnte sich der gelehrte Sohn eines Mathaeus: Mathaei nennen. Die Namensform Mathaeus habe ich in Rochlitzer Archivalien aus der Zeit des Johannes Mathesius nicht nachweisen können, hingegen muß die Form Mathei und Mathie, welch letztere auf einen Urnamen Mathias verweist, ehemals die durchaus übliche Benennung der gelehrten Sippe gewesen sein. Das geht aus den Universitätsmatrikeln hervor. Da der Familie in der ersten Hälfte des 16. Jahrhunderts mehrere gelehrte Glieder angehörten, so müßte man doch dem Namen Mathesius (Rochlicensis) in den damaligen Matrikeln wiederholt begegnen, wenn es diese Bezeichnung für das Rochlitzer Geschlecht überhaupt gegeben hätte. In keiner dieser Unterlagen, soweit sie bisher herausgegeben sind, kommt aber die Benennung Mathesius für damalige Zeit vor, sondern nur Mathie, Mathei.

Nach den ältesten Familiengeschichten (Heines Chronik, S. 207 ff.) sind die frühesten gelehrten Vertreter des Geschlechtes Lucas und Burckhardt Mathesius. Auf der Leipziger Universität wird 1506 eingeschrieben: Burkhardus Mathie de Rochlitz, und auf der Hochschule zu Frankfurt lassen sich 1507 immatrikulieren Lucas Mathei de Rochlitz, Borchardus Mathei de Rochlitz. Beide stehen unter der Natio Francorum, zu welcher die Studenten Westsachsens gerechnet wurden. Weiter zeichnet die Leipziger Matrikel 1522 Melchior Mathei de Rochlitz auf. Die alte chronistische Angabe, wonach Lucas in Bologna studiert haben soll, beruht zweifellos auf Irrtum; auf dieser Universität ist überhaupt kein Rochlitzer Student nachweisbar. Dieser Lucas M. ist offenbar identisch mit jenem Priester Lucas Matthei, der das Altarlehen zu Seelitz, wo der Stammvater des Geschlechtes, der Ratsherr Wolf M., Bergbau trieb, genoß, obschon er in Rochlitz wohnte. 1519 geriet dieser Lucas Matthei wegen seines Verhaltens gegen angesehene Personen in Gefangenschaft und Untersuchung, woraufhin er sein Lehen verlor. Das Nähere vgl. Planitz »Zur Einführung der Reformation in den Ämtern Rochlitz und Kriebstein« in den Beiträgen zur sächsischen Kirchengeschichte, XVII. In Schriftstücken, welche sich auf diese Angelegenheit beziehen, heißt der betreffende Priester auch Lucan Mathei (Hauptstaatsarchiv Dresden, Cop. 123, S. 111).

Lucas Mathei scheint eine ziemlich streitsüchtige Natur gewesen zu sein. Er tritt 1527 wieder in einem Familienzwiste auf, der vor dem Rochlitzer Amtmann beigelegt wurde. In dem Gerichtsbuche ist wegen dieser Angelegenheit folgender wichtige Vertrag gebucht:

»Vertrag Magister Lucassen, Nickeln und Burgkardten die Mattes eins- und Frau Gerdrudt Valtein Mattisen zelig verlassene Witwe und yre Kinder belangend (andern Teils.)

Des durchlauchtigen, hochgebornen Fursten und Herren, Herren Georgen Hertzogen zu Sachssen, Lantgraven in Duringen und Marggraven zu Meissen, meines gnedigen Herren Bevelh nach, mir Georgen von der Pforten, Amptmann zu Rochlitz, gethan, habe ich die Gebrechen, so sich zwischen dem wurdigen und achtbaren Hern Magister Lucassen Mattis, Pfarrer zu Grimmau und seinem Bruder Nickeln, auch in voller Macht und von wegen Burgkardten Mattis, ires außlendischen Brudern, eins, dergleichen der tugentsamen und erhaften Frauen Gerdrudten, etwa[1]) Valten Mattisen zeligen nachgelassen Witwen sampt iren Kindern und iren Vormunden zu Rochlitz andersteils irrig gehalten und deshalb an Rechten gehangen, nach vielen beiderseits freundtschaftlichen, vleissigen Underhandlungen, von wegen des Keßlings mit dem Gehölz und Teichen freuntlich und gutlich beigelegt und entscheiden wie volgt bescheidenlich also, das gemelte Wittwe Frau Gerdrudt und yre Kinder Magister Lucassen und ehegemelten seinen Brudern zu endtlicher und vollkommener Vergnugung des genannten Keßlings dreissig Gulden reinisch sollen und wollen geben und auf erstkomend Mitwochen und Tag Galli abbatis unverzuglichen zu Handen stellen; hierauf Magister Lucas und Bruder Nickel Mattes vor sich, auch in voller Macht und von wegen Herrn Burckardten, ires außlendischen Brudern, ire Erben

---

[1]) In den damaligen Niederschriften ist »etwa« sehr oft als bedeutungsloses Flickwort eingeschoben; es will die Angaben durchaus nicht als unbestimmt hinstellen.

und Erbnemen mit Handt und Munde alle ire Gerechtigkeit, die sie am Kesling gehabt, vor mir Amptmann übergeben und hieruber aufrichtig und genugsam Verzicht gethan nach Empfahung der dreissig Gülden kein Einsprach in dies Gut, der Keßling genannt, weder sinnlich nach rechtlich zu thun, auch niemands von iren Wegen furzunemen gestatten sollen nach wollen, treulich und ungeverlich. Gescheen zu Geytten, in Beweßen der wirdigen ersamen und weysen Hern Johan Gassenvoit, Pfarrers, Hansen Arnolden und Gordian Grossen, Burgermeistern aldo zu Geyten. Umb meher Sicherheit, steter und vester Haltung willen seint zwene Reces gleichs lauts mit meinem Georgen von der Pforten, Amptmane, angebornen Handtpetzschn hiezu Ende befestigt, gemacht, idem Teil eine überreicht und ins Ampt Rochlitz Wissenschaftbuch verleybt worden. Am Dienstag nach Borthelomej, des heiligen Zwelfbotten im 1527ten Jar.«

Der in diesem Vertrage genannte »Keßling« bildet eine Flur, welche von dem alten Vorwerke Koselitz oder Koselich herrührt; dasselbe war als solches um den Ausgang des Mittelalters eingegangen; seine Felder hatten Rochlitzer Bürger angenommen, die aber dem Rochlitzer Amte einen Erbzins zahlen mußten. 1520 tauschte der Herzog Georg vom Rochlitzer Rate das Dorf Beedeln gegen den Koselitzer Zins und andere Einkünfte um. In der über diese Angelegenheit ausgestellten Urkunde, welche ebenfalls in dem Gerichtsbuche enthalten ist, werden die Namen aller Bürger, welche Koselitzer (Keßling) Felder inne hatten, aufgeführt; darunter kommt auch die Buchung »Valten Matzin 1 gr 4 ₰ 1 hlr vom Holze« vor. Diese Frau war zweifellos die Gemahlin des 1505 verstorbenen Bürgermeisters, den die Chronik Valentinus Mathesius nennt. Die Inhaber der Koselitzer Felder gehören zu den ersten Familien der Stadt.

Leider läßt sich nicht von allen damaligen Trägern des Familiennamens Matz nachweisen, welchen Stand und Rang sie einnahmen. Nach einem Eintrage im Gerichtsbuche wurde 1515 eine Bleichstempelsache, die nicht näher geschildert wird, beigelegt. Der »Aufdecker«, d. h. wohl Anzeiger, war »Meister Matis«. Die wichtigste Zunft unter den Rochlitzer Gewerben bildete zu Anfang des 16. Jahrhunderts die Tuchmacherei. In dem Handwerksbuche der Tuchmacher wird 1527 ein Meister Merten Matz genannt, ebenso Gregor Matz 1541. Dessen Sohn Hans Matz wird

1541 Meister, stirbt 1573. Ferner erwirbt 1528 Barthel Matts das Meisterrecht; derselbe wird 1541 unter den Obermeistern genannt. Schließlich kam zur Meisterschaft ein Gregor Matz 1548, Michael Mathes 1569.

Auf den hier mitgenannten Barthel Matts scheint sich folgender Eintrag des Gerichtsbuches zu beziehen.

»Cordianus Große zu Geytten und Michel Pecken zu Rochlitz Stifftochter belangend.

Als Gerische Schulzin mit Tode abgangen und ein Behausung und was darinnen gewest, nach sich gelassen, hat Gordianus Große zu Geiten solchs zu yme genomen und das Hauß verkauft vor dreitzeen Schogk, und heut dato mir Georgen von der Pforten Amptmann zugesaget, Jungkfrau Annen, Jacoff Großen seligen verlassene Tochter, adder iren rechten Vormunden iren geburlichen Annteyl wiederump, inmaßen er den eingenommen, auf Erfordern von Stund volgen lassen und geben, solchs hat er mir gedachten Georgen von der Porten Amptmann mit Hand und Mund zugesagt. Actum Donnerstag nach Exaudj anno 1525.

(Nachtrag.) Cordianus Große zu Geytten eins und Bartellen Matts zu Rochlitz von wegen seines Eheweibs anders Teils hab ich Ernst von Spor Amptmann vertragen dergestalt, daß Corbianus Groß Bartelen Mats vier Gulden zu endlicher Vergnugunge Gerischen gelassen Hauß zu geben zugesagt. Actum Mitwoch nach Dorethee 1530.«

Nach der alten sächsischen Kirchengalerie (um 1840) war in Rossau bei Mittweida »Liborius Mathesius von Rochlitz, Conversus, † 1562«, Pastor. Dieser Geistliche kommt auch einmal im Rochlitzer Gerichtsbuche vor, und zwar in einem Erbschaftsvertrage, der sich auf die Nachkommenschaft des 1532 verstorbenen Noßwitzer Erbrichters Philip Rüdiger bezieht. Derselbe hinterließ eine zweite Frau Margta und Kinder. Als auf Seiten der Kinder stehend wird genannt: Urban Rüdiger von Doberenz, Vormund; Liborius Matz, Pfarherr zu Rossa; Bastian Dobrentz und Gregor Matz, Bürgern zu Rochlitz; Ilgen Matts zu Fischheim; Veit Aumer von Fischheim; Paul Weber, Gregor Joppe, Jacob Dobrenz.«

(Das hier genannte Fischheim ist ein Dorf bei Rochlitz, worin der Rat Besitzungen hatte und Gericht hielt.)

Eine wichtige Frage ist die: Warum gab die Familie ihren alten Namen, der doch schon eine latinisierte Form hatte, auf und schuf eine jüngere latinisierte Benennungsart: Mathesius? Daß dieser Name von den gelehrten Vertretern ausging, dürfte ohne weiteres einleuchten. Nicht nur der Joachimsthaler Pfarrer Johannes nannte sich so, sondern auch andere gebildete Glieder der Sippe. Auf dem Gymnasium zu Grimma werden aufgenommen Hieronymus Mathesius aus Rochlitz 1550, Balthaser Mathesius aus Rochlitz 1553, Wolfgang Mathesius aus Rochlitz 1557. (Vgl. Lorenz, Grimmenser Album.) 1557 wird Thomas Mathesius Rochlicensis auf der Leipziger Universität immatrikuliert, desgleichen Johannes Mathesius Rochlicensis 1578 auf der Wittenberger.

Aus der katholischen Zeit, vor dem Durchbruche der Reformation in Rochlitz, konnte ich keinen Rochlitzer Mathesius nachweisen. Es ist demnach wohl anzunehmen, daß sich das protestantische Geschlecht, zumal dasjenige, welches sich der Theologie widmete, durch einen neuen Namen von den katholischen Vorfahren abheben wollte. Vielleicht ist es zu diesem Schritte mitbewogen worden durch das Verhalten von Lucas Mathei. Sein Vorgehen um 1519, welches ihm Gefangenschaft und Entziehung des Lehens eintrug, wird schwerlich der hochangesehenen Familie sehr angenehm gewesen sein. Auch der oben abgedruckte Vertrag von 1527 läßt durchblicken, daß Lucas mit seiner nächsten Verwandtschaft nicht im besten Einvernehmen lebte. Er wird in diesem Schriftstücke an erster Stelle genannt, welcher den Streit gegen Frau Gertrud führt; er ist auch der einzige Gelehrte in der Heimat, welcher in dieser Weise vorging. Ob Burkhard in Nürnberg klar von der Sache unterrichtet war, kann fraglich erscheinen. Ganz merkwürdig ist ferner, daß in dem genannten Vertrage Lucas M. als Pfarrer zu Grimma(u) angeführt wird. Die gründliche Grimmaische Chronik von Lorenz, welche die damaligen Grimmenser Geistlichen in lückenloser Reihe anführt, weiß nichts von einem Lucas M. Er kann also in Grimma nicht als Geistlicher angestellt gewesen sein. Unerklärlich bleibt es auch, weshalb der Vertrag nicht in Rochlitz, sondern in Geithain, das allerdings mit zum Rochlitzer Amte gehörte, abgeschlossen ist. Nirgends geht etwas hervor, daß eine Person der streitenden Parteien in Geithain Besitz hatte oder dort wohnte; das Gerichtsbuch bringt um diese Zeit auch keine andere Aufzeichnung, die zu Geithain geschehen wäre. Die Verhandlung der Familie Matz muß also augenscheinlich eigens in Geithain angesetzt gewesen sein. Wollte vielleicht jemand, nämlich Lucas, nicht in Rochlitz selbst erscheinen? Wenn dieser in Rede stehende Vertrag das erste mir vorgekommene Schriftstück ist, welches auch den Familiennamen Mathes anführt, so ist immer zu bedenken, daß die betreffende Buchung nicht in Rochlitz, sondern auswärts eingetragen worden ist. Diese Namensform steht nicht nur hinsichtlich der verschiedenen oben angeführten archivalischen Unterlagen aus der ersten Hälfte des 16. Jahrhunderts als einzig für die damalige Geschichte der Familie Matz da, sondern auch auf Grund der Verzeichnisse über Türkensteuer von 1530, 1532 usw. im Hauptstaatsarchive zu Dresden; dieselben ergeben in ihren Aufzeichnungen über die Rochlitzer Bürgerschaft nur den Namen Matz (Bartel Matz usw.) für unsere Forschung.

Schließlich sei noch auf die beiden ältesten Grabdenkmäler der Familie Mathesius in Rochlitz hingewiesen; dieselben entstammen der Mitte des 16. Jahrhunderts: Eines auf den Bürgermeister Melchior, † 1568, und eines auf den Diaconus Balthasar, † 1572. Das erstere ist jetzt unvollständig, da der ursprüngliche Metallbelag fehlt; die Randumschrift nennt den Namen nicht. Die Platte auf Balthasar weist die Randumschrift auf: EPITAPH D BALDASARI MATHESII NATI A MDXLII M XBRIS D XXIX MORTVI A MDLXXII M JUN D XIX, während auf dem Mittelfelde in deutschen Lettern steht: Baldasar hic dormis consumtus tabe Mattesi Chri sacra ornans ingenio arte fide cum sit spes vitae ex vviis (!) mens famaque vivant perpetuo quis te mortem obiisse putet.

Die beiden Grabplatten wurden beim Abbruche der Hospitalkirche vor dem Altare gefunden, an welcher Stelle nach der Chronik von Heine Melchior und Balthasar M. begraben worden waren.

VIII.

Literarische Rundschau über die den Protestantismus in Österreich betreffenden Veröffentlichungen des Jahres 1907.

Von G. Loesche und G. A. Skalský.[1]

I. Für das ganze Gebiet.

Frz. v. K r o n e s, Österreichische Geschichte. II. Vom Tode König Albrechts II. bis zum westfälischen Frieden (1439—1648). Zweite umgearbeitete Auflage von Prof. Dr. Karl U h l i r z. Mit 3 Stammtafeln, 181 S. Sammlung Göschen. Nr. 105.

Die österreichische Zentralverwaltung. I. Abteilung: Von Maximilian I. bis zur Vereinigung der österreichischen und böhmischen Hofkanzlei (1749). 1. Bd.: Geschichtliche Übersicht. Von Thom. F e l l n e r. Nach dessen Tode bearbeitet und vollendet von Heinr. K r e t s c h m a y r. XII, 288 S. Mk. 5.

D a s s e l b e, 2. Bd.: Aktenstücke 1491—1681. Von Thom. F e l l n e r. Nach dessen Tode bearbeitet und vollendet von Heinr. K r e t s c h m a y r. VIII, 664 S. Mk. 14. (Veröffentlichungen der Kommission für neuere Geschichte Österreichs. Lex. 8⁰. Wien, A. Holzhausen.)

† F. W. M o e l l e r, Lehrbuch der Kirchengeschichte. (Sammlung theologischer Lehrbücher.) 3. Bd.: Reformation und Gegenreformation. Bearbeitet von Prof. Dr. Gust. K a w e r a u. Dritte überarbeitete und vermehrte Auflage XVI, 496 S. Tübingen. Mk. 11.

J. N i e m i e c, Abriß der Reformationsgeschichte. Lemberg. 26 S.

B. D u h r, S. J.: Geschichte der Jesuiten in den Ländern deutscher Zunge. 1. Bd.: Geschichte der Jesuiten in den Ländern deutscher Zunge im 16. Jahrhundert. XVI, 876 S. mit 163 Abb. Freiburg i. B. Mk. 22.

---

[1] Von letzterem stammen die Mitteilungen aus der tschechischen Literatur.

W. Bauer, Die Anfänge Ferdinands I. Wien. VII, 264 S.

M. Luthers Briefwechsel. Bearbeitet von † L. Enders. 11. Bd. Calw. VIII, 400 S., Mk. 7.

Th. B. Kassowitz, Die Reformvorschläge Kaiser Ferdinands I. auf dem Konzile zu Trient. XLVII und 277 S. Wien. (Vgl. »Zeitschrift f. kath. Theol.«, S. 120—126.)

V. Ernst, Der Briefwechsel des Herzogs Christoph von Württemberg. Stuttgart. 4. Teil, 1556—59, LIV, 746 S.

Erich Felder, Kaiserin Maria Theresia. 95 S. mit 7 Vollbildern. Die Frau. Sammlung von Einzeldarstellungen. Herausg. von Arth. Roeßler, Leipzig. Mk. 1·50.

Hans Walter, Kaiser Josef II., der Volksfreund auf dem Throne. 172 S. Budweis, »Moldavia«. Mk. 1.

Claus, Schaitbergers Sendbrief. »Korresp.-Bl. für die evang.-luth. Geistlichen in Bayern«, S. 39 f.

J. Freisen, Der katholische und protestantische Pfarrzwang und seine Aufhebung in Österreich und den deutschen Bundesstaaten. Ein Beitrag zur Rechtsgeschichte der Toleranz. Paderborn 1906. XII, 195 S.

St. Hock, Graf A. von Auersperg (Anastas. Grün), Politische Reden und Schriften. Wien 1906. XXXV, 533 S.

Graf Richard Belcredi, Graf L. Belcredi, Fragmente aus dem Nachlasse. »Kultur« (Leo-Gesellschaft), 1906, 7, 3—24, 141 bis 161, 274—304, 411—443.

Die katholische Kirche unserer Zeit und ihre Diener in Wort und Bild. Herausg. von der Leo-Gesellschaft in Wien. 2. B.: Die katholische Kirche auf dem Erdenrund. Darstellung der Kirchenverfassung und kirchlichen Einrichtungen in allen fünf Weltteilen. In Verbindung mit zahlreichen Fachgenossen herausgegeben und neu bearbeitet von Paul Maria Baumgarten und Heinr. Swoboda. Mit 4 Farbenbildern. 3 Karten in Buntdruck, 88 Tafelbildern und 770 Bildern im Text. XI, 620 S. München. Mk. 35. (Vgl. »Ev. KZ. f. Österr.«, S. 326.)

G. Loesche, Kritische Übersicht über die zusammenfassenden Darstellungen der Kirchengeschichte des 19. Jahrhunderts mit besonderer Rücksicht auf die deutsche Theologie und auf Österreich-Ungarn. »Ev. KZ. f. Österr.«, S. 260 f., 292 f., 308 f., 325 f., 346 f.

Hofrat Prof. Dr. Roskoff, Allgemeine deutsche Biographie. 53, 498—500.

A. D., Die evangelische Kirche Österreichs im Jahre 1906. »Ev. KZ.. f. Österr.« Bielitz. S. 2.

„ Der tschechische Protestantismus 1906 (Fall Juda und Masaryk). »Chronik d. christl. Welt«, Nr. 10.

Kornrumpf, Die Anfänge einer evangelischen Bewegung unter den Tschechen Österreichs (Fr. W. Kossuth). »Monats-Korresp. des evang. Bundes«, 21, 182—185.

Fr. Hochstetter, Unser Verhältnis zu den nichtdeutschen Evangelischen in Österreich. (Aus »Wartburg«.) München. 20 S.

G. A. Skalský, Unionsbestrebungen in den evangelischen Kirchen Österreichs. »Der alte Glaube.« Leipzig. Nr. 35, 36. (Vgl. »Jahrbuch«, 28, S. 219, 226.)

Die Unionsfrage in Österreich. »Der österr. Protestant«, Nr. 41 bis 43.

Meinhold, Österreich und der Klerikalismus. Leipzig. 36 S.

A. S., Klerikale Fortschritte und Angriffe. »Ev. KZ. f. Österr.«, S. 391.

Die österreichische Eherechtsreform im Lichte des katholischen Eherechtes. Von einem österr. Kanonisten. 34 S. Frankfurter zeitgemäße Broschüren. Neue Folge. 7. Heft. Hamm.

Marianne Tuma v. Waldkampf, Zur Reform des österreichischen Eherechtes. 18 S. »Kultur und Fortschritt.« Leipzig.

Loesche und Skalský, Literarische Rundschau über die den Protestantismus in Österreich betreffenden Veröffentlichungen des Jahres 1906. »Jahrbuch«, 28, S. 217—285.

Bericht an die achte Generalsynode des Augsburger und Helvetischen Bekenntnisses, erstattet vom k. k. ev. Oberkirchenrate A. und H. B. Wien. VI, 264 S.

Jahresbericht des Österreichischen Hauptvereines der evang. Gustav-Adolf-Stiftung über die 45. Jahresversammlung zu Steyr. 99 S.

P. Feine, Die k. k. evang.-theol. Fakultät in Wien. »Österr. Rundschau«, Mai. (Vgl. Ev. KZ. f. Österr.«, S. 50.)

Die evang.-theol. Fakultät in Wien und die Parität in Österreich. »Monats-Korresp. des evang. Bundes«, 21, 164—168 f. Vgl. »Ev. KZ. f. Österr.«, S. 210.

J. Sch., Die evang.-theol. Fakultät in Wien. »Korresp.-Bl. f. d. kath. Klerus Österreichs.« 1906. Nr. 17 und 18.

P. D., Der Schulkampf in Österreich. »Hist. Blätter d. Görres-Gesellsch.«, 137, 106—115. 161—183. 321—337. 414—422.

Kornrumpf, Wie steht's in Böhmen? Reiseeindrücke von der evang. Bewegung. Leipzig. 16 S.

Blanckmeister, Nacht und Morgen in Österreich. 24 S.

Theopold, Die Leiden und Freuden der österreichischen Glaubensbrüder (eine Mahnung zur Arbeit und Wachsamkeit). »Reformierte Kirchenzeitung«, Nr. 33f.

* Aus Österreich-Ungarn (Übertrittsstatistik, Reformbestrebungen in der römischen Kirche Österreich-Ungarns). »Chronik d. christl. Welt«, Nr. 19, S. 57.

P. v. Zimmermann: Was wir der Reformation zu verdanken haben und Hauptpunkte des evangelischen Glaubensbekenntnisses. Zugleich ein Wort der Verständigung an die Gebildeten und Denkenden unter unseren Gegnern. Auch für Übertretende. Siebente erweiterte Aufl. 88 S. Heilbronn. Mk. —·50.

Fellner-Kretschmayrs Werk bringt die erste Darstellung der Entwicklung der österreichischen Zentralverwaltung auf Grund von Aktenstücken. Die geschichtliche Übersicht behandelt die Organe der Zentralverwaltung von 1526—1749, nämlich 1. den geheimen Rat, die Konferenz und die Deputation; 2. die Finanzverwaltung; 3. die österreichische Hofkanzlei; 4. die böhmische Hofkanzlei; 5. den Hofrat (Reichshofrat); 6. den Hofkriegsrat und das Generalkriegskommissariat.

Die neue Auflage von Moeller-Kawerau hat für uns den notwendigen Fortschritt leider nicht beschieden; namentlich die deutschen Erbländer sind stiefmütterlich behandelt, der alte Rahmen ist beibehalten: Polen, Ungarn und Siebenbürgen, Südslawen, Utraquisten.

Es ist unerläßlich, daß künftig auch Nieder-, Ober- und Innerösterreich mehr zu ihrem Rechte kommen; die Heranziehung der Literatur ist ungleichmäßig.

Duhr hat auf Grund erst ihm zugänglicher Quellen den Anfang eines sehr lehrreichen mit vielen Abbildungen geschmückten Werkes vorgelegt, das nur den Leitsternen Wahrheit und Liebe zusteuern will, aber gleichwohl mit Vorsicht zu benützen ist; es kann niemand über seinen Schatten springen. Duhr singt ein Loblied auf seinen Orden, wenn schon er Vergehen einzelner Jesuiten zugibt. Daß er auch Janssensche Verschleierungskunst üben kann, ist ihm für den Brief des Ignatius (S. 74) nachgewiesen worden. Er berichtet über die äußere Geschichte und Ausbreitung des Ordens, die innere Einrichtung, Schulen und Konvikte, Theater, Studentenkongregationen, Seelsorge, Klosterreform, im Dienste der Not, geistliche und wissenschaftliche Ausbildung, das Leben zu Hause, Bauten, Schriftstellerei, Tätigkeit an den Fürstenhöfen, den 5% Streit, Teufelsmystik und Hexenprozesse, Charakterbilder (Joh. Rethius, P. Hoffaeus, Georg Scherer), Urteile der Zeitgenossen.

Für uns kommen insbesondere in Betracht die Seiten über das Kollegium in Wien (S. 51), in Innsbruck (S. 188 f.), die Konvikte in Wien und Graz (S. 295 f.), die Nöte der Jesuiten durch die Kelchbewilligung (S. 447), die Katechese in Wien (S. 455), die Zwangsbekehrung (S. 486), die Kennzeichnung der Monatsberichte (S. 674 f.), die Wertung in Wien (S. 840, 850), die Beleuchtung von Canisius, Scherer, Klesl (s. v.)

Wenn Duhr das günstige Urteil von Drews anführt, so hätte er auch die nächste Seite bei diesem berücksichtigen mögen.

Böhmen und Ungarn sind einer anderweitigen Darstellung vorbehalten.

Bauer will, vor allem auf archivalisches Material gestützt, Ferdinand in seinem Werden und Ringen nach Selbständigkeit zeichnen. Er erörtert auch die einstigen Hoffnungen der Reformatoren auf ihn (S. 163 f.), das Eindringen der Reformation in Österreich und Ferdinands Einschreiten dagegen (S. 181 f.).

In dem neuen Bande von Luthers Briefwechsel, dessen Druckbeendigung nach Enders' Tod Kawerau überwachte, sind je zwei Briefe an die Ältesten der Brüder-Unität und von ihnen, einer an Dorothea Jörger enthalten, sowie der untergeschobene von Ferdinand.

Ernst urteilt sehr nüchtern über Max II. evangelische Neigungen. Erwähnenswert ist es, daß in seiner Bücherei sich der 1. und 2. Band der lateinischen und der 1. bis 5. Band der deutschen Werke Luthers findet. Der Herzog bietet ihm die sämtlichen Werke Luthers, Melanthons und Brenz' an, die Max für ein angenehmes Geschenk erklärt. Steiermark liegt dem Herzog sehr am Herzen. Weiter finden sich neue Beiträge zur Reformationsgeschichte Polens.

Clauss' Bitte an die Amtsgenossen, ihm zu der Herausgabe von Schaitbergers Sendbrief zu verhelfen, sei hiemit weitergegeben. Vielleicht findet sich die Urausgabe noch in einem Bauernhause.

Die Artikel über die Fakultät drehen sich um die Forderung ihrer Einverleibung in die Universität.

II. Für die einzelnen Kronländer.

Niederösterreich.

Jos. Kreschnička, Die Inkunabeln und Frühdrucke bis 1520 sowie andere Bücher des 16. Jahrhunderts aus der ehemaligen Piaristen-, nun Hausbibliothek des Gymnasiums in Horn. 54. Jahresbericht des Gymnasiums in Horn. 7 S.

J. Zeller, Paul Speratus von Rötlen, seine Herkunft, sein Studiengang und seine Tätigkeit bis 1522. Mit einem ungedruckten Briefe aus dem Jahre 1514 und seinem Bildnis. »Württemb. Vierteljahrsschr. f. Landesgesch.«, N. F., XVI, 327—358. Auch im Sonderdruck. Stuttgart.

G. A. Crüwell, Die niederösterreichische Reformationsdruckerei. (Nachträgliches.) »Zentralblatt f. Bibliothekswesen«, 1906, XXIII, 71—74.

Joh. Prisching, Beiträge zur Geschichte der Pfarre Haugschlag. »Geschichtl. Beilagen z. St. Pöltner Diözesanblatt«, 9. Bd., S. 1—16.

K. Kramler, Beiträge zur Geschichte der Pfarre Laimbach. Ebenda, S. 17—46.

Al. Plesser, Kleiner Beitrag zur Pfarrgeschichte von Laimbach. Ebenda, S. 46—58.

Derselbe, Zur Kirchengeschichte des Waldviertels in der Zeit der Visitation von 1544 und überhaupt vor dem Überhandnehmen des Luthertums. Ebenda, S. 59.

H. Claus, Zur Geschichte der Gegenreformation in Niederösterreich. »Jahrbuch«, 28, S. 1—16.

Kreschničkas unvollständiges und ohne jeden bibliographischen Apparat aufgestelltes Verzeichnis enthält mehrere Lutherbibeln; Luthers Kirchenpostille 1575; Aurifabers Luther-Colloquia 1574; Melanthon, Corpus doctrinae christianae 1560; Melanthon und Peucer, Chronicon 1580; Kirchenordnung A. C. Frankfurt a. M. 1565.

Zeller fand unter den Ellwanger Akten des Staatsarchives in Stuttgart einen bisher nicht beachteten Brief des Speratus vom 2. August 1514, der es ermöglicht, seine frühere Lebensgeschichte nach verschiedenen Seiten neu anzufassen, die Überlieferung über seine Herkunft, Jugend- und Studienjahre zu prüfen und die bisherige Speratusliteratur zu berichtigen. Es bleibt bei Hofer, Hoffer als dem ursprünglichen Namen; der lateinische Name Speratus beruht auf einer falschen Etymologie, von hoffen statt von Hof, und Speratus ist im aktiven Sinne genommen nach Analogie von juratus. Neu ist, daß Speratus in seiner früheren Zeit neben seinem Taufnamen Paulus den merkwürdigen Vornamen Blaudius führte. Er entstammte wohl einer bäuerlichen Familie, vielleicht aus ärmlichen Verhältnissen. Der Studiengang ist urkundlich nicht zu belegen. Er dürfte nicht in drei, sondern nur in zwei Fakultäten rite promoviert haben, war so wenig wie Melanthon Dr. theol.

Crüwell bestätigt aus einem Briefe des Leop. v. Grabner (11. September 1577), daß die niederösterreichische Agende von 1571 in der auf Schloß Rosenburg eingerichteten Druckerei dieses zu den eifrigsten Wortführern der evangelischen Stände gehörenden Ritters hergestellt ist. Gr. spricht davon, daß ihm noch 3000 Exemplare derselben unbezahlt ausstehen und etliche tausend Abdrücke des »Katechismus« (oder Kinderpredigt. Von den zehen Geboten). Wenn man bedenkt, wie selten diese Bücher heute sind, so erhellt auch an diesem Punkte, wie trefflich die Vernichtungskommissionen gearbeitet haben. (Vgl. »Jahrbuch«, 26, S. 201.)

Die meist regestenartig gehaltenen Mitteilungen vom »St. Pöltner Diözesanblatt« bringen manche protestantengeschichtliche Notizen.

Oberösterreich.

M. v. Plazer, Traunkirchen-Aussee. Historische Wanderungen. Graz. 172 S.

G. Kawerau, Neue Forschungen über Luthers Lieder. »Deutsch-evang. Blätter«, 31, 314—335.

F. Berger, Die Pfarren Moosbach, Mining und Wenz. »Archiv f. d. Geschichte der Diözese Linz«, 4, 47—308.

Fr. Selle, Eine Bekenntnisschrift der Stadt Steyr vom Jahre 1597. (Fortsetzung.) »Jahrbuch«, 28, S. 17—26.

L. Widerhofer, Geschichte des oberösterreichischen Salzwesens, von 1282—1656. 21. Jahresbericht der öffentl. Unterrealschule, III. Bez. Wien. 71 S.

Königin Maria von Hannover †. »Evang. Ver.-Blatt f. Oberösterreich«, Nr. 2.

Plazers novellistisch verkleidete Wanderungen beruhen auf sehr sorgfältigen Studien, die auch für uns viel abwerfen. Die neue Lehre fand auch im Kloster Traunkirchen Eingang, ja es löste sich 1572 auf (S. 8 f.)

Die Söhne Hans III. von Herzheimer, Salzamtmannes zu Aussee, Joh. Evangelist und Johann Jordan, studierten in Ingolstadt und Wittenberg. »Hans Jordan wurde zum größten Leidwesen seines Vaters ein fanatischer Bekenner der neuen Lehre, ohne ein würdiger Vertreter der christlichen zu sein. Er verfiel, wie viele nach ihm, in den Irrtum, die Religion als Waffe zu gebrauchen, um diese arme Untergebene ohne Schonung fühlen zu lassen.« (S. 39 f.)

»Für Aussee bewahrheitete sich die Randnote eines Witzblattes auf einer Eingabe 1571: Der Herr Pfarrer bekennt lauter die augsburgische Konfusion.« (S. 116.)

»Die zu hohem Wohlstande erblühten Familien, welche für die Aufrechterhaltung und Verbreitung der neuen Lehre sehr zusammenhielten ... waren von Eitelkeit, Habsucht und Streben nach Macht ... so wenig frei, wie Vorahnen und Nachkommen.« (S. 118.)

»Die lutherischen Bethäuser waren damals nicht so schmucklos wie jetzt, besonders biblische Darstellungen zierten oft das Innere. Die reizenden Deckengemälde in der alten Josefskapelle zu Schloß Strechau 1579, aus Hans Frhrn. v. Hofmanns Zeit herrührend, geben sprechenden Beweis dafür.« (S. 118.)

Kawerau läßt »Ein' feste Burg« entstanden sein unter den Eindrücken des Märtyrertodes von Leonhard Kaiser 1527.

Berger erhebt, daß die Elrechinger auf Manding wie die Paumgartner auf Fraunstein zur Reformationsbewegung eine freundliche Stellung einnahmen. Die letzteren verlangten die Taufe in deutscher Sprache und das Abendmahl unter beiden Gestalten. Das Evangelium lasen sie selbst ihren Untergebenen vor, ohne eigene Prädikanten zu halten. (S. 112.)

Pfarrer Georg Kumpfmüller zu Moosbach (1543—1564) war, wie die meisten seiner damaligen Amtsbrüder im Innviertel (wohl durch den Einfluß der Familie Schmiehen zum Wasen), den neuen religiösen Ideen teilweise ergeben. Wenn er auch jene, die keine guten Werke verrichteten, für ungläubig hielt, so meinte er doch, daß der Glaube allein selig mache; die heilige Messe sah er als kein Opfer an und bezweifelte die Existenz des Reinigungsortes. Bei der offenen Beichte ließ er die Anrufung Mariens und der Heiligen aus. Beim Gottesdienste sangen die Leute »alte Rueff«, das Vaterunser, den Glauben, Psalmen und das Lied (Luthers): »Gelobet seist du, Jesu Christ«. Wenige empfingen das Abendmahl unter beiden Gestalten. Kumpfmüller lebte im Konkubinate (hatte sechs Kinder) und beging anderweitige sittliche Exzesse.« (S. 190.) »In Mining war seit 1541 Michael Schönpeck Vikar. Er vertrat ganz ähnliche Anschauungen wie Kumpfmüller. Für die Predigten benützte er auch reformatorische Schriftsteller, wie Kasp. Huber[inus] und Cyriacus [1]) Spangenberg. Der Vikar trug selbst schuld am Niedergange des religiösen Lebens. Er hatte das Zölibatgesetz offen übertreten.« (S. 223 ff.)

Widerhofer gibt im letzten Abschnitte eine kurze, unparteiische Darstellung: Die Salzkammergutsbewohner im Zeitalter der Reformation und Gegenreformation. Er benützte vornehmlich das Material des k. u. k. Reichsfinanzarchives in Wien und des Salinenarchives in Ischl, weiters das k. u. k. Haus-, Hof- und Staatsarchiv und ein Werk der Hofbibliothek. Entgangen sind ihm die Archivalien des Archives für Kultus und Unterricht und die daraus geschöpfte Abhandlung Loesches zur Gegenreformation im Salzkammergut. »Archiv f. Reformationsgeschichte«, 3 (1905), 292—306.

Innerösterreich.

Kl. Mayer, Historische Streifzüge durch Klagenfurt. Klagenfurt. 124 S. (S. 14).

G. Planitz, Protestantische Glaubenskämpfe in Steiermark, Kärnten und Krain zur Zeit Ferdinands I. und Karls II. »Das evang. Deutschland«. Gütersloh. 3. Heft.

Rosolenz, Allgemeine deutsche Biographie, 53, 504—507.

J. Loserth, Zur Geschichte der Gegenreformation in den Bambergischen Gebieten von Kärnten. (Wolfsberg und Lavanttal; aus dem Bambergischen Kreisarchiv. Villach.) »Carinthia«, 97, 131 bis 167.

J. C(ohorna): »Primus Truber und die südslawische Literatur im Reformationszeitalter«. (»Primož Truber a jihoslovanská literatura v dobe reformační.«) Kalender »Hus«. Kuttenberg. S. 98 bis 107.

J. Loserth, Die Reformationsordnungen der Städte und Märkte Innerösterreichs. Aus den Jahren 1587—1678. Wien. 91 S.

Fontes rerum austriacarum. Österreichische Geschichtsquellen. Herausgegeben von der historischen Kommission der kaiserlichen

---

[1]) Soll heißen: Johannes; Cyriacus geb. 1528.

Akademie der Wissenschaften in Wien. II. Abt.: Diplomataria et acta. Wien, A. Hölder. 60. Bd. Akten und Korrespondenzen zur Geschichte der Gegenreformation in Innerösterreich unter Ferdinand II. 2. Teil: Von der Auflösung des protestantischen Schul- und Kirchenministeriums bis zum Tode Ferdinands II. 1600—1637. Gesammelt und herausgegeben von J Loserth. (CXXIII, 1031 S.) Mk. 21·75.

J. Loserth, Bericht über die Ergebnisse einer Studienreise in die Archive von Linz und Steyregg in Oberösterreich, mit einem Anhange von Urkundenauszügen. Veröffentlichungen der historischen Landeskommission für Steiermark. XXIV. Graz. 54 S.

G. Planitz, Die Anfänge der Protestantenverfolgungen in Innerösterreich vom 18. Jahrhundert. »Ev. KZ. f. Österr.«, S. 289 f. Aus der Zeit Maria Theresias. Tagebuch des Fürsten Joh. Josef Khevenhüller-Metsch, 1742—1776. Im Auftrage der Gesellschaft für neuere Geschichte Österreichs von Rud. Graf Khevenhüller-Metsch und H. Schlitter. 1. Bd. 1742—49. Wien. 346 S.

F. Ilwof, Steiermärkische Geschichtsschreibung von 1850 bis in die Gegenwart. »Deutsche Geschichtsblätter«, 8, 1—19, 27—40.

Barth, Ein Österreicher als Bahnbrecher der evang. Heidenmission. (Der Kärntner Justinian v. Welz, nach Gareis, Geschichte der evang. Heidenmission.) »Ev. Ver.-Bl. f. Oberösterr.«, Nr. 9.

G. Loesche, Aus der francisceischen Zeit. Abenteuer eines Ramsauer Pastors. »Jahrbuch«, 28, S. 27—39.

Eckardt, Bericht, erstattet in der 21. Senioratsversammlung des steirischen Seniorates am 27. Mai 1902. 8 S.

Wegweiser für evang. Christen. Marburg. (Pf. Mühlpfort, Mürzzuschlag.) 40 h.

Cohornas Abhandlung ist im Hinblicke auf das heurige Truberjubiläum geschrieben. Sie enthält auf Grund der dem Verfasser erreichbaren gedruckten Literatur über Truber und die südslawische Literatur im Reformationszeitalter eine knappe informierende Darstellung. Nicht überflüssig wäre es gewesen, etwas mehr über Vergerius zu sagen, was ja wegen dessen Beziehungen zur Unität in Böhmen besonders wichtig ist. Sehr dankenswert ist die Übersicht der literarischen Bestrebungen der Slowenen bis in die neueste Zeit hinein.

Loserth erörtert in der zweiten Abhandlung die Entstehung der Religions-Reformationskommissionen und die Reformationsordnungen in der Zeit Karls II.; sodann die Ausweisung der protestantischen Bürger und Bauern aus Innerösterreich und die Reformationsordnungen der Jahre 1599 und 1600. Die Beilagen bringen die Ordnungen für die einzelnen Städte im Wortlaute, soweit sie sich erhalten haben. Es sind nach damaligen Begriffen ganze Heere, denen die kleinen, schlecht befestigten Städte, Märkte und Dörfer keinen Widerstand leisten. Der Vorgang ist fast überall der gleiche. Trotz aller Mühen und Gewalt ging es nicht schnell, das katholische Wesen, das seit einem Jahrhundert abgekommen war, wieder in Gang zu bringen. Denn noch zwei Jahrzehnte blieben die Verbindungen offen, die zu den Glaubensgenossen nach Ober- und Niederösterreich und nach Ungarn führten; im Innern hielt der protestantische Adel, der eine Menge glaubensfester Elemente in sich faßte, so gut er es vermochte, die Hand über die Verfolgten. Sehr bemerkenswert ist wieder die Zähigkeit der Frauen. Es muß ihnen eigens verboten werden, Konventikel zu halten, in denen verbotene Postillen gelesen, gepredigt oder diskutiert wird; sie werden ausgewiesen, falls sie nicht gehorchen; den Männern wird befohlen, ihre Frauen vom Postillenlesen abzuhalten.

Loserths neuer Aktenband[1]) wird eröffnet mit einer allgemeinen Übersicht über den Gang der Gegenreformation von der Auflösung des protestantischen Kirchenministeriums bis zur Ausweisung des protestantischen Herren- und Ritterstandes und bis zum Tode Ferdinands II.

(1. Die Fortführung der Gegenreformation in Steiermark, Kärnten und Krain in der zweiten Hälfte des Jahres 1600; 2. die Prager Legation; 3. die Aktionen der Landtage, die Fortführung der Gegenreformation in Krain; 4. auswärtige Interzessionen; 5. die Krise im Jahre 1609; 6. die Fortführung der Gegenreformation in den Jahren 1610—1618. Geringe Erfolge der Gegenreformation, vor allem in Kärnten; 7. die Ausweisung des protestantischen Herren- und Ritterstandes aus Innerösterreich.)

Dann werden die Ergebnisse der Gegenreformation in Innerösterreich geschildert.

(1. Die Gegenreformation und der innerösterreichische Herren- und Ritterstand; 2. die Gegenreformation im Bürgerstande; 3. die

---

[1]) Die Pfarrämter, die an diesem wie den früheren Bänden das größte Interesse haben, werden darauf aufmerksam gemacht, daß sie das Exemplar bei der Firma Cieslar in Graz mit 25% Ermäßigung erstehen können.

Gegenreformation und der Bauernstand; 4. der zehnte Pfennig; Streiflichter auf die wirtschaftlichen Folgen der Gegenreformation; 5. die Gegenreformation und der katholische Klerus, die Jesuiten und die älteren Orden. Rein äußerliche Erfolge.)

Der Schlußabschnitt überblickt die Quellen.

(1. Das steiermärkische Landesarchiv und das k. k. Statthaltereiarchiv in Graz; 2. die Archive in Klagenfurt und Laibach, Wien, Linz und Innsbruck; 3. ungarische und kroatische Archive.)

Nach dieser umfassenden Orientierung folgen fast 2000 Akten und Regesten nebst Registern. Bei der Fülle des Stoffes, des Neuen und des Alten in neuer Begründung und Beleuchtung können nur Punkte hervorgehoben werden:

Kurfürst Christian von Sachsen lobt an den Innerösterreichern, daß sie das Wort Religion nicht bloß im Munde führen, sondern ihretwegen selbst Weib und Kind, Hab und Gut verlassen (S. XXV).

Der kursächsische Hofprediger Polykarp Leyser widmete seine Predigten zum Troste allen österreichischen Landen.

In der Krise von 1609 ließen sich, genau wie in Innerösterreich, die Horner viel weniger von rein politischen Motiven leiten als von dem Streben, jene kirchliche Stellung wieder zu gewinnen, die sie einst von Max II. erhalten hatten (S. XXVIII).

Es ist merkwürdig, wie wenig sich die Jesuiten an dem Bekehrungsamte selbst beteiligt haben; das meiste geschah durch die Regierungsbehörden. Dagegen erscheinen die Jesuiten als die rechten Konquistadoren; sie nehmen Land und Leute, wo es nur angeht, und sind schon in dem ersten Jahrzehnt der Ferdinandeischen Gegenreformation allerorten in Rechtshändel verwickelt. Dagegen hätten die protestantischen Stände alle ihre politischen Rechte willig dahingegeben, wäre ihnen die kirchliche Existenz unangetastet verblieben (S. XXXIII).

Bei den tonangebenden Männern der ältesten Herrengeschlechter Stubenberg, Windischgrätz, Khevenhüller, Auersperg erzielten alle Mittel der Schmeichelei und Verführung, der Drohungen und Strafen kein Ergebnis, bis das Generalmandat vom 1. August 1628 die Ausweisung verfügte, da die auswärtige Politik diese Maßregel ermöglichte (S. XXXVIII ff.). Die Lage der wenigsten dieser Emigranten war eine günstige (S. LIII). Die Daheimgebliebenen hatten es besser; aber diese Mußkatholiken hatten unter den Standesgenossen wenig Ansehen (S. LVI f.).

Loserth betont wiederholt, daß aus religiösen Gründen eine Insurrektion unterblieb; sie hätte vielleicht das ganze »Reformationswerk«, auch in den beiden Nachbarländern, über den Haufen geworfen (S. LXI).

Aus den harten Strafen, die gegen die Bürger wegen Übertretung der Fastengebote diktiert wurden, erfährt man, wie eingewurzelt dies Ketzertum auch bei ihnen war (S. LXXII).

Früher noch als der Bürger- hatte der Bauernstand die Gefahren und Leiden der Gegenreformation zu verkosten.

Es waren in den meisten Fällen nicht nur die reichsten, sondern auch die opferwilligsten Elemente, die von der Ausweisung betroffen wurden (S. LXXV f.).

Mehr als auf politischem versagt auf wirtschaftlichem Gebiete der Quellenstoff (S. LXXXII ff.). Über den Ertrag des zehnten Pfennigs als Abzugsgeld ist nichts Sicheres festzustellen. Die Strafansätze waren meist so hoch, daß Ermäßigungen eintreten mußten. Alle Klagen über wirtschaftliche Schädigungen, die sicherlich vorhanden waren, müssen in ihrer Allgemeinheit mit Vorsicht aufgenommen werden. Geschädigt waren aber die Abziehenden (S. XCIV). Es hielt außerordentlich schwer, an Stelle untauglicher und unwürdiger Geistlicher geschickte und würdige zu erhalten (S. XCVIII). Entsprechen die Zustände in den Kreisen der Weltgeistlichkeit nach keiner Seite hin den Wünschen der bei Hof maßgebenden Persönlichkeiten, so waren die beim Regularklerus nach unanfechtbaren katholischen Quellen geradezu grauenvoll (S. C). Um so weniger nimmt es wunder, daß diese sogenannte katholische Reformation eine höchst oberflächliche war, die die Volksseele kaum berührte.

Unter den Akten und Regesten sei besonders aufmerksam gemacht auf die Nummern 1053, 1131, 1161, 1168, 1186, 1225, 1270, 1330, 1417, 1452, 1496, 1515, 1535, 1556, 1579, 1622, 1684, 1700, 1704, 2011, 2048, 2073, 2076, 2121, 2165, 2070, 2194, 2200, 2270, 2421, 2444, 2466, 2492, 2574, 2588, 2739, 2741, 2745.

Loserths Studienreise erzielte manche Ergänzungen zu seinen bisherigen Forschungen. Besonders bemerkenswert sind auch die Reste in dem leider noch ungeordneten gräflich Ungnad-Weißenwolfschen Archiv zu Steyeregg, zumal sich darin Bestände des alten Familienarchivs der Jörger befinden.

In dem Tagebuche des kais. Obersthofmeisters Joh. Jos. Khevenhüller, von dem soeben der erste Band erschien, in dessen Einleitung sich Schlitter eingehend und lehrreich über das ganze Geschlecht verbreitet, wobei er Czervenka verbessern und ergänzen kann, erinnert nichts an die einstigen protestantischen Mitglieder. Der pflichttreue Beamte der alten Schule übt vielmehr rückhaltlos Kritik, wenn er auf die Neuerungen Maria Theresias und Josefs II. zu sprechen kommt. Bemerkenswert ist die Nachricht, daß der Kammerherrn-Eid, den er dem Graf v. Burghausen abzunehmen hatte, verschieden war von dem katholischen, aber auch die Abzeichen waren verschieden, und vor allem — er darf keinen Dienst tun. 1743. (S. 166 f.)

Ilwof betont in seiner Übersicht, daß die Zeit der Reformation und Gegenreformation die historisch interessanteste im Lande Steier ist.

Salzburg und Tirol.

K. Köchl, Die Bauernkriege im Erzstifte Salzburg in den Jahren 1525 und 1526. »Mitteilungen der Gesellschaft f. Salzburger Landeskunde«, S. 1—117.

Jac. Strauss, RE., 19³, S. 92—97.

F. Wahrberg, Die Vertreibung der Protestanten aus Salzburg und Tirol. Sonderabdruck aus dem Südmarkkalender 1907, S. 80.

Oberhofprediger Strauß und die Zillerthaler. »Ev. KZ. für Österr.«, S. 273 f.

M. Scharfe, Bilder aus den Alpen. Leipzig, Strauch. 19 S., Mk. —'10.

Erinnerungen einer Protestantin aus Südtirol. »Monats-Korresp. d. evang. Bundes«, 21, S. 51—61.

Köchls eingehende, auf unbenütztem Aktenmaterial beruhende, Studie behandelt die Vorgeschichte des Salzburger Bauernkrieges, die Anfänge der Reformation im Erzstifte Salzburg und deren Einwirkung auf die Bauernerhebung, Ursachen und Anfang der großen Erhebungen im Jahre 1525, den ersten Aufstand, die Politik des Nachbarfürsten, das Ende des ersten Aufstandes, Ursachen und Beginn der zweiten Erhebung, den zweiten Aufstand, den Kampf um Radstadt und das Ende des zweiten Aufstandes, Ende und Folgen der Revolutionsbewegung.

»Den Bauernkrieg bezeichnete die Herrenpartei nun wieder gern als eine aus der religiösen Bewegung entsprossene Saat und mit erneuter Kraft begann die Verfolgung religiöser Neuerer. Namentlich jene Unglücklichen, die sich zur Sekte der Wiedertäufer bekannten, wurden die Opfer religiöser Rachgier. Zahlreiche Hinrichtungen mit furchtbaren Todesarten wurden vollzogen. Die Bauern wurden neuerdings unter das Joch drückender Abhängigkeit gebeugt. Aber die mittelalterlichen Grundlagen waren erschüttert, neue Ideen griffen Platz, die schließlich doch dem materiellen Leben der Bauern zugute kamen.«

Böhmen und Mähren.[1]

Zd. Nejedlý, Husens Reform des Kirchengesanges. (Husova reforma kostelního zpěvu.) ČČH. Jahrg. XIII. S. 10—24, 149—163.

Derselbe, Die Anfänge des husitischen Gesanges. (Počátky husitského zpěvu.) Nr. XVIII der mit dem Jubiläumspreise gekrönten Schriften der Königl. böhm. Gesellschaft der Wissenschaften. Prag. S. 530.

J. Mocko, Geschichte des heiligen slowakischen Gesanges. (Historia posvätnej piesne slovenskej.) In: »Kirchenblätter.« (Cirkevné Listy.) Jahrg. XXI. Liptó-Szt. Miklós.

V. Zibrt, Neubergs Exemplar der Aufzeichnungen des Joh. Jeník aus Bratřic, jetzt in der (Prager) Musealbibliothek. (Neuberkův exemplář zápisků Jana Jeníka z Bratřic, nyní v musejní bibliotece.) ČMKČ. Jahrg. LXXXI. S. 69—106.

Alois John, Egerer Studenten an der Leipziger Universität (1413—1556). Eger, Selbstverlag. 14 S.

W. E. Schmidt, Das religiöse Leben in den ersten Zeiten der Brüderunität. »Zeitschr. f. Brüdergeschichte.« Herrnhut. S. 33 bis 92.

Jos. Kobza, Die Religionsverhältnisse in Böhmen vom Aufkommen des Luthertums bis zum Tode des Kaisers Ferdinand I. 1517—1564. (Náboženské poměry v Čechách od vzniku lutheranismu do smrti císaře Ferdinanda I. 1517—1564.) Programme des Gymnasiums zu Pisek 1905—1906.

[1] Verzeichnis der Siglen:
ČČH = Český Časopis Historický. (Tschechisch-Historische Zeitschrift.) Prag.
ČMKČ = Časopis Musea Král. Českého. (Tschechische Museal-Zeitschrift.) Prag.
ČMM = Časopis Matice Moravské. (Zeitschrift der mährischen Matice.) Brünn.

J. V. Šimák, Bohemica in Leipzig. (Bohemica v Lipsku.) »Historisches Archiv der Böhm. Akademie f. Wissenschaft u. Kunst«, S. 117.

Fr. Mareš, Die Wiedertäufer. (Novokřtěnci.) ČČH. Jahrg. XIII, S. 24—36.

S. Steinherz, Briefe des Prager Erzbischofs Anton Brus von Müglitz 1562—1563. 153 S. Prag. Mk. 3. (Vgl. »Jahrbuch«, 28, S. 252.)

J. Šimek, Die Religionsverhältnisse und die Erzdechanten in Kuttenberg im Zeitalter Maximilians II. und Rudolfs II. bis zum Jahre 1628. (Poměry náboženské a arciděkanové v Kutné Hoře za Maximiliana II. a Rudolfa II. do roku 1628.) ČMKČ. Jahrg. LXXXI, S. 201—221. (Vgl. »Jahrbuch«, 28, S. 240, 251.)

Jul. Pažout, Die Verhandlungen und Korrespondenz des Konsistoriums der sub utraque sowie auch andere Schriftstücke, welche diese Partei betreffen, in den Jahren 1562—1570. (Jednání a dopisy konsistoře pod obojí způsobou přijímajících a jiné listiny téže strany se týkající z let 1562—1570.) Verlag des »Historischen Vereines.« Prag 1906. S. 471.

Br. J. Blahoslav, Fehler der Prediger. (Vady kazatelův.) Dabei Derselbe, Philippika gegen die Feinde der höheren Bildung in der Brüderunität. (Filipika proti nepřátelům vyššího vzdělání v Jednotě bratrské.) Für den Druck zubereitet von Fr. A. Slavík. In Urbáneks »Pädagogische Bibliothek«, Nr. 213. Prag 1906. S. 111.

G. Ad. Skalský, Über die Richter und das Gericht in der Brüderunität. (O soudcích a soudu v Jednotě bratrské.) ČMKČ. Jahrg. LXXXI, S. 124—127.

J. Cvrček, Die Brüderschule in Eibenschütz. (Bratrská škola v Ivančicích.) ČMM. Jahrg. XXXI, S. 193—203, 313—325.

F. Schenner, Eine Bürgerstiftung in Iglau. »Zeitschr. d. deutschen Vereines f. d. Geschichte Mährens und Schlesiens«, 11. Jahrg., S. 394—404. [1573. Zur Erhaltung des Predigeramtes, der Kirchen und Schulen der Stadt Iglau.]

Jul. Glücklich, Die Korrespondenz des Wenzel Budowec von Budowa aus den Jahren 1579—1619. (Václava Budovce z Budova korrespondence z let 1579—1619.) Im »Historischen Archiv d. Böhm. Akademie d. Wissenschaften« usw. Nr. 30. Verlag derselben Akademie. Prag 1908.

V. Zíbrt, Bibliographie der böhmischen Geschichte. (Bibliografie České Historie.) IV. Teil, Band 1. Bearbeitung II. Verlag der Böhm. Akademie für Wissenschaft und Kunst. Prag. S. 240. (Vgl. »Jahrbuch«, 28, S. 238—245.)

W. Schramm, Vaterländische Denkwürdigkeiten. 2. Bd. Brünn.

J. Volf, Vokál Johann aus Prag und sein Sammelwerk. (Vokál Jan z Prahy a jeho sborník.) ČMKČ. Jahrg. LXXXI, S. 311—315.

A. Kröß, Die Erpressung des Majestätsbriefes vom Kaiser Rudolf II. durch die böhmischen Stände im Jahre 1609. »Zeitschr. f. kath. Theologie«, 31. Bd.

G. Ad. Skalský, Zwei Visitationsordnungen der Brüderunität. (Dva visitační řády Jednoty bratrské.) Die besondere Ordnung der Brüder aus dem Jahre 1609. (Řád zvláštní mezi Bratřími z r. 1609.) Schriftliche Denkmäler der evangelischen Vergangenheit Böhmens. Nr. 2. Pardubitz 1907. S. 45. (Vgl. »Jahrbuch«, 28. S. 242—263.)

Derselbe, Die Kirchenordnung von Sternberg in Mähren aus dem Jahre 1614. (Vgl. »Jahrbuch«, 28, S. 78—122.)

J. Volf, Nachlese zu den Apologien aus dem Jahre 1618. (Paběrky k apologiím z roku 1618.) ČMKČ. Jahrg. LXXXI, S. 127—129.

J. Kvačala, Thoma Campanella. (Russisch.) Separatabdruck aus dem »Journal des Ministeriums für Volksaufklärung« (in fünf Fortsetzungen).

P. Haller, Comenius und der naturwissenschaftliche Unterricht. J. D. Leipzig. 131 S.

G. Beißwänger, Comeniana. Ein Beitrag zu seinem Briefwechsel. »Jahrbuch«, 28, S. 40—49.

J. Kvačala, Des J. A. Komenius erste Berührungen mit den Franzosen. (J. A. Komenského prvé styky s Francúzmi.) »Slowakische Rundschau.« (Slovenské Pohlady.) Thurócz-Szt. Márton. H. 5. S. 280—288.

Derselbe, Glaubenskrisen des Komenius und Mickiewicz. (Prielomy vo viere Komenského a Mickiewicza.) In der »Sammlung der Arbeiten, gewidmet Wl. J. Lamansky bei seinem 50jährigen Jubiläum.« Petersburg. S. 128.

J. Vávra, Das Stammbuch des Br. Mathäus Titus, des Landsmannes und Mitschülers von Komenius in Herborn. (Štambuch Br. Matouše Tita, krajana a spolužáka Komenského v Herbornu.) ČMKČ. Jahrg. LXXXI, S. 64—69.

Ad. Patera, Korrespondenz und Dokumente des M. Drabík 1627—1671. (Korrespondence a listiny M. Drabíka 1627—1671.) ČMKČ. Jahrg. LXXXI, S. 114—124. (Vgl. »Jahrbuch«, 28, S. 243, 267.)

F. Schenner, Karl v. Zierotins letzte Lebensjahre. (Schluß.) »Jahrbuch«, 28, S. 123—162.

F. A. Seeliger, Exulanten aus der Herrschaft Rumburg 1652 [Stadtarchiv Löblau]. »Mitteil. des Nordböhm. Exkursions-Klubs«, 30, 285—287.

J. Kvačala, D. E. Jablonsky und dessen Arbeit zugunsten der slavisch-evangelischen Kirche. (D. E. Jablonský a jeho práce v prospech cirkve slovansko-evanjelickej.) »Gemeindeblätter.« (Cirkevné Listy.) Jahrg. XXI. Liptó-Szt. Miklós. S. 103—108.

G. Ad. Skalský, In den Fußstapfen der böhmischen Exulanten. (Po stopách českých exulantů.) Kalender »Hus«. Kuttenberg 1907. S. 36—48.

V. Zíbrt, Josef Šollín, ein Sammler von altböhmischen Büchern für das Museum. (Josef Šollín, sběratel knih staročeských pro Museum.) ČMKČ. Jahrg. LXXXI, S. 255—282.

J. Schubert, Patent vom 29. Januar 1726: Die Ausrottung des wiedereingeschlichenen Ketzertums in Böhmen betreffend. »Mitteil. des Nordböhm. Exkursions-Klubs«, 30, 215—219.

J. Volf, Verzeichnis der aus Böhmen geflüchteten Nichtkatholischen aus dem Jahre 1735. (Soupis nekatolíků uprchlých z Čech z roku 1735.) Sitzungsberichte der Königl. böhmischen Gesellschaft der Wissenschaften aus dem Jahre 1906. Prag 1907. S. 45.

J. Th. Müller, Das Ältestenamt Christi in der erneuerten Brüderkirche. [Seit 1741.] »Zeitschr. f. Brüdergeschichte.« Herrnhut. S. 1—32.

W. Řezníček, Bischof Joh. Leop. Hay wirtschaftet auf der Herrschaft zu Chrast. (Biskup Jan Leop. Hay hospodaří na panství chrasteckém.) ČMKČ. Jahrg. LXXXI, S. 106—113. (Vgl. »Jahrbuch«, 28, S. 241, 258.)

Derselbe, Die Einverleibung des Časlauer und Chrudimer Kreises in die Königgrätzer Diözese im Jahre 1782. (Přivtělení krajů čáslavského a chrudimského k diecesi královéhradecké roku 1782. ČMKČ. Jahrg. LXXXI, S. 229—235.

K. und W. Alberti, Reformation und Gegenreformation im Ascher Gebiete. (Schluß.) »Jahrbuch«, 28, S. 50—77.

F. Císař, Das Leben der Reformierten in Mähren. Leipzig. 20 S. M. —·10.

Evangelisches Leben rund um Teplitz. »Bote des Gustav-Adolf-Vereines für Thüringen«, Nr. 60, S. 20—24, 38—40.

Pf. Josef Prummer in Roßbach (Enkel des letzten Boosianers), † 1907. »Ev. KZ. f. Österr.«, S. 97.

A. Gummi, Bericht bei der zweiten Superintendentur-Versammlung der westlichen Diözese A. B. von Böhmen. Aussig. 11 S.

F. Schenner, Bericht in der dritten in Brünn abgehaltenen Seniorats-Versammlung. 16 S.

J. Scheuffler, Ein österreichischer Kreissig. »Sächs. Gustav-Adolf-Bote«, Nr. 3 und 5.

G. Vorberg, Die Kirchenbücher im Bezirke der General-Superintendentur Berlin und den Kreisen Lebus und Stadt Frankfurt a. O. Leipzig. VII, 272 S. M. 7·—.

Veröffentlichungen der Kommission für neuere Geschichte Österreichs. Lex. 8°. Wien, A. Holzhausen. 4/1. Archivalien zur neueren Geschichte Österreichs. Verzeichnet im Auftrage der Kommission für neuere Geschichte Österreichs. I. Bd., 1. Heft. VI, 113 S. K 3·—.

Die Abhandlung von Nejedlý ist eigentlich eine Selbstanzeige von dessen Buch: »Die Anfänge des husitischen Gesanges«, welches in der Sammlung der von der Königl. böhm. Gesellschaft der Wissenschaften mit dem Jubiläumspreise gekrönten Schriften als Nr. XVIII im Jahre 1907 erschienen ist. Auch diese literarische Erscheinung verdient es im vollsten Maße, hier angezeigt zu werden, obgleich sie der husitischen Zeit gewidmet ist. Sind ja Nejedlýs Arbeiten auf dem berührten Gebiete geradezu als bahnbrechend zu bezeichnen oder, besser gesagt: Nejedlý hat auf jenem Gebiete mit den bisher geltenden unrichtigen Ansichten, die sich ganz besonders an den Namen Konrad, den Bearbeiter des altslawischen heiligen Gesanges, knüpfen, gründlich aufgeräumt. Nun haben aber die bisherigen hymnologischen Arbeiten Nejedlýs eine hervorragende Bedeutung für die Entwicklung des Kirchengesanges in Böhmen auch in der Reformationszeit. Die große Arbeit des Nejedlý über die Anfänge des husitischen Gesanges ist wohl keine Fortsetzung seiner im Jahre 1904 erschienenen Schrift über »Die Geschichte des vorhusitischen Gesanges«; Nejedlýs »Anfänge usw.« stellen sich dar als eine selbständige Arbeit mit Rücksicht auf die Chronologie und das Thema. Aber der Zweck, welchen Nejedlý in den »Anfängen« verfolgt, brachte es mit sich, daß er die vorhusitische Zeit in denselben noch einmal durcharbeitet. Hat Nejedlý in seinem ersten Buche, wie er sagt, eigentlich den ersten Teil der Geschichte der böhmischen Musik gegeben, will er in den »Anfängen« mehr die ideelle Seite der husitischen Reform auf dem Gebiete des geistlichen Volksliedes hervorheben und darstellen. Das umfängliche Buch behandelt, sofern es sich auf die **husitische** Zeit erstreckt, eine verhältnismäßig kurze Spanne der Zeit: bis 1417. Aber hier hatte es Nejedlý mit der Basis des Gesanges der reformatorischen Zeit zu tun; deshalb der große Umfang. Er ist durch die Gründlichkeit der angestellten Untersuchungen bedingt und gefordert. Um die richtige Unterlage und den erforderlichen Zusammenhang zu gewinnen, geht Nejedlý sogar in die altchristliche Zeit zurück, verfolgt die Entwicklung und Fixierung der Liturgie nach deren gesanglicher Seite bis in die husitische Zeit, um dann Hus' eigentliche Reformarbeit zu beleuchten. So stellt sich Nejedlýs Arbeit als ein wichtiger Beitrag zur Geschichte der mittelalterlichen Liturgie überhaupt dar, auf vernachlässigten Gebieten der hymnologischen Forschung. Nejedlý löst seine Aufgabe in gründlicher, erschöpfender, scharfsinniger und geistreicher Weise. Er führt auf eine Fülle von neuen Gesichtspunkten. Man nehme nur das Verhältnis der Waldenser oder der Flagellanten zum Kirchenliede, oder die sogenannte »Predigtbewegung« in Böhmen (Waldhauser usw.), oder die Bedeutung der Bethlehemskapelle in Prag in der besagten Entwicklung. Man sieht ganz deutlich, wie die Szene vorbereitet wird, auf welche Hus tritt, um auch als Förderer des geistlichen Volksliedes zu wirken. Genau wird auch festgestellt, welche Lieder man Hus zu verdanken hat und welche überhaupt aus seiner Zeit stammen. Als Folie werden auch andere Zeitlieder behandelt, um zum Schlusse auf den Verfall des liturgischen Gesanges hinzuweisen. Als willkommene Beilagen werden die Texte von sieben Gruppen von Liedern und Gebeten angegeben. Als Nr. II haben wir einmal die authentischen Lieder von Hus nach ihrem Texte und ihren Melodien zusammengestellt. Die letzteren sind auch bei den anderen Liedern. Den Kampf um den geistlichen Volksgesang in der Kirche illustrieren andere zwei Beilagen, von denen eine gegen jenen Volksgesang gerichtet ist (Abschnitte aus dem Traktat des M. Nikol. Stoer aus Schweidnitz: »De officio missae«), der andere aber für denselben eintritt (eine kleine anonyme Schrift: »De cantu vulgari«). Das Buch ist schön ausgestattet und mit ausführlichen Registern versehen.

Mocko hat eine höchst verdienstvolle Arbeit in Angriff genommen, gewissermaßen eine Ergänzung zu Jirečeks Leistungen auf dem Gebiete des tschechisch-evangelischen Kirchenliedes: er gibt eine Geschichte des slowakischen evangelischen Kirchenliedes und der Kirchengesangbücher. Die Abhandlung ist stückweise in allen Nummern des XXI. Jahrganges der slowakischen »Gemeindeblätter« erschienen und wird im XXII. Jahrgange derselben fortgesetzt. Als Einleitung gibt Mocko kurz die Geschichte des »tschecho-slowakischen« Kirchenliedes in der vor- und husitischen Zeit, wobei ziemlich ausführlich die Lebensläufe der böhmischen Vorreformatoren und Husens gegeben werden. Hinsichtlich der von Hus gedichteten Lieder konnte Mocko noch nicht die Arbeit von Nejedlý benützen, nach welcher die Autorschaft von zwei Liedern Hus mit Sicherheit zuzusprechen ist. Zwei andere können ihm nur mit Wahrscheinlichkeit zugewiesen werden. Die selbständige Forschung Mockos setzt ein mit der Zeit der Reformation. Da wendet sich Mocko seinem Volke zu. Allerdings ist der Begriff »Slowaken« im geographischen Sinne, nicht im sprachlichen, zu nehmen. Denn es ist die tschechische Sprache, in welcher Kirchenlieder unter den Slowaken entstehen. Mocko untersucht zunächst die »liederbildende Tätigkeit« der Slowaken bis zu Tranoscius. Er geht den wenigen Spuren, die ihm bekannt sind nach, in dem Bewußtsein, daß sich noch manches in Handschriften und Archiven bergen mag, was aufzusuchen ihm nicht möglich war. Ganz besonders befaßt er sich mit Elias Láni, nach dessen eingehender Lebensbeschreibung er sich sehnt, und mit Daniel Pribisch, dessen Katechismus vom Jahre 1634 vorläufig die Hauptquelle für die hymnologische Forschung in jener Zeit bildet, welche Mocko behandelt. Man kann Mocko mit Bezug auf jene Zeit als Pfadfinder bezeichnen. Er gibt Anregungen für weitere Arbeit auf dem bezeichneten Gebiete, die hoffentlich Beachtung finden werden. Nachdem Mocko gezeigt hat, aus welchen (tschechischen) Gesangbüchern die Slowaken bis zu Tranoscius gesungen haben, wendet er sich diesem zu. Er zeigt, warum Tranoscius den Plan faßte, ein eigenes Gesangbuch für die Slowaken zusammenzustellen. Neben anderem war es das Interesse an reiner Lehre, im lutherischen Sinne genommen. Auch wollte er die Lieder Luthers seinen Leuten zugänglich machen — übersetzte er ja alle Lieder Luthers ins »Tschecho-Slawische«. Und so entsteht 1636 seine berühmte »Cithara sanctorum«, die noch heute in Gebrauch ist. Mocko befaßt sich eingehend mit der »editio princeps«, druckt die »Vorrede« aus derselben ab, gibt die Anordnung der Lieder und berichtigt, was darüber Unrichtiges geschrieben wurde. Bedeutsam ist die von ihm aus jener Ausgabe mitgeteilte »Belehrung der Kantoren«. Sehr wichtig ist der Abschnitt, in welchem Mocko zeigt, welche Lieder mit Unrecht dem Tranoscius zugeschrieben wurden. Desgleichen die Feststellung der Autorschaft des Tranoscius bei einzelnen Lutherliedern. Diese kritische Untersuchung war notwendig, weil der bescheidene Tranoscius seine Lieder mit seinem Namen nicht zu unterzeichnen pflegte. Man kann den Ausführungen des Verfassers zumeist beistimmen. Bemerkt mag werden, daß die Brüder die Erwählung, welcher Ausdruck dem Tranoscius verdächtig erschien (S. 158), wohl nicht im streng kalvinischen Sinne der Prädestination nahmen. Die Hindernisse der Annäherung zwischen Luther und den Brüdern, deren Nichtzustandekommen auf hymnologischem Gebiete, sofern es die Brüder betrifft, Mocko bedauert, sind heute ziemlich genau aufgeklärt. Sie waren grundsätzlicher Art und konnten durch die vorübergehende Vorliebe einzelner für das Luthertum nicht weggeräumt werden. Übrigens hat Horn von seinen lutherischen Anwandlungen gründliche Buße getan.

Zibrt gibt die Beschreibung der Aufzeichnungen des Ritters Joh. Jenik aus Bratřic, welche das böhmische Museum erworben hat. Es handelt sich um die Originalaufzeichnungen des Genannten, aus welchen und auf Grund welcher im Laufe der Zeit verschiedene andere gemacht und hergestellt wurden. Sie enthalten alle möglichen Abschriften, Auszüge usw., von der husitischen Zeit angefangen bis in die Zeit des fleißigen Sammlers. Der erste Teil stammt aus dem Jahre 1810, der letzte (sechste) aus dem Jahre 1819. Zibrt gibt genau den Inhalt der vier ersten und des sechsten Teiles — der fünfte ist schon früher (1880) in der böhmischen Musealzeitschrift beschrieben worden. Historisches und auf den Protestantismus sich Beziehendes findet sich in den

Aufzeichnungen in Hülle und Fülle. Zibrt gibt an, woher Jenik abgeschrieben hat. Die Aufzeichnungen sind ohne Zweifel ein nicht unwichtiges historisches Hilfsmittel, welches auch für die Geschichte des Protestantismus auszunützen sein wird. Sehr fesselnd ist z. B. der Brief, mit welchem der katholische Dechant von Beraun dem Ritter Jenik die alten utraquistischen Matriken seiner Pfarrei zum Abschreiben zusendet. So würde heute kaum ein katholischer Dechant schreiben. Der Brief ist aus dem Jahre 1820.

Schmidt begrenzt seinen Zeitraum mit 1480. Die Grundlage des Handelns der alten Brüdergemeinschaft soll die Schrift sein. Sie lassen sich viel Zeit, um in Muße die Anweisungen der Schrift zu prüfen. Dabei kehren immer dieselben Schriftsteller wieder, auf die sie sich berufen.

Ganz besonders beruht ihre religiöse Praxis auf den Gebetsverheißungen. Nur bei Einmütigkeit getrösten sie sich der Gebetserhörung, deshalb kämpfen sie überall um Einmütigkeit.

Ihr ganzes Vorgehen zeigt von großer Ängstlichkeit. Das Ringen um Sicherheit, um Einmütigkeit, das Fragen nach Gottes Willen bei jedem neuen Schritte spricht dafür, wie unsicher sie sich fühlen. Das ist die Folge ihres Bruches mit den bisherigen Autoritäten. Jetzt stehen sie ganz auf sich und auf der Schrift. Die Autorität für sie wird nun die einmütige Gemeinde, der Gott seinen Willen offenbart.

Šimák berichtet über seine Durchsichtsarbeit der Universitäts- und Stadtbibliothek in Leipzig. Sie war sozusagen die Fortsetzung jener von Palacký einst geleisteten. Aber auch Šimák war es nicht möglich, sie ganz zu vollbringen. Die gefundenen Bohemica hat Šimák nach dem Vorbilde der von Truhlař herausgegebenen Kataloge der Prager Universitätsbibliothek (vgl. »Jahrbuch«, 28, S. 249) beschrieben. Von den in der Universitätsbibliothek enthaltenen Mss. beschreibt Šimák 78 Stücke. Sie enthalten nur wenig für die Geschichte des eigentlichen Protestantismus, dagegen sehr viele beziehen sich auch auf die husitische Zeit. Von den ersteren wäre Nr. 59 (1575 der Bibl.) hervorzuheben, eine scharfe »der bemen sache betreffende protestation des Thom. Muntzer«, die nach Šimáks Meinung bis jetzt unbekannt sein dürfte. Dann Nr. 73, 74, welche sich auf schlesische Sachen im 16. und 17. Jahrhundert beziehen. Aus der reichen Sammlung an Originalen und Abschriften der Stadtbibliothek sind die Mss. 79—98 zu erwähnen. Hier berührt manches die Geschichte des Protestantismus. Anzuführen wäre auch Nr. 83 (CCCXXXI — Rep. III, f. 96), welche die Ordnung des Bergwerkes von Joachimsthal, zusammengestellt durch Mathes Enderlein (1556), enthält. Šimák bringt auch 11 Beilagen, Abschriften aus der Korrespondenz des Sekretärs Rudolfs II., Joh. Myllner (Šimák, Nr. 89, CCCXXX — IV, f. 12 g). Besonders hervorzuheben sind Nr. 1, 9, 10, Briefe des Theod. v. Beza. In denselben wird Budowec regelmäßig gegrüßt. Nr. 1 weist hin auf den Briefwechsel Bezas mit Budowec.

M a r e š veröffentlicht einen Beitrag zur Geschichte der Wiedertäufer in Böhmen, Mähren und Ungarn. Er sucht zunächst zu zeigen, warum sich die Wiedertäufer unter den Böhmen, die ja in hohem Grade Neuerungen religiöser Art zugänglich waren, nicht halten konnten. Er befaßt sich hauptsächlich mit der Wiedertäufergemeinde in Böhm.-Krummau. Nach Mareš ist es n i c h t die deutsche Marke, unter welcher die Wiedertäufer in Böhmen auftreten, welche es verhindert hat, daß ihre Gemeinschaft daselbst festeren Fuß fasse, sondern die intensive und rücksichtslose Verfolgung, welche sie unbarmherzig aus dem Lande trieb. Nur flüchtig wird auf ihre Beziehung zur Unität hingewiesen; ein Punkt, welcher einer eingehenderen Ausführung wert ist. Sie ist auch auf Grund der vorhandenen Quellen möglich. Das Land, in welchem auch die Wiedertäufer aufatmen konnten, war Mähren, in welchem bekanntlich damals die relativ größte Religionsfreiheit zu Hause war. Hat ja sogar eine Äbtissin (von Auspitz) die Wiedertäufer auf ihrem Grund und Boden geduldet. Aber auch in Mähren hatten diese schließlich keine bleibende Stätte. Sie breiten daher ihre Kolonisationstätigkeit nach Ungarn aus. Und hier sammeln sie sich, nachdem sie auch in den anderen Ländern unter Maximilian II. und Rudolf II. eine Zeit Ruhe genossen. Und hier zeichnen sie sich aus als Verfertiger keramischer Ware. Davon erhalten sie sogar ihren Namen »habán«, was auf das deutsche »hafen« (Hafner) zurückzuführen ist. Man machte später sogar den freilich mißlungenen Versuch, eine Familie in Südböhmen anzusiedeln, um auch hier ihre Fertigkeit im Bilden von Tonwaren zur Geltung zu bringen.

Š i m e k fährt fort in der Schilderung der Religionsverhältnisse in Kuttenberg. Das vorliegende Stück gehört zu den merkwürdigsten, welche Šimák bis jetzt veröffentlicht hat. Allerdings ist es auch diesmals ein trauriges Bild, welches Šimák vorführt. Unsagbar war die Zerfahrenheit der Kuttenberger utraquistischen Gemeinden. Der Erzdechant findet keinen Gehorsam bei den unterstellten Priestern. Das Kuttenberger Konsistorium vermag in dieser Hinsicht kaum etwas durchzusetzen. Der Streit der Priester untereinander ist eine alltägliche Erscheinung. Sogar die Küster sind renitent und dürfen die gemeinsten Beschuldigungen gegen den Erzdechanten erheben. Und die Obrigkeit, der Stadtrat mit dem Münzmeister usw., die die eigentliche Kirchengewalt in der Hand hat, wie elend benimmt sie sich! Kein Wunder, daß in Kuttenberg die Unität festen Fuß fassen konnte. Ihre Anfänge werden von Šimák dargestellt. Eine Lichtgestalt ist der Apotheker Lorenz, der sich treu und eifrig zu ihr bekennt. Natürlich soll sie ausgerottet werden — vergebens! Sie hält sich trotz Gefängnis und anderer Verfolgung. Šimák gibt den ganzen Verlauf des Verhöres, welches mit Lorenz angestellt wurde. Wie hoch stand dieser Mann über seiner Umgebung! Wir erhalten auch Aufschlüsse über das Kuttenberger Konsistorium und deren Verhältnis zu derselben utraquistischen Behörde in Prag. Das Verhältnis war wohl das der Unterordnung, aber wie oft versagte man in Kuttenberg den Gehorsam! Die Erzdechanten folgten nicht einmal den Zitationen, die an sie aus Prag gelangten. Kompliziert machte die Verhältnisse in Kuttenberg auch die Nationalitäten- und Sprachenfrage. Viele von den Bergleuten waren Deutsche und erhielten die Erlaubnis, einen Priester ihrer Nationalität zu halten. Auch dadurch ist der Streit in Kuttenberg vermehrt worden. Und wenn jemals von der Kanzel Mißbrauch getrieben wurde, ist es in jener Zeit in Kuttenberg gewesen. Šimák behandelt in überwiegend chronistischer Weise die Religionsverhältnisse von Kuttenberg unter den drei Erzdechanten Joh. Habart, Sylvester und Joh. Semín. Der größte Teil der von Šimák geschilderten Verhältnisse fällt in die Zeit des letzteren. Sozusagen als »Einlage« gibt Šimák auch die Charakteristik der Kuttenberger Humanisten, welche eine besondere Gruppe im böhmischen Humanismus bildeten. Einer von ihnen, Dr. Koleso (Colessius), besuchte auch die Versammlungen der Brüder. Zum Schlusse bringt Šimák das Verzeichnis der utraquistischen Priester der (fünf) Kuttenberger Pfarren in der Zeit von 1564—1582. Es zeigt sich immer mehr, daß Šimák in seinen

Veröffentlichungen aus dem Kuttenberger Archive eine wichtige Quelle für die Geschichte des böhmischen Protestantismus erschließt, aus welcher noch geschöpft werden soll.

Im Jahre 1868 hat Borový angefangen, die »Aktenstücke des utraquistischen Konsistoriums in Prag zu veröffentlichen (in den von Gindely herausgegebenen »Monumenta historiae bohemica«). Die Publikation, welche die Aktenstücke bis zum Jahre 1562 enthielt, kam damals nicht über den ersten Teil hinaus. In der letzten Zeit hat der böhmische »Historische Verein« zur Fortsetzung jener für die Geschichte des Utraquismus und des Protestantismus in Böhmen hochwichtigen Quellensammlung die Anregung gegeben. Die Arbeit ist Pažout anvertraut worden, welcher im Jahre 1906 einen weiteren Teil der berührten Aktenstücke gesammelt und veröffentlicht hat. Pažout benützte die im böhmischen Landesarchive vorhandenen, von Borový hergestellten Abschriften; aber er ergänzte sie in bedeutendem Maße, damit diese neue Sammlung, wie er im Vorworte sagt, das möglichst lebendige Bild des religiösen und kulturellen Lebens der böhmischen Utraquisten darbiete. Auch führt er die Aktenstücke bis zum Jahre 1570. In der Tat bieten dieselben einen bedeutsamen, aber leider überwiegend unerfreulichen Einblick in das Leben und Treiben des zwischen dem Katholizismus und Protestantismus eingeklemmten, haltlosen Utraquismus. Man braucht nur jene Aktenstücke zu lesen, welche das Verhältnis der utraquistischen Kirche und dessen Klerus zum Prager Erzbischof betreffen (Nr. 21, 26, 175, 214, 247, 265, **266**, **316**, 382, 412, 427, **490**, **529**, 546, **547**, 550, 552, 554, **555**, 557, 562 usw.), um zu erkennen, wie kirchlich unselbständig und ohne festen Halt der Utraquismus war. Oder man fasse die Aktenstücke ins Auge, welche den theologischen Nachwuchs der Utraquisten betreffen (112, 171—174, 185, 188, **193**, 211, **317**). Und wie traurig stand es mit der sittlichen Qualifikation seiner Priester! Z. B. Nr. 36, 118, 285, 292, 301, 311. Allerdings trug hiebei einen großen Teil der Schuld der Zölibat, welchen die utraquistischen Priester als ein hartes Joch empfanden und auch abwarfen (Nr. 235, 245, 295, 320, 440, **458**, 459, **485**, 577 u. a.). Man sieht, wie im Utraquismus alles im Gären und das Meiste im Verfall begriffen ist. Die Aktenstücke illustrieren vielfach in drastischer Weise den Übergang, welcher sich in Böhmen vom Utraquismus zum Luthertum vollzieht. Es nützen nicht die Bestrebungen, welche »die

Einheit im Glauben« zum Zwecke haben (Nr. 22, 25). Renitenz und »Ketzerei« (Nr. 201, 207, 217, 246 usw.; 42, 99, 229, 242 u. a.) sind an der Tagesordnung. Das Luthertum drängt sich in den Vordergrund (Nr. 229, 543, S. 439). Auch der Katholizismus wartet auf seine Ernte (Nr. 392, 524). Charakteristisch sind die Predigten, in welchen sich nicht nur die neue Lehre, sondern vielfach auch ein ungemein rüder Ton vernehmen läßt (Nr. 103, 215, 227 u. a.). Natürlich hatte das Konsistorium sowohl als kirchliche Verwaltungs- als auch als Gerichtsbehörde vollauf zu tun. Es war zumeist eine unangenehme und undankbare Arbeit. Sein Bestreben, die alten Ordnungen aufrecht zu erhalten (Nr. 101, 102, 106, 107, 115, 208, 209, 215, 227, 301), war nicht immer von Erfolg gekrönt. Und so flüchtet es sich zur weltlichen Obrigkeit (Maximilian II.) und erhebt Klage über Klage, Hilfe erbittend. Manche Einzelfrage erhält durch die Aktenstücke ihre Beleuchtung. Ganz besonders sei auf die Nummern hingewiesen, welche die Ehegerichtsbarkeit des Konsistoriums und damit das Eherecht des Utraquismus betreffen. Kurz, die Sammlung bietet für die Erforschung der religiösen und kirchlichen Verhältnisse Böhmens in den Jahren 1562—1570 eine reiche Ausbeute.

Die neu herausgegebene Schrift des Blahoslav ist die letzte, welche der hervorragende »Bruder« geschrieben hat (1571), und enthält seine homiletischen Grundsätze. Allerdings in überwiegend negativer Form (»vitia concionatorun«). Die Homiletik, nach ihrer positiven Fassung (»virtutes concion.«), scheint er — nach eigenem Zeugnis — schon früher herausgegeben zu haben. Leider ist die Schrift noch unbekannt. Vergleicht man die Blahoslavs mit den Homiletiken seiner evangelischen Zeitgenossen, so springt der große Unterschied zugunsten des ersteren sofort in die Augen. Wie unmittelbar und frisch, praktisch und packend, geradezu modern ist sie geschrieben, wert, verdeutscht zu werden. Die neue Auflage besorgte wieder Slavík, damit eine alte Schuld begleichend. Denn die erste Auflage war, wie der Vergleich mit der Handschrift (Zittauer Stadtbibliothek) beweist, fehlerhaft. Die neue ist mit großer Sorgfalt hergestellt und musterhaft zu nennen. Als Einleitung hat Slavík eine knappe Zusammenfassung dessen gegeben, was man heutzutage über Blahoslavs Leben und Schriften weiß. Mit der »vitia« zugleich gab Slavík auch Blahoslavs ausgezeichnete Philippika gegen die Feinde der höheren Bildung in der Brüderunität heraus. (»Corollarium additum anno 1567 die 15. Februarii.«) Sie ist im IX. Teil des Brüderarchivs enthalten.

Skalský bringt einen Nachtrag zu der von ihm herausgegebenen Instruktion für die Brüderrichter (vgl. »Jahrbuch«, 28, S. 263). Diesen Nachtrag fand er in einem alten Drucke der Prager Universitätsbibliothek, welcher neben anderem auch »eine Belehrung für diejenigen, welche richten und zum Gerichte gehen«, enthält. Es handelt sich in der Schrift um weltliches Gericht; aber eingeschoben (fol. D) ist auch eine Instruktion für die kirchlichen Richter (Kirchenväter) der Unität. Neues enthält die Instruktion eigentlich nicht; aber herausgehoben sind hauptsächlich jene Pflichten der Richter, welche sich auf die sozialen Beziehungen der Unität erstrecken.

Auf die Geschichte und Entwicklung der Brüderschule in Eibenschütz ist Kratochvíl in seiner Schrift »Eibenschütz« (»Jahrbuch«, 28, S. 262) eingegangen. Cvrček, welchem wir teilweise die Abschriften der sogenannten Herrnhuter Folianten zu verdanken haben, befaßt sich näher mit jener berühmten Brüderschule und gibt damit einen willkommenen Beitrag zur Geschichte des Schulwesens in Mähren. Seine Hauptquelle sind die Herrnhuter Folianten. Aber auch die einschlägige Literatur ist berücksichtigt. Cvrček schildert zunächst die bekannten Beziehungen zwischen der Unität und Wittenberg, welche neuerdings Bidlo (»Jahrbuch«, 28, S. 264) erschöpfend behandelt hat. Sie führten zur Gewinnung des Melanthonianers Esrom Rudinger nach Eibenschütz. Beachtenswert ist der Berufungsbrief, welchen Rudinger erhielt. Merkwürdig ist, daß an die Brüderschule ein Mann berufen wurde, welcher des Slawischen ganz und gar nicht mächtig war. Eibenschütz war eben eine Gelehrtenschule, in welcher Latein den Unterricht beherrschte. Aber Rudinger beschränkte sich nicht nur auf seine Schultätigkeit, sondern bestrebte sich, die Unität an den Kalvinismus näher anzuschließen. (Vgl. seine Tätigkeit hinsichtlich der Beschickung der Frankfurter Synode von 1577.) Allerdings fand sein Eifer an der Vorsicht der Unitätsführer seine Schranke. Rudinger hat die Eibenschützer Schule berühmt gemacht und der Unität sogar Proselyten aus dem Adel gewonnen. Aber er lenkte auch die Aufmerksamkeit der Feinde aus dem römischen Lager auf die Schule und auch auf sich. Ganz besonders sind es die Jesuiten und der Bischof von Olmütz gewesen, welche Rudinger verderben wollten.

Es kam zu einer regelrechten Verfolgung, und seine Freunde hatten viel Mühe, den kranken Mann zu schützen und zu retten. Er mußte endlich aus Eibenschütz, wo er bis 1588 lehrte, fort und begab sich nach Bayern, wo er (in Altdorf) 1591 starb. Die Schule in Eibenschütz blühte bis zur Katastrophe von 1620. Sie bedeutete auch den Untergang der angesehenen Eibenschützer Brüderschule.

Auf das Buch von Glücklich (1908) sei mit Rücksicht auf das nahende Kalvinjahr schon jetzt vorläufig hingewiesen. Mit ungemeinem Fleiß und Sorgfalt ausgearbeitet, dürfte es für Erforschung der Beziehungen Kalvins zum böhmischen Protestantismus ersprießliche Dienste leisten.

Von der schon öfters erwähnten unschätzbaren »Bibliographie« Zíbrts ist abermals ein Band erschienen. Es ist hocherfreulich, daß so rasch ein Band dieses wichtigen Werkes auf den anderen folgt. Der vorliegende enthält die politische Geschichte vom Jahre 1600—1618, dann den 30jährigen Krieg bis August 1620, und führt nicht weniger als 4187 Nummern an. Schon diese Angaben lassen ahnen, was gerade dieser Teil der »Bibliographie« für die Geschichte des österreichischen, bestimmter des böhmischen Protestantismus bedeutet. Und das wird durch die genauere Einsicht in das Buch vollauf bestätigt. In zwei »Büchern« (XXIII und XXIV) ist der ungemein reichhaltige Stoff, und zwar nach einzelnen Jahren, geordnet. Die kirchlichen Verhältnisse sind in jedem Jahre genau berücksichtigt und alles herangezogen, was sich auf sie bezieht. So z. B. hat Wenz. Budowec als »Verteidiger der Freiheit des Religionsbekenntnisses« 10 Nummern. Aber auch die sonstige (homiletische, polemische usw.) Literatur der damaligen Zeit findet Beachtung und ist registriert. Ganz besonders möge auf die reiche Literatur hingewiesen werden, zu welcher der Majestätsbrief Anlaß gegeben hat. In den Verhandlungen, die die Vereinigung der sub utraque zum Zwecke hatte, haben die Brüder ihre besondere Kirchenordnung aufgesetzt, die ihnen belassen wurde. Wir haben sie in den »Denkmälern der evangelischen Vergangenheit Böhmens«, Nr. 2, mit zwei brüderischen Visitationsordnungen herausgegeben. Es wäre gut gewesen, wenn bei Anführung dieser Nummer (S. 84) besonders auch auf die wichtige Kirchenordnung hingewiesen worden wäre. Steht ja diese in enger Beziehung zu den Ereignissen der damaligen Zeitfragen. Sonst dürfte kaum auch das geübte Auge des Spezialforschers in der »Bibliographie« eine

Lücke entdecken. Zu Nr. 174 (S. 10) ist zu bemerken, daß das vermeintliche gedruckte Exemplar der Streitschrift des Virga in Zittau nicht zu finden ist.

Schramm bringt S. 55 f. das Stammbuch eines protestantischen Bürgers, mit Einzeichnungen aus den Jahren 1603 bis 1631; darin Namen einiger Znaimer Pastoren und protestantischer Schulrektoren.

Ferner S. 80 Notizen zur Kulturgeschichte der Stadt Fulnek 1622. Daraus geht hervor, wie sinnig und gewissenhaft man bei Verbrennung ketzerischer Bücher verfuhr. Stadtrichter und Schöffen haben sie wiederholt mit den Füßen gestoßen und bespieen, ehe der Schinder sie verbrannte.

Volf bringt wichtige literarkritische Beiträge zu Handschriften und Drucken, welche die Ereignisse in Böhmen in den Jahren 1608—1610 betreffen. Es handelt sich um das Verhältnis der behandelten historischen Quellen zum Sammelwerke des damaligen Zeitgenossen Joh. Vokál aus Prag. (Von Jireček in den »Sitzungsberichten der kön. Ges. in Prag« 1876 beschrieben.) Auch die Autorschaft des Budowec kommt in Betracht. Die Fragen dürften vorläufig noch nicht endgültig gelöst worden sein.

Als Nr. 2 der »Denkmäler« bringt Skalský drei alte Ordnungen der Brüderunität, von welchen die ersten zwei der Abdruck einer Handschrift sind, welche sich im Besitze des böhmischen Museums in Prag befindet. Leider hat sich in den Druck ein Fehler eingeschlichen: die Signatur der Handschrift im Museum ist nicht I. H. 37, sondern IV. H. 37. Die zwei Ordnungen sind Visitationsordnungen der Unität. Dies gab Anlaß, als Einleitung das Notwendigste über die Bedeutung der Visitationen in der Brüderunität zu sagen, hauptsächlich auf Grund der Beschlüsse der Brüdersynoden, aus welchen hervorgeht, wie hoch man die Visitationen in der Unität einschätzte. Wie genau ging man bei den Visitationen vor, so daß man unwillkürlich an das Kuzmánysche Wort »vom wandelnden Inquisitionstribunal« denkt. Aber man wird auch zugestehen müssen, daß die Visitation ein wichtiges Mittel in der Ausübung der brüderischen Zucht war. Die eine der abgedruckten Visitationsordnungen trägt die Jahreszahl 1537; die andere, offenbar spätere, ist ohne Jahreszahl. Die Abschrift im böhmischen Museum (Schluß der ersten Visitationsordnung) weist die Buchstaben »J. A.« auf — vielleicht sind diese

Buchstaben als »Johann Augusta« zu deuten. Die dritte Ordnung ist die sogenannte »Besondere Ordnung« der Brüder aus dem Jahre 1609. Die Entstehung dieser Ordnung hat S k a l s k ý auf Grund der Landtagsakten usw. dargestellt. Bekanntlich ist den Brüdern bei der Vereinigung, welche unter den Protestanten Böhmens auf Grund des Majestätsbriefes erzielt wurde, die Konzession gemacht worden, daß sie ihre »besondere« Ordnung behalten können. Allerdings wollte man dieses »Besondere«, was die Brüder haben, kennen. Und so sahen sich dieselben genötigt, dieses Besondere kurz zusammenzustellen. So entstand die erste ausführlichere und übersichtliche Kirchenordnung der Brüder. Sie bildet die Grundlage für die große Kirchenordnung derselben, die »Ratio disciplinae etc.«, aus 1616 bzw. 1632. Die letztere enthält ganze Sätze aus der ersteren. Skalský hat sie aus einem handschriftlichen Sammelband, welcher sich im Archiv des böhmischen Museums in Prag befindet, abgedruckt. Es ist derselbe, welcher auch die schon früher angeführte kleine Arbeit von Volf (Joh. Vokál usw.) erwähnt. Daß es sich dabei um eine wichtige Veröffentlichung handelt, liegt wohl auf der Hand.

V o l f stellt gegen andere Annahmen fest, daß der Autor der ersten (kleineren) böhmischen Apologie aus dem Jahre 1618 Martin Fruwein war und bekämpft mit Recht die Ansicht v. Trommelfels, der Autor der zweiten (größeren) Apologie sei Karl v. Karlsberg gewesen. Außerdem bringt Volf Nachrichten über einige polemische Flugblätter aus jener Zeit.

K v a č a l a weiß immer Neues aus seinem reichen Wissen und unablässigen Studien über Komenius und seine Zeit zu geben. Diesmal sind es die Beziehungen des Komenius zu den Franzosen und Frankreich. Zuerst in Genf erschienen französische Übersetzungen der Janua. Als Greis erwartete Komenius von Ludwig XIV. Rettung für sein Vaterland. Diese Beziehungen jedoch, die p o l i t i s c h e r Art waren, vermag Kvačala vorläufig noch nicht genau darzustellen. Er begnügte sich, die l i t e r a r i s c h e n ins helle Licht zu stellen. Es handelt sich hauptsächlich um die Schrift: »Prodromus Pansophiae« und das Urteil bzw. die Urteile von Cartesius über dieselbe. Mit viel Scharfsinn behandelt Kvačala die schwierige literarische Frage und löst sie einleuchtend. Er nimmt dabei die Gelegenheit wahr, auch seine eigene Angabe in der »Korrespondenz des Komenius« zu berichtigen; dabei stellt er das Datum eines Briefes des Mersenne sicher, der in der bewußten Angelegenheit die Vermittlerrolle spielte. Sieben Beilagen bringen Belege; wichtig ist der Wortlaut der beiden Urteile von Cartesius über den »Prodromus«. Das erstere ist vorsichtig abgefaßt, das zweite bringt gewichtige Ausstellungen.

In Kvačalas slowakisch verfaßter Schrift über die Glaubenskrisen ist der kleinere Teil dem Komenius gewidmet. In scharfsinniger, psychologisch orientierter Weise geht Kvačala hauptsächlich einer Erscheinung im Leben des Komenius nach: seinen chiliastischen Neigungen, wie dieselben durch die Namen Kotter, Poniatovská, Drábík und Bourignon ins helle Licht gestellt werden. Kvačala zeigt, wie die durch die genannten »Propheten« genährten chiliastischen Hoffnungen für den treuen Bruder und eifrigen Kirchenmann und dessen Glaubensleben eine Gefahr bedeuteten, wenn sie auch sonst für seine Arbeit und Tätigkeit als Anregungsmittel sich erwiesen. Man kann von einem Zwiespalt in der Seele des arg geplagten Exulanten sprechen. Und geradezu bedenklichen Bahnen näherte sich Komenius, als er der Bourignon Glauben schenkte. Ganz besonders wichtig ist, was Kvačala vom Verhältnisse des Komenius zu Jak. Böhme sagt. Er hebt endlich die Analogien und Differenzen hervor, welche das Glaubensleben des Komenius und des großen polnischen Dichters Mieckiewicz aufweisen. Hinsichtlich des Auerbek (S. 3) ist zu bemerken, daß unter denselben wohl kein deutscher Theolog zu suchen sein dürfte, sondern der Arzt Auerbek Joh. (Awerbeckius), der viele Jahre hindurch der Unität angehörte, sich dann von ihr loslöste und gegen sie als eine Gemeinschaft von »evangelischen Mönchen« schrieb. Er ist ein Gewährsmann des bekannten Gegners der Unität Sam. Martinius von Dražov.

Vávra berichtet über das Stammbuch des nachmaligen Brüderpriesters und Exulanten Math. Titus, der zugleich mit Komenius in Herborn 1611—1612 studierte. Unter den Eingeschriebenen befindet sich mancher bekannte Name, z. B. auch Alsted. Das Stammbuch liegt im Archive der Grafen von Oppersdorf in Oberglogau. Es gelangte dorthin durch die Vermittlung des Konvertiten und Herrschaftsverwalters Sam. Wolf, welcher in das Stammbuch des Bruders auf zehn Blättern Gebete, wie Ave Maria usw., eingeschrieben hat.

Patera fährt fort in der Veröffentlichung der Korrespondenz des Drábík. Für diesmal liegen die Stücke XLII—L vor, welche die Zeit von 1668—1671 umfassen. Auch die mitgeteilten Briefe tragen das Ihrige zur Charakteristik des Pseudopropheten bei. Man sieht, wie »starken Glauben« die Offenbarungen Dråbíks gefunden haben, der sich sogar für denselben in klingende Münze verwandelte. Aber auch Zweifler fehlten nicht (Nr. XLIII, L); desgleichen nicht andere Vorwürfe (XLVII).

K v a č a l a hat sich nicht nur als Komenius-, sondern auch als Jablonsky-Forscher bekannt gemacht. In der vorliegenden kleinen Abhandlung ermittelt er in slowakischer Sprache im Anschlusse an seine Schrift: »D. E. Jablonsky und Großpolen« (1901), die Kenntnis der Verdienste, welche sich der in Polen geborene Böhme und Bruder um die evangelische Kirche slawischer Zunge erworben hat. In Betracht kommt hauptsächlich seine Schrift über den zu Thorn (1712) erneuerten Consensus sendomiriensis, welche er dem Erzbischof von Canterbury gewidmet hat. Kvačala zeigt, wie Jablonsky bis zu seinem letzten Atemzuge im Interesse der evangelischen Slawen, besonders in Polen, tätig war. Die Abhandlung, zu welcher die in Ungarn abgehaltene Rákoczyfeier Anlaß gab, schließt mit einem erfreulichen Ausblick in die Zukunft.

S k a l s k ý berichtet über eine von ihm vor einigen Jahren gemachte Studienreise. Neben Herrnhut waren es Großhennersdorf, Zittau und Gerlachsheim, die alten böhmischen Exulantenkolonien, die er aufgesucht hat, mit Rücksichtnahme auf ihre Geschichte. Von den Abbildungen dürfte das alte böhmische Kirchlein in Karlsdorf bei Gerlachsheim am meisten interessieren.

Das böhmische Museum in Prag verfügt über eine kostbare Sammlung von Schriften (Handschriften und Drucke) aus der altevangelischen Vergangenheit Böhmens. Den Ankauf vieler derselben hat das Museum einem e v a n g e l i s c h e n L e h r e r, Jos. Šollín, zu verdanken. Auch andere »Pastoren« vermittelten den Ankauf evangelischer Schriften. Zíbrt schildert diese Ankäufe auf Grund der im Museum vorhandenen Korrespondenz. Durch die Vermittlung Šollíns erhielt der damalige Kustos der Musealbibliothek Hanka auch ein Lied von Ketzerbüchern, dessen Text Z. bringt. Nach seiner Angabe stammt dasselbe aus späterer Zeit als dem 17. Jahrhundert. Darin hat er gewiß recht. Aber auch so ist das Lied fesselnd. In roher Form werden Autoren von bekannten evangelischen Büchern genannt und in die brennende Hölle geschickt.

Volf griff eine sehr dankbare und notwendige Arbeit an: »Die Geschichte des geheimen Protestantismus in Böhmen im 18. Jahrhundert«, und hat zu derselben einen willkommenen Beitrag geliefert. Allerdings nur einen Beitrag; denn in der angedeuteten Hinsicht bleibt trotz der Arbeiten von Bilek, Slavík, Rezek u. a. noch viel zu tun übrig. Bei Volf handelt es sich um die Veröffentlichung einer Handschrift des böhmischen Museums in Prag (Sign. VIII, F. 51), welche eine »Consignatio seductorum in Bohemia obserrantium« enthält. Es ist ein offizielles Verzeichnis oder besser gesagt: ein auf Grund von offiziellen Daten zusammengestelltes Verzeichnis. Diese offiziellen Daten ließ Karl VI. in Böhmen sammeln, um mit ihrer Hilfe den Beschwerden der geheimen Akatholiken beim Corpus evangelicorum (1735) zuvorzukommen und dieselben zu entkräften. Volf bringt den wörtlichen Abdruck des ungemein interessanten Schriftstückes, welches er mit zahlreichen erläuternden Anmerkungen versah. Schon in diesen Anmerkungen ist ein großes Stück Arbeit enthalten, die allerdings zu leisten notwendig war, wenn das Schriftstück den weniger Eingeweihten verständlich sein sollte. Aber Volf hat demselben auch eine gut orientierende Einleitung vorangestellt, die sich mit dem Zustande der geheimen Protestanten, ihrer Flucht aus Böhmen, den »Verführern« zu derselben usw. befaßt und die wichtigsten auf sie bezüglichen Angaben bringt. Ganz besonders sei das über den Prediger Liberda und dessen Schriften Gesagte hervorgehoben. Das von Volf veröffentlichte Schriftstück ist in lateinischer Sprache geschrieben, nur da und dort wird es von tschechischen Sätzen und Abschnitten (z. B. dem Verhöre der Ergriffenen) unterbrochen. Volf weist auf ein »Verzeichnis der in Böhmen hin- und herschweifenden Verführer« hin, welches im Archiv der Stadt Tabor in Böhmen vorhanden war, und spricht die Vermutung aus, daß es sich bei diesem Verzeichnisse vielleicht um eine Übersetzung des von ihm Veröffentlichten handle; seine Vermutung ist richtig. Allerdings deckt sich diese deutsche Übersetzung mit der lateinischen Handschrift nicht in allen Stücken. Eine Vergleichung der beiden Verzeichnisse wäre nicht unwichtig.

Řezníček ging mit allem Eifer darauf aus, den bekannten Königgrätzer Bischof Hay um den Beinamen des »österreichischen Fénélon« zu bringen. Dieser neue Abschnitt befaßt sich nicht mit kirchlichen Angelegenheiten. Řezníček will durch die Darstellung, wie Hay seine Herrschaft Chrast bewirtschaftete, zeigen, daß der rechte Beiname za Hay wäre, der »verschuldete Bischof«. In jeder Beziehung sei Hay ein Mann der Unordnung und Wirren gewesen.

Řezníček schildert, wie durch die Initiative Josefs II. die Diözesaneinteilung in Böhmen eine andere wurde, indem von den dreizehn Kreisen, welche die Prager Erzdiözese umfaßte, zwei (der Časlauer und der Chrudimer) über Protest und Anstrengungen des Prager Erzbischofes der Königgrätzer Diözese des Hay zugeteilt wurde, so daß sich diese nun über vier Kreise erstreckte. Der Sitz der so erweiterten Diözese sollte von Königgrätz nach Chrudim verlegt werden. Hay war gewillt, sich zu fügen, und machte auch die entsprechenden Vorschläge auf Verlegung der bischöflichen Residenz nach Chrudim. Als das Projekt aufgegeben wurde, schrieb er an Dobrowský einen Brief, in welchem er es deutlich ausspricht, er hätte sich gefügt, sei aber erfreut, daß er in seinem bisherigen Wohnorte verbleiben könne. Diese Worte zieht Řezníček heran, um den Bischof der Doppelzüngigkeit usw. zu zeihen.

S c h e u f f l e r hat sich die unendlich mühsame Aufgabe gestellt, eine Presbyteriologie für Österreich, zunächst Böhmen, zu schaffen, wie sie Kreyssig für Sachsen lieferte. Für die Zeit seit der Toleranz wird es unumgänglich sein, dazu die Protokollbücher und Indizes des trefflich geordneten Archives des evangelischen Oberkirchenrates in Wien herbeizuziehen.

V o r b e r g hat in seinen musterhaft angelegten Verzeichnissen auch die Brüderkirche berücksichtigt.

Die »Kommission für neuere Geschichte Österreichs« veröffentlicht allmählich die reichen Notizensammlungen über die A r c h i v a l i e n, die sie in den Privatarchiven adeliger Familien Österreichs seit einem Jahrzehnte zusammengetragen hat.

Für uns sei hervorgehoben:

1. Das Lobkowitzsche Archiv in Raudnitz, S. 2: **Adam und David Ungnad**; S. 4: Consultatio sententiarum super capita rebellionis Bohemicae jussu C. M. 21. 22. Maii 1621 facta. Faszikel Suppliken von verschiedenen Adeligen an den Kaiser um Begnadigung wegen Beteiligung an dem böhmischen Aufstande; S. 5. 11: Karl Žerotin.

2. F. **Schwarzenbergsches Zentralarchiv in Krumau.** S. 13: 1626—28. Mission des Grafen Georg Ludwig zu Schwarzenberg

nach Brüssel und Lübeck zur Bekämpfung der evangelischen Union; S. 69: Die Verhandlungen des kärntnerischen Landtages vom 28. November 1580 bis 23. Januar 1581.

3. F. Schwarzenbergsches Archiv in Wittingau, die größte Privatsammlung dieser Art in Böhmen, jedoch meist von lokaler und wirtschaftlicher Bedeutung.

4. Gräfl. Buquoysches Archiv in Gratzen. S. 36: Breve Pauls V. mit dem Glückwunsche zu dem Siege am Weißen Berge; Böhm. Aufstand; Religionszustände 1622 und 1628; Briefe des Kardinals Franz v. Dietrichstein und H. Ch. Thornradls an B., die Gegenreformation betreffend, 1621.

5. Archiv des Museums des Königreiches Böhmen. S. 78: Die Verunehrung des Muttergottes-Bildes zu Alt-Bunzlau; Böhmischer Einfall; S. 82: Religionssachen und Toleranz sub una et utraque; S. 88: Von dem böhmischen Ritter- und Burgerstandt Augsp. Konfession; S. 89: Resolution der vier katholischen Churfürsten, welche denen evangelischen Fürsten und Ständen 1630 gegeben werden, nebst der Abschriefft der kgl. Kapitulationsresolution des Exercitium religionis in Oberösterreich betreffend; S. 90: Gravamina statuum evangelicorum 1645; S. 91: K. Schreiben an die protestantischen Reichsfürsten in materia pacis Osnabrucensis de A. 1546, cf. S. 82.

7. F. Dietrichsteinsches Schloßarchiv in Nikolsburg, gehört nach Inhalt und Umfang zu den hervorragendsten historischen Sammlungen in Mähren. S. 103: Referate des Jesuitenpaters Battamann; S. 104: Auftrag K. Ferdin. II. an Kard. Dietrichstein, eine Kommission von Theologen zusammenzusetzen... betr. Religionssachen 1635; S. 107: Wiedereinführung der katholischen Religion in Nikolsburg 1578—89; S. 108: Mährische Rebellion; S. 112: Käufe von Emigrantengütern.

Schlesien.

A. Schmidt, Reformation und Gegenreformation in Bielitz und Umgebung. »Jahrbuch«, 28, S. 163—214.

J. Zukal, Die Einführung der Reformation in Troppau. »Zeitschr. f. Gesch. u. Kulturgesch. Öst.-Schlesiens«, 2, 163—190.

Derselbe, Zur Geschichte der Herrschaft Wagstadt im 16. und 17. Jahrhundert. Ebenda, S. 1—37.

Fr. Popiołek, Regesten zur Geschichte der Städte Freistadt und Jablunkau. Ebenda, S. 103—116. (Vgl. S. 109 zu 1588, S. 113 zu 1596, S. 116 zu 1784, 1792.)

Schwenker, Schlesisches Waisenelend in der Gegenreformation. »Ev. KZ. f. Österr.«, S. 81, 100.

K. Raebiger, Die Wegnahme der evangelischen Kirchen im Fürstentume Wohlau 1680—1706 und die Konvention von Altranstädt 1707. Leipzig. 36 S. Mk. —·50.

A. S., Der Altranstädter Vertrag vom 22. August 1707. »Ev. KZ. f. Österr.«, S. 242.

Fr. Arnold, Zur 200jähr. Gedenkfeier der Altranstädter Konvention. »Die Reformation«, S. 692—697, 706—709. [Festpredigt.]

K. Sturmhoefel, Der Friede von Altranstädt. »Die Grenzboten.« 1906. Nr. 47 f.

Ernst Carlson, Der Vertrag zwischen Karl XII. von Schweden und Kaiser Josef I. zu Altranstädt 1707. 71 S. mit 10 Tafeln. Stockholm, P. A. Norstedt & Söner. Mk. 10.

G. Kürschner, Schlesische Archivtätigkeit. »Kleinere Mitteilungen der k. k. Zentralkommission für Kunst- und historische Denkmale.« 1905. S. 322—341.

Zukal ergänzt auf Grund der städtischen Akten Biermann vielfach. Er schildert, wie Markgraf Georg von Brandenburg im Fürstentume Jägerndorf Luthers Lehre rücksichtslos verbreitete. Ihre Bahnbrecher hielten sich auch hier an die Methode, sich zunächst das Kirchenpatronat zu verschaffen und damit das Recht, das ganze Kirchenregiment zu führen. Die Pfarrkirche in Troppau sollte eine katholisch-protestantische Simultankirche sein; der merkwürdige Versuch mißlang. Was S. 172 über Luthers Stellung zu den Studien gesagt wird, ist wenigstens mißverständlich.

Derselbe erhebt, daß in Wagstadt Luthers Lehre von 1550—1630 herrschend war; sie fand eifrige Förderer an dem Herren Pražma.

Carlsons mit Abbildungen geschmückte, sehr reich ausgestattete Festschrift beruht auf den im schwedischen Reichsarchive und im Wiener Staatsarchive befindlichen Dokumenten. Sie ist die beste und schönste der Jubiläumsgaben.

Galizien. [1)]

Cl. Brandenburger, Polnische Geschichte. 206 S. Sammlung Göschen, Nr. 338. Mk. —·80.

[1)] Die Notizen aus der polnischen Literatur verdanke ich Herrn Cand. C. Voelker.

R. Fr. Kaindl, Geschichte der Deutschen in den Karparthenländern. 1. Bd.: Geschichte der Deutschen in Galizien (Polen und Ruthenen) bis 1772. (»Deutsche Landesgeschichte«, 8.) Gotha, Perthes. XXI, 369 S. Mk. 10.

E. v. Żernicki, Der polnische Kleinadel im 16. Jahrhundert, nebst einem Nachtrage zu: »Der polnische Adel und die demselben hinzugetretenen andersländischen Adelsfamilien« und dem Verzeichnis der in den Jahren 1260—1400 in das Ermland eingewanderten Stammpreußen. 151 S. mit Bildnis. Hamburg. Mk. 6. [Kurze Einleitung mit Namenlisten; Kleinpolen: S. 44 f.]

Th. Wotschke, König Sigismund August von Polen und seine evangelischen Hofprediger. (Mit Benützung von Urkunden aus dem königl. Staatsarchive in Königsberg.) »Archiv für Reformationsgeschichte«, 4, 329—350.

Derselbe, Chr. Thretius. »Altpreußische Monatsschrift«, Bd. 44. S. A. Königsberg. 101 S.

O. Naunyn, Zur Laski-Kontroverse in der Gegenwart. Göttingen. 102 S.

W. Potocki, Ogród fraszek. Herausgegeben von A. Brückner. Verlag: Towarzystwo dla popierania nauki polskiej. (Gesellschaft zur Förderung polnischer Wissenschaft.)

Morawski, Arjanie polscy (Die polnischen Arianer). Lemberg 1906. Besprechung: »Książka« 1906. S. 351 f. (von Goiski). K 10.

Observator, propaganda protestancka w Stanisławowie. (Protestantische Propaganda in Stanislau.)

Bei Kaindl kommen nur wenige Seiten in Betracht (S. 65 f.). Zu den ersten Anhängern des Protestantismus unter den Krakauer Bürgern zählen die Aichler, Fogelweider und Guteter; die Familie der Boner erscheint in Krakau und an anderen Orten während des 16. Jahrhunderts als Förderer des Protestantismus. Sonst erfahren wir sehr wenig über deutsche Protestanten in Galizien. Auch ist durchaus nicht zu bemerken, daß infolge der protestantischen Bewegung in Deutschland ein stärkerer Zuzug an Deutschen nach Galizien stattgefunden hätte. Erst seit der Mitte des 18. Jahrhunderts haben die protestantischen Deutschen als Ansiedlungselemente Bedeutung erlangt.

Der verdiente Erforscher der polnischen Reformationsgeschichte Wotschke behandelt die Hofprediger M. Gallinius, J. Cosmins und Laurentius Diskordia; ferner den Christ. Thretius auf dem Hintergrunde der polnischen Reformationsgeschichte. Als Humanist, Kenner und Beherrscher der Sprache hatte Th. damals einen Namen; er besaß eine tiefe theologische Bildung. Bewundernswert ist sein rastloser Eifer für die reformatorische Kirche Kleinpolens; nie hat sie wieder einen Theologen und Schulmann gehabt, der so treu und unermüdlich in ihrem Dienste sich verzehrte. Doch war es ihm nicht vergönnt, die Kirche aufblühen zu sehen, weder in Krakau noch sonstwo in Polen. »Daß die Gegenreformation so kräftig einsetzen und arbeiten konnte, hat bis zu einem gewissen Grade die reformierte Kirche selbst verschuldet durch ihr Vorgehen gegen die Antitrinitarier«.

N a u n y n wendet sich, wesentlich auf Daltons Seite, gegen Kruske. (»Jahrbuch«, 23, 237.) Von S. 60 an kommt er auf Laski in Polen zu sprechen. Nicht Laski hat den Streit nach Polen getragen; seine dortige Tätigkeit zeigt positive Resultate. Für das Schicksal der Reformation in Polen war ausschlaggebend, daß nach Laskis Tode der Bewegung der Führer fehlte.

Was den viel umstrittenen Eid Laskis betrifft (»Jahrbuch«, 21, 253; 27, 236), wird auf Grund des neuerdings aufgefundenen handschriftlichen Exemplars des Eides im Königsberger Staatsarchive zu erweisen gesucht, daß Laski zweimal, in einem juramentum und in einer protestatio zum katholischen Glauben Stellung genommen hat. Der Eid gehört weder ins Jahr 1526 noch 1542, sondern wohl 1538. Die protestatio 1542 geht dahin, daß Laski auf dem Boden der katholischen Lehre steht, was mit seinen damaligen erasmianischen Anschauungen stimmt.

»Arjanie polscy«, aus dem Nachlasse des am 10. April 1898 in Alt-Sandetz verstorbenen S. M o r a w s k i herausgegeben, ist in seiner Art eine Kuriosität, auf breiter quellenmäßiger Grundlage angelegte Vorarbeiten zu einer Monographie. Mit einem Bienenfleiße hat Morawski einen ungeheuren Stoff zusammengetragen und die einzelnen Ereignisse ohne Rücksicht auf den logischen Zusammenhang nebeneinandergestellt. Von einer eigentlichen Darstellung kann infolgedessen überhaupt nicht die Rede sein. Wichtigere Ereignisse werden oft mit einigen Worten abgetan, nebensächliche Einzelepisoden in epischer Breite dargelegt. Beiläufig eingestreute biographische Notizen bei Einführung bedeutenderer Persönlichkeiten zerreißen mitunter den ganzen Zusammenhang.

Trotz alledem behält die Arbeit als Quellenwerk Wert. Die Zusammenstellung sorgfältiger Exzerpte aus bereits veröffentlichtem oder noch ungedrucktem Aktenmateriale wird der späteren Geschichtsforschung Dienste leisten.

Vor allem muß hervorgehoben werden, daß durch die Benützung Sandetzer und Sanoker Archive neues Licht auf die Entwicklung des Protestantismus in Kleinpolen fällt. Ursprünglich hatte Morawski die Absicht, bloß den Arianismus im Sandetzischen als Fortsetzung früherer Studien darzustellen. So erklärt es sich, daß der vorliegende Stoff in erster Linie Beiträge zur Entwicklung des Arianismus im Sandetzischen, allerdings im Rahmen des Gesamtbildes dieser Bewegung in Polen, liefert. Aber auch hier sind es doch im wesentlichen Anekdoten und Einzelepisoden, die oft bis ins Detail ausgemalt werden. (Der Übertritt des Sebastian Wielopławski in Wielopłowa, die Trauung des katholischen Pfarrers Adam Leszczyński daselbst, die Hochzeit des katholischen Pfarrers in Bobowa mit Hindernissen, der Bildersturm in Męcina usw.)

Morawski setzt ein mit dem Auftreten der Bilderstürmer in Wittenberg, kennzeichnet sodann die einzelnen Richtungen der Schwarmgeister, um von hier aus die Erfolge eines Blandrata, Stankar, Gonesius, Pauli u. a. in Polen zu beleuchten. Die Verbrennung einer gewissen Wajglowa, die antitrinitarischer und judaisierender Tendenzen beschuldigt wurde, am Krakauer Ringplatze 1539 wird besonders hervorgehoben. Für den Kampf und den Bruch der Trinitarier mit den Antitrinitariern — Synode zu Pinczów 1565 — werden wertvolle quellenmäßige Belege angeführt. Die politische Stellung der Arianer in den Schwedenkriegen während der Regierung Joh. Kasimirs (S. 383) wird durch die von Morawski herbeigezogenen Aufzeichnungen der Sandetzer Archive durchsichtiger. Die Polemik der Jesuiten mit Skarga an der Spitze gegen den Protestantismus, insonderheit den Arianismus, nimmt einen breiten Raum ein. Die Zerstörung des kalvinischen sowie arianischen Gemeindehauses in Krakau am Himmelfahrtstage 1591 (S. 110 ff.), im letzten Grunde auf jesuitische Veranlassung, wird spannend geschildert. Die Maßregeln der Regierung gegen die Arianer teils aus politischen, teils religiösen Gründen, welche schließlich in Güterkonfiskationen (S. 386 ff) und Landesverweisung 1659 ausarteten (S. 502), werden durch Episoden aus der Sandetzer Bewegung illustriert. Preußen und Siebenbürgen gewährten den vertriebenen polnischen Arianern Zuflucht. Das Buch schließt mit dem Hinweise darauf, daß in Preußen 1838 noch zwei Sandetzische Arianer, Morsztyn und Schlichting, in vorgerücktem Alter lebten.

In der Flugschrift »Propaganda protestancka« sind abgedruckt: 1. ein Hetzartikel des anonymen »Beobachters« gegen Pfarrer Zoeckler[1]) aus dem »Kuryer Stanisławowski« vom 21. Oktober 1906; 2. die Berichtigung des letzteren in demselben Blatte und 3. die Erwiderung des ersteren darauf.

Bezugnehmend auf einen von Zoeckler in Darmstadt gehaltenen Vortrag über »die Kämpfe und Siege in den deutsch-evangelischen Gemeinden Galiziens« brandmarkt der »Beobachter« diesen durch seine opferwillige Liebestätigkeit zum Segen für Galizien gewordenen Pfarrer in Stanislau als alldeutschen Agitator, der pour le roi de Prusse in Galizien Politik treibe. Denn Protestantisierung bedeute Germanisierung. Um der Los von Rom-Bewegung auch unter den Polen Eingang zu verschaffen und den Gegensatz zwischen Katholizismus und Protestantismus möglichst herabzudrücken, hätte Zoeckler in Stanislau die bei Protestanten ungewöhnlichen allmonatlichen Abendmahlsgottesdienste sowie Marienandachten eingeführt und hätte sich, was ihm besonders übel genommen wird, das Prädikat »ksiądz« (Geistlicher) beigelegt. Arme polnische Familien wurden durch Geld für das reine Evangelium gewonnen u. dgl. m.

Die taktvolle Widerlegung dieser unsinnigen Behauptungen durch Zoeckler versteht der namenlose Angreifer derart zu entstellen, daß er von hier aus seine »Erwiderung« in einem Appell an die Jugend ausklingen lassen kann, jede durch Zufall in ihre Hände gelangte protestantische Schrift in den Ofen zu werfen!

Exulantenländer.

G. Bossert, Ein Hilferuf böhmischer Exulanten in Pirna (1629). »Jahrbuch«, 28, S. 215.

H. Clauss, Österreichische Exulanten des 17. Jahrhunderts. »Jahrbuch für die evangelisch-lutherische Landeskirche Bayerns«, S. 65—76.

Derselbe, Ein Nürnberger Verzeichnis österreichischer Emigranten vom Jahre 1643. »Beiträge zur bayerischen Kirchengeschichte«, 13, S. 226—247, 271—283.

---

[1]) Evangelischer Pfarrer in Stanislau, Ostgalizien.

Derselbe, Deferegger Exulanten in Nürnberg. »Evangelisches Gemeindeblatt für die Dekanatsbezirke Nürnberg und Fürth«, S. 633—636, 653—657.

Th. Schön, Liebestätigkeit der Reichsstadt Reutlingen gegen evangelische Glaubensgenossen. »Blätter für Württembergische Kirchengeschichte«, S. 15—32.

Clauss weist in erster Linie auf die Matriken der Pfarreien hin, um Daten für die Exulanten zu erheben. Unter den Gebieten, denen sie sich namentlich seit 1650 zuwandten, steht der evangelische Teil des heutigen Bayern im Vordergrunde: Ortenburg, Regensburg, Nördlingen, Weißenburg, Augsburg, Nürnberg, Windsheim, Öttingen. Die meisten hat das Gebiet des ehemaligen Markgrafen von Brandenburg-Ansbach aufgenommen. Im Norden war schon früh die Stadt Hof von einzelnen gewählt worden.

Als nächstes Ziel faßt Clauss die Zusammenstellung eines Verzeichnisses möglichst aller im 17. Jahrhundert aus Österreich eingewanderter Familien und ihrer Ansiedlungsorte ins Auge.

Derselbe benützte an zweiter Stelle einen sehr seltenen Druck: Neujahrspredigt des Jos. Saubert, Predigers bei St. Sebald in Nürnberg.

Clauss' dritter Aufsatz befaßt sich auf Grund von Akten aus dem Kreisarchive Nürnberg mit einer wenig bekannten, der großen Firmianischen Austreibung um ein halbes Jahrhundert vorausgegangenen Austreibung.

Schön verwertet die alte Ratsregistratur auf dem Rathause zu Reutlingen. Eine besondere Stelle nimmt die Unterstützung der nach dem Toleranzedikte ins Leben getretenen evangelischen Gemeinden Österreichs ein.

Das Verzeichnis der in Betracht kommenden Kirchenzeitungen, aus denen freilich wichtigere geschichtliche Aufsätze notiert sind, findet sich Jahrgang 26, S. 227 ff., vgl. dazu Jahrgang 28, S. 285.

IX.
Kassabericht des Vorstandes über das Vereinsjahr 1907.

Der von dem Kassier der Gesellschaft, Herrn Hof- und Gerichtsadvokaten Dr. Ritter v. Sääf, schriftlich erstattete Bericht über die Verwaltung des Vermögens für das vergangene Vereinsjahr 1907 ergibt folgendes:

I. Einnahmen.

A. Saldo vom Jahre 1906	2174 K 49 h
B. Eingegangene Mitgliederbeiträge:	
Rückstände bis einschließlich 1906 .... 202 K — h	
Mitgliederbeiträge für 1907 .... 859 » 94 »	
» » 1908 .... 31 » 74 »	1093 » 68 »
C. Für den Verkauf des »Jahrbuches« im Buchhandel	293 » 76 »
D. Verkauf von Jubiläums-Medaillen	8 » — »
E. An Zinsen von der Allgemeinen Depositenbank	73 « 05 »
Summe der Einnahmen	3642 K 98 h

II. Ausgaben.

A. Druckkosten und Versendungsspesen	1268 K 45 h
B. Honorare an die Mitarbeiter am »Jahrbuch«	276 » — »
C. Verschiedene: Schreibgeschäfte und Aufbewahrung des Eigentums, Einkassieren, Gebührenäquivalent, Kanzleiauslagen, Porto	193 » 67 »
Summe der Ausgaben	1738 K 12 h
Stellt man den Gesamteinnahmen von	3642 K 98 h
gegenüber die Gesamtausgaben mit	1738 » 12 »
so ergibt sich mit Ende Dezember 1907 ein Rest von	1904 K 86 h
Dieses Vermögen besteht:	
Aus den beiden Einlagebüchern der Allgemeinen Depositenbank Nr. 21.047 und 91.535 mit	1700 K 36 h
aus dem Postsparkassa-Konto mit	164 » 22 »
und dem Barbetrage von	40 » 28 »
zusammen daher am 31. Dezember 1907	1904 K 86 h

Wien, den 29. Februar 1908.

X.
Personen-Register.

Albrecht, Herzog von Bayern 114.
Andreä 25, 35.
Anhalt, Georg Fürst von 21.
Amaracco, J. 90.
Attems, Graf 87, 92, 98, 101, 107, 122, 127.
Auersperg v. 67. 183.
Aurifaber 177.

Bamberg, Bischof von 119.
Bauhofer, G. 76.
Belcredi, L. Graf 173.
Beza v. 195.
Bisanzio, P. 109.
Blahoslav 198.
Blandrata 211.
Blume, L. E. 72.
Böhme, J. 200.
Bohoritsch 23, 42, 51.
Bonomo, Peter 19.
Bourignon, A. 203.
Brenz 176.
Brus, A. 11, 84, 187.
Budina 53.
Budowec, W. 187.
Bullinger 14, 20, 26, 34.
Buschbeck, E. 84.

Calvin 21.
Campanella, Th. 188.
Canisius 9, 176.
Christian, Kurfürst von Sachsen 183.
Christoph, Herzog von Württemberg 173.
Chrön, Thomas 57, 68.
Clemens, Georg 65.

Clesl 176.
Consul, Stephan 18, 34, 41.
Comenius 188.
Cosmins 209.
Crell, Seb. 22, 35, 53, 89.
Cumar, G. 93, 107, 119, 122, 127.

Dalmata 34.
Dalmatin 22.
Denk, J. 27.
Dietrich, Veit 42.
Dietrichstein, Kard. 207.
Dietrichstein, Freiin v. 67.
Diskordia, L. 209.
Dornberg, v. 92, 101, 107, 119, 122, 127.
Drabik, M. 189, 203.

Egg, Frhr. v. 88.
Elisabeth von England 90.
Eleutherobios, Christoph, Leonhard 1.
Elze, Theodor 16 f., 85.
Erasmus 1.

Fabianitsch 42.
Ferdinand I. 39, 91, 135, 173, 180, 186.
Flacius 23, 27, 34, 35,.53.
Fontana, J. 99, 119.
Formentini, v. 91, 101, 119, 122, 127.
Franz, G. 74, 76.
Freisleben, s. Eleutherobios.
Friedrich August von Sachsen 84.

Friedrich Wilhelm IV. 84.
Fruwein, M. 202.

Gallenberg, Hans v. 67.
Gallinius, M. 209.
Gallus, N. 23, 27.
Georg von Brandenburg 208.
Gletler, M. 134.
Gonesius 211.
Grabner, L. v. 178.
Grebel 27.
Grün, Anast. 173.
Gugga, Ph. 34.
Gurk, Bischof von 83, 100, 120.

Haller, Josef 67.
Hausknecht, Justus 73.
Hay, J. L. 189.
Herberstein, Graf Johann Karl 70.
Herzheimer, v. 179.
Hetzer, L. 27.
Heymann, Gustav 44, 74. 76.
Hofmann, H. v. 179.
Huber, C. 180.
Hubmair, B. 27.
Hus 186.

Jablonsky 189.
Jappel 71.
Jenik, J. 186.
Jörger, Dorothea v. 13.
Johann Kasimir 211.
Josef I. 72. 208.
Juritschitsch 67.

Käser, L. 139.
Karl II. 29, 82, 90f., 112ff.
Karl VI. 208.
Khevenhüller, Fürst J. J. 181, 185.
Klombner 36, 44f., 48.
Koleso 196.
Kolowrat, Graf 74.
Kossuth, Fr. W. 174.
Kotter 203.
Kumar, Gr. 98, 101.
Kumerday 71.
Kumpberger, Kaspar 43.
Kumpfmüller, G. 180.
Kuplenik 87.

Lamberg, Maximilian v. 67
Láni, E. 192.
Lantieri, Frhr. v. 109.
Laski, Joh. v. 109.
Leyser, Pol. 183.
Liechtenstein, Hartmann von 9.
Ludwig XIV. 202.
Ludwig, Herzog von Württemberg 30.
Luther 2, 13, 86, 173.

Major, G. 27.
Maria Dorothea, Erzherzogin 84.
Maria Theresia 71, 173.
Martinius, S. 203.
Mathesius 163f.
Max II. 183.
Melanthon 21, 176f.
Melissander 23.
Merzina, M. 90, 112.
Mickiewicz 188.

Nausea, Friedrich 4, 8.

Orzan, v. 92, 97, 101, 107, 119, 122f, 127ff.
Osiander 22.

Paul V. 57.
Pauli 211.
Pellican 26.
Poniatovská 203.
Porcia, Graf 87, 109.
Pribisch, D. 192.
Prummer, J. 190.
Pyroter, Benedikt 65.

Regius, U. 21.
Reichenburg, G. v. 31.
Roskoff 173.
Rothschild 84.
Rudolf II. 187f., 195.

Salzburg, Bischof von 114.
Savoyen, Herzog von 114, 124.
Schaitberger 173.
Scherer, G. 176.
Schwabe 86.
Schwarzenberg, Graf G. Ludw. v. 206.
Schweiger, Hans 68.
Schwenkfeld, C. v. 22, 27.
Schwetschitsch 38, 42.
Sebach, P. v. 39.
Sigismund Aug., König von Polen 209.
Sintschitsch 38, 42, 68.
Šollin, J. 189.
Spangenberg, C. 180.
Spaur, Josef Philipp v., Fürstbischof von Seckau 137.

Speratus, P. 177.
Spindler, Christoph 43, 64, 67.
Stankar 211.
Steinacker, G. 84.
Steinel, J. W. 74.
Strauß, Jac. 185.
Stubenberg, Graf v. 141, 158, 183.
Surkulus 42, 53.

Thornradl, H. Chr. 207.
Thretius, Chr. 209.
Thurn, G. v. 54, 88, 117ff.
Titus, M. 188, 203.
Tranoscius 192.
Truber, Fel. 68.
Truber, Pr. 16, 88, 180.
Tulschak, Hans 43.

Ungnad, H. Frhr. v. 20, 24, 48.

Vadian 27.
Vergerius 181.
Vigaun, Posch v. 97, 101, 119, 122, 127.
Vlachowitsch 41.
Vokal, J. 187.

Wagner 74, 76.
Welz, J. v. 181.
Wertwein, Christoph 4.
Wiener, Paul 55.
Windischgrätz v. 183.
Wolf, J. H. 72.
Würzburg, Bischof von 114.

Žerotin, K. v. 189, 206.
Zwetzitsch 41f., 54.
Zwingli 2, 20, 23, 26f.

XI.

Orts-Register.

Aachen 59.
Adelsberg 85.
Altbunzlau 207.
Alt-Ötting 59.
Altranstädt 208.
Aquileja 86 f.
Arriach 74.
Asch 189.
Augsburg 1, 213.
Aussee 179.

Berlin 190.
Bielitz 207.
Bleiburg 74.
Bruck 91.
Brünn 74.
Brüssel 207.
Burg 5.

Canale 87, 109.
Cilli 85.
Cividale 88.

Deferegg 212.

Eger 186.
Eibenschütz 199.

Parra 87.
Feffernitz 74.
Fiume 20.
Flitsch 87.
Frankfurt a. M. 177.
Frankfurt a. O., 190.
Freistadt i. Schl. 207.
Fresach 74.
Fulnek 201.

Genf 13.
Gerlachsheim 204.
Görz 34, 86.
Graz 32, 74, 103, 176.
Gurkfeld 42.

Haugschlag 177.
Heiligenkreuz 87.
Herborn 188.
Horn 183.

Iglau 74, 187.
Ingolstadt 179.
Innsbruck 176.

Jablunkau 207.
Joachimsthal 195.

Kamnje 110.
Klagenfurt 180.
Krakau 211.
Krumau 206.
Kuttenberg 195.

Laibach 18, 70 ff.
Laimbach 177.
Lavanttal 180.
Lebus 190.
Linz 1, 181.
Löblau 189.
Loretto 59.
Lübeck 207.

Mining 178.
Mistelbach 9.
Mitterburg 42.
Möttling 42.

Montfalcone 87.
Moosbach 178.
Murau 139.

Neunkirchen 74.
Nikolsburg 201.
Nördlingen 213.
Nürnberg 212 f.

Obernburg 60.
Öttingen 213.
Olmütz 74.
Ortenburg 213.

Petersburg 87.
Pinczow 211.
Pivna 212.
Pölten, St. 74.
Prag 74, 201.

Ramsau 181.
Raudnitz 206.
Regensburg 213.
Reifenberg 110.
Reutlingen 20, 213.
Rom 59.
Roßbach 190.
Rubbia 87.
Rumburg 189.
Ruprecht, St. 72.

Salzburg 20. 74.
Sandetz 211.
Sanok 211.
Stadl 134 ff.
Stanislau 212.
Sternberg 187.

Steyr 13, 178.
Steyregg 181.
Sturia 90.

Teplitz 190.
Thorn 203.
Tolmein 87, 109.
Traunkirchen-Aussee 178.
Triest 19, 72 ff, 83.
Troppau 207.
Tübingen 24.

Udine 90.
Urach 34.

Venedig 83, 114.
Villach 180.
Vogersko 88.

Wagstadt 207.
Weißenburg 213.
Wenz 178.
Wien 1, 20, 176.
Wr.-Neustadt 74.

Windsheim 213.
Wippach 53, 90.
Wittenberg 13, 179.
Wittingau 207.
Wohlau 208.
Wolfgang, St. 59.
Wolfsberg 180.

Zillerthal 185.
Zittau 207.
Zlan 74.
Zürich 84.

XII.

Mitteilung über die Festschrift der historischen Vereine Wiens anläßlich des 60jährigen Regierungsjubiläums des Kaisers.

Die historischen Vereine Wiens (darunter unsere »Gesellschaft«) geben als Festschrift eine Darstellung der Wirksamkeit der historischen Vereine Wiens unter der Regierung des Kaisers, im Rahmen der allgemeinen Entwicklung der Geschichtswissenschaft, verfaßt von Prof. Dr. Schwerdfeger, heraus und eröffnen im Kreise ihrer Mitglieder eine Subskription darauf. Für Exemplare, die bis zum 30. Juni d. J. im Bureau unserer »Gesellschaft« subskribiert sind, ist der Preis für K 2 festgesetzt.

www.ingramcontent.com/pod-product-compliance
Lightning Source LLC
Chambersburg PA
CBHW021843230426
43669CB00008B/1057